はじめての日本語能力試験

N1

Practice Test for Passing the JLPT
JLPT全真模拟试题 合格直通
Đề luyện thi năng lực tiếng Nhật
Cùng bạn chinh phục thử thách JLPT

アスク編集部 編著

合格模試 3回分

ask

はじめに

　試験を受けるとき、過去に出された問題を解いて、どのような問題が出るのか、それに対して現在の自分の実力はどうか、確認することは一般的な勉強法でしょう。そこで私たちは、日本語能力試験を研究し、このシリーズをつくりました。はじめて日本語能力試験N1を受ける人も、本書で問題形式ごとのポイントを知り、同じ形式の問題を3回分解くことで、万全の態勢で本番に臨むことができるはずです。本書『合格模試』を手にとってくださったみなさんが、日本語能力試験N1に合格し、自身の夢に向かって大きく一歩踏み出されることを願っています。

編集部一同

本書は、2022年12月の変更前の試験内容に沿って制作しています。

Introduction:
When taking a test, one general method of study is to solve questions that have appeared in past tests to see what kind of questions will be on the test as well as to see what your current ability is. Therefore, we created this series by researching the Japanese Language Proficiency Test. Even those who take the Japanese Language Proficiency Test N1 for the first time should be able to use this book to learn the points of each type of question and practice answering that same type of question in order to fully prepare yourself for talking the real test. We hope that all of our readers who have purchased *Gokaku Moshi* will pass the Japanese Language Proficiency Test Level N1 and take a step toward realizing your own dreams.

The Editorial Department

The contents of this book were compiled by considering the exam before the change in December 2022.

前言：
　解答历年真题，确认试题中出现的题型并检查自身实力，是广大考生备考时普遍使用的学习方法。基于以上现状，我们对日语能力考试进行深入研究，并制作了本系列书籍。第一次参加N1考试的人，也能通过本书熟知各个大题的出题要点。解答三次与正式考试相同形式的试题，以万全的态势挑战考试吧。衷心祝愿购买本书《合格直通》的各位能在N1考试中旗开得胜，朝着自己的梦想迈出一大步。

编辑部全体成员

本书是根据2022年12月变更前的考试内容制作而成的。

Lời nói đầu:
Khi dự thi, việc giải những đề thi trong quá khứ, xem những đề thi đã ra như thế nào, và thực lực của bản thân mình hiện nay đối với những đề thi như vậy như thế nào, là cách học phổ biến. Vì vậy, và nghiên cứu về các đề thi năng lực tiếng Nhật. Trên cơ sở đó, chúng tôi đã biên soạn ra loạt sách này. Thông qua việc biết được những điểm quan trọng trong mỗi hình thức câu hỏi thi, và việc giải 3 đề thi trong cuốn sách này, thì ngay cả những người lần đầu tiên tham gia kỳ thi N1 đi nữa, chắc chắn có thể hướng tới kỳ thi chính thức với một tư thế hoàn hảo. Chúng tôi hi vọng những bạn đã lựa chọn cuốn『合格模試』này sẽ thi đỗ trong kỳ thi năng lực tiếng Nhật N1 và tiến một bước lớn hướng đến ước mơ của bản thân.

Ban biên tập

Cuốn sách này được biên soạn theo nội dung đề thi trước khi có sự thay đổi vào tháng 12 năm 2022

もくじ
Contents／目录／Mục lục

この本の使い方

構成

模擬試験が3回分ついています。時間を計って集中して取り組んでください。終了後は採点して、わからなかったところ、間違えたところはそのままにせず、解説までしっかり読んでください。

対策 ▶ 日本語能力試験にはどのような問題が出るか、どうやって勉強すればいいのか確認する。

解答・解説 ▶ 正誤を判定するだけでなく、どうして間違えたのか確認すること。

 正答以外の選択肢についての解説。

□・えよう　問題文に出てきた語彙・表現や、関連する語彙・表現。

問題（別冊） ▶ とりはずし、最終ページにある解答用紙を切り離して使う。解答用紙はサイトからダウンロードもできる。

スケジュール

JLPTの勉強開始時：第1回の問題を解いて、試験の形式と自分の実力を知る。

↓

苦手分野をトレーニング
- **文字・語彙・文法**：模試の解説で取り上げられている語・表現をノートに書き写して覚える。
- **読解**：毎日一つ日本語のまとまった文章を読む。
- **聴解**：模試の問題をスクリプトを見ながら聞く。

↓

第2回、第3回の問題を解いて、日本語力が伸びているか確認する。

↓

試験直前：もう一度同じ模試を解いて最終確認。

音声はwebでダウンロードができます。詳細は下記をご覧ください。

➡ **https://www.ask-books.com/support/**

シリアルコード：93162

解答を入力するだけで採点ができるExcelシートを下記サイトに用意しました。

➡ **https://www.ask-books.com/jp/goukaku/**

Structure

This book includes three practice tests. Please focus hard and time yourself when taking them. After you have finished, calculate your score, and once you have found what you got wrong or did not know, go back and carefully read the explanations.

Test Preparations See what kinds of questions will appear on the JLPT and learn how best to study for them.

Answers · Explanations Go beyond seeing the right or wrong answers; learn why you got the question wrong.
 Explanations for choices other than just the right answer
□ · 覚えよう (Let's Learn) Vocabulary and expressions found in the test questions as well as other related vocabulary and expressions

Questions (Supplementary Book) Remove and use the answer sheets on the last pages. The answer sheets can also be downloaded from our Website.

Schedule

When starting to study for the JLPT: Answer the questions on Test 1 to familiarize yourself with the format of the actual test and see how well you can do.

Training for areas that you have trouble with
· **Characters, vocabulary and grammar:** Learn the vocabulary and expressions shown in the practice test explanations by copying them down in your notes.
· **Reading comprehension:** Read one complete Japanese passage per day.
· **Listening comprehension:** Listen to practice test questions while reading along with their scripts.

↓

Answer the questions for Test 2 and Test 3 to see if your skills in Japanese are improving.

↓

Right before the test: Take the same practice tests again to check one last time.

The audio files for this book can be downloaded from our Website. Go to the link below for further details.

➡ **https://www.ask-books.com/support/**
Serial code: 93162

Automatically score your tests just by entering your answers onto the Excel sheet available for download at the following link.

➡ **https://www.ask-books.com/jp/goukaku/**

▶构成

　本书附带三次模拟试题。请计时并集中精力进行解答。解答结束后自行评分，对于不理解的地方和错题不要将错就错，请认真阅读解说部分。

| 考试对策 | 确认日语能力考试中出现的题型，并确认与之相应的学习方法。 |

| 解答・解说 | 不仅要判断正误，更要弄明白自己解答错误的原因。
🏷 对正确答案以外的选项进行解说。
□・⭐ 覚えよう（必背单词）　问题中出现的词汇、表达，以及与之相关的词汇、表达。 |

| 试题（附册） | 使用时可以单独取出。答题卡可以用剪刀等剪下，也可以通过官网下载。 |

▶备考计划表

　备考开始时：解答第 1 回试题，了解考试的题型并检查自身实力。

　针对不擅长的领域进行集中练习
　●**文字・词汇・语法：**将解说部分中提到的词汇、表达抄到笔记本上，边写边记。
　●**阅读：**坚持每天阅读一篇完整的日语文章。
　●**听力：**反复听录音，并阅读听力原文。

　解答第 2 回、第 3 回试题，确认自己的日语能力有没有得到提高。

　正式考试之前：再次解答模拟试题，进行最终确认。

▶音频文件可以通过官网下载。详情请参看以下网站。

➡ https://www.ask-books.com/support/
序列码：93162

▶我们还为您准备了仅输入答案就能自动评分的电子表格。请从以下网站下载使用。

➡ https://www.ask-books.com/jp/goukaku/

Cách sử dụng cuốn sách này

Cấu trúc

Cuốn sách này gồm có ba đề thi thử. Các bạn hãy đo thời gian trong lúc tập trung giải đề. Sau khi giải xong, hãy chấm điểm cho bài thi mình vừa làm, những điểm nào mình không hiểu hay những điểm mình bị sai, các bạn đừng để mặc mà phải đọc phần giải thích cho thật kỹ.

Chiến lược ▸ Xác nhận xem có những loại câu hỏi như thế nào xuất hiện trong đề thi năng lực tiếng Nhật, và học luyện thi như thế nào sẽ có hiệu quả.

Đáp án • Giải thích ▸ Không chỉ đánh giá đúng sai, mà phải xác nhận tại sao lại sai.
 Giải thích những cách lựa chọn khác ngoài đáp án đúng.
□ • 覚えよう (Hãy ghi nhớ) Từ vựng·mẫu câu xuất hiện trong đề thi, Từ vựng·mẫu câu liên quan

Đề thi (cuốn đính kèm) ▸ Tách cuốn này ra, cắt tờ làm bài ở trang cuối cùng và sử dụng. Bạn cũng có thể tải tờ làm bài từ trên trang web.

Kế hoạch

Thời điểm bắt đầu học luyện thi JLPT: Giải đề 1 để biết được hình thức đề thi và thực lực của bản thân.

Luyện tập những phần mình còn yếu
• **Chữ viết, từ vựng, ngữ pháp:** viết lại ra tập để thuộc lòng những từ, mẫu câu được đưa ra trong phần giải thích đề thi thử.
• **Đọc hiểu:** Mỗi ngày đọc một bài văn tiếng Nhật.
• **Nghe:** Vừa nhìn phần nội dung nghe vừa nghe.

Giải đề 2, đề 3 rồi xác nhận xem khả năng tiếng Nhật của mình có tiến triển hay chưa.

Ngay trước kỳ thi: làm lại đề thi một lần nữa, và xác nhận lại lần cuối.

Có thể tải tập tin âm thanh từ trang web. Thông tin chi tiết vui lòng tham khảo trang web sau đây.

➡ **https://www.ask-books.com/support/**
Mã số sê -ri: 93162

Chúng tôi đã chuẩn bị trang Excel để các bạn chỉ cần nhập đáp án vào là có thể chấm điểm được. Vui lòng tải từ trang web sau để sử dụng:

➡ **https://www.ask-books.com/jp/goukaku/**

日本語能力試験（JLPT）N1について

Q1 日本語能力試験（JLPT）ってどんな試験？

日本語を母語としない人の日本語力を測定する試験です。日本では47都道府県、海外では86か国（2018年実績）で実施。年間のべ100万人以上が受験する、最大規模の日本語の試験です。レベルはN5からN1まで5段階。以前は4級から1級の4段階でしたが、2010年に改訂されて、今の形になりました。

Q2 N1はどんなレベル？

N1は、旧試験の1級とほぼ同じ難易度。日本語能力試験の中で一番難しく、「幅広い場面で使われる日本語を理解することができる」レベルとされています。N1取得者は企業で優遇されることも多いです。また、日本の国家試験を受ける際にN1の認定を条件としている場合もあります。

Q3 N1はどんな問題が出るの？

試験科目は、①言語知識（文字・語彙・文法）・読解、②聴解の2科目です。詳しい出題内容は12ページからの解説をご覧ください。

Q4 得点は？

試験科目と異なり、得点は、①言語知識（文字・語彙・文法）、②読解、③聴解の3つに分かれています。各項目は0～60点で、総合得点は0～180点、合格点は100点です。ただし、3つの得点区分で19点に達していないものが一つでもあると、不合格となります。

Q5 どうやって申し込むの？

日本で受験する場合は、日本国際教育支援協会のウェブサイト（info.jees-jlpt.jp）から申し込みます。郵送での申し込みは廃止されました。海外で受験する場合は、各国の実施機関に問い合わせます。実施機関は公式サイトで確認できます。

詳しくは公式サイトでご確認ください。
https://www.jlpt.jp

Q1 What kind of test is the Japanese Language Proficiency Test (JLPT)?

It is a test to measure Japanese language skills for people whose native language is not Japanese. It is held in 47 prefectures in Japan as well as 86 countries around the world (as of 2018). It is the biggest Japanese language proficiency test in the world, with more than 1,000,000 people taking it each year. It has five levels ranging from N5 to N1. Previously, it had only four levels, level 4 to level 1, but the test was revised in 2010 to its current form.

Q2 What kind of level is N1?

The N1 level is roughly equivalent in difficulty to level 1 of the old test. It is the most difficult level of the JLPT and tests to see if you are able to comprehend Japanese used in a wide variety of situations. Many people who obtain N1 certification often receive preferential treatment in their industries. The N1 level has also been recognized as form of certification for the state examination.

Q3 What kind of questions are on the N1 test?

The test has two test sections: ① language knowledge (vocabulary/ grammar)・reading and ② listening. Please see page 12 for more details on the kinds of questions that show up on the test.

Q4 How is it scored?

The test has three scoring sections that differ from the two subjects: ① language knowledge (vocabulary/ grammar), ② reading and ③ listening. Each section is scored from 0 to 60 points for a total of 0 to 180 points, with 100 points being a passing score. However, you will be unable to pass the test if your score on any one section is less than 19 points.

Q5 How do you apply?

When taking the test in Japan, you can apply on the Japan Educational Exchanges and Services Website (info.jees-jlpt.jp). Applications sent by mail will no longer be accepted. When taking the test overseas, consult with your country's host agency. Host agencies in the various test site cities can be found on the Website shown below.

For more information, please visit:
https://www.jlpt.jp

关于日语能力考试N1
（JLPT）

Q1 关于日语能力考试（JLPT）

该考试以母语不是日语的人士为对象，对其日语能力进行测试和评定。截止2018年，在日本47个都道府县、海外86个国家均设有考点。每年报名人数总计超过100万人，是全球最大规模的日语考试。该考试于2010年实行改革，级别由从前4级到1级的四个阶段变为现在N5到N1的五个阶段。

Q2 关于N1

N1的难度和原日语能力考试1级基本相同，需要熟练掌握各种场景中所使用的日语，是日语能力考试中难度最大的级别。N1的合格者通常会受到企业的优待，同时，日本的公务员考试等诸多国家考试都会将N1设为参加考试的门槛。

Q3 N1的考试科目

N1考试设有两个科目：①语言知识（文字·词汇·语法）·阅读、②听力。详细出题内容请参阅解说（p12～）。

Q4 N1合格评定标准

N1考试设有三个评分单项：①语言知识（文字·词汇·语法）、②阅读、③听力，通过各单项得分和综合得分来评定是否合格。各单项及格分为19分，满分60分；综合得分的及格分为100分，满分180分。如果各单项得分中有一项没有达到19分，或者综合得分低于100分都不能视为合格。

Q5 报考流程

选择日本国内的考点，可以通过日本国际教育支援协会官网（info.jees-jlpt.jp）进行报考。选择日本以外的考点，请咨询各国考试实施机构。各国考试实施机构可以通过官网确认。

详情请参看JLPT考试官网。
https://www.jlpt.jp

Q1 Kỳ thi năng lực tiếng Nhật (JLPT) là kỳ thi như thế nào?

Đây là kỳ thi đánh giá năng lực tiếng Nhật của những người có tiếng mẹ đẻ không phải là tiếng Nhật. Kỳ thi này được tổ chức ở 47 tỉnh thành tại Nhật và 86 quốc gia khác (số liệu năm 2018). Hằng năm, số lượng thí sinh dự thi tăng lên, có hơn 1.000.000 người dự thi, là kỳ thi tiếng Nhật quy mô lớn. Gồm có 5 cấp bậc từ N5 đến N1. Trước đây thì có 4 cấp từ cấp 4 đến cấp 1, nhưng từ năm 2010 đã thay đổi cách thi, và trở thành hình thức thi như bây giờ.

Q2 N1 ở trình độ như thế nào?

N1 gần như tương đương với cấp độ 1 của kỳ thi cũ về độ khó. Đây là cấp độ được cho là khó nhất trong kỳ thi năng lực tiếng Nhật và là cấp độ "có thể hiểu tiếng Nhật được sử dụng trong nhiều ngữ cảnh đa dạng". Người đạt được N1 thường được đãi ngộ xứng đáng trong các doanh nghiệp. Ngoài ra, cũng có trường hợp đặt điều kiện chứng nhận N1 khi dự thi kỳ thi quốc gia của Nhật.

Q3 Trong bài thi N1 có những câu hỏi thi như thế nào?

Các môn thi gồm có 2 phần đó là ① Kiến thức ngôn ngữ (chữ viết・từ vựng・ngữ pháp)・đọc hiểu, ② Nghe. Nội dung chi tiết vui lòng xem phần giải thích từ trang 12

Q4 Điểm đạt được như thế nào ?

Các môn thi khác nhau, điểm đạt được được chia thành ba cột điểm đó là ① Kiến thức ngôn ngữ (chữ viết・từ vựng・ngữ pháp), ② Đọc hiểu, ③ Nghe. Các môn thi có điểm số từ 0 ～ 60 điểm, tổng số điểm đạt được là từ 0 ～ 180 điểm, điểm đỗ là 100 điểm. Tuy nhiên, nếu như trong 3 cột điểm đó, có một cột không đạt 19 điểm thì bạn sẽ bị đánh rớt.

Q5 Làm thế nào để đăng ký ?

Trường hợp dự thi tại Nhật Bản, có thể đăng ký từ trang web của hiệp hội hỗ trợ giáo dục quốc tế Nhật Bản (info.jees-jlpt.jp) . Việc đăng ký bằng cách gởi qua bưu điện đã được hủy bỏ. Trường hợp dự thi tại nước ngoài, có thể liên lạc với các cơ quan tổ chức kỳ thi tại các quốc gia. Có thể xác nhận thông tin các cơ quan tổ chức kỳ thi trên trang web chính thức.

Nội dung chi tiết vui lòng kiểm tra tại trang web.
https://www.jlpt.jp

言語知識（文字・語彙・文法）・読解

問題1　漢字読み　6問

漢字で書かれた言葉の読み方を答える。

問題1　＿＿＿＿＿の言葉の読み方として最もよいものを、1・2・3・4から一つ選びなさい。

例1　あの人は会議でいつも<u>鋭い</u>意見を言う。
    1　かしこい　　　　2　するどい　　　　3　すごい　　　　4　とうとい

例2　がんばって、試験に<u>合格</u>したい。
    1　ごかく　　　　　2　こっかく　　　　3　ごうかく　　　　4　こうかく

例3　春の風が<u>心地</u>いい。
    1　しんじ　　　　　2　しんち　　　　　3　ここじ　　　　　4　ここち

答え：2、3、4

POINT

例1のように、読みはまったく違うけど同じジャンルのことばが選択肢に並ぶ場合と、例2のように「っ」や「ﾞ」、長い音の有無が解答の決め手となる場合がある。特別な読み方をする漢字語彙も出題される。例1のパターンでは、問題文の文脈からそこに入る言葉の意味が推測できることがある。問題文は全部読もう。

Point: Just like in Example 1, when words whose readings are completely different even though the genre of the words is the same, checking to see if there are any っ, ﾞ or elongated vowels as in Example 2 can be the deciding factor in answering the question. Kanji words that have special readings will appear on the test. With the pattern in Example 1, the meaning of the word in the question can be surmised from the sentence pattern. Be sure to read the whole question.

要点：此类题型大致可以分为两种情况。如例1所示，4个选项虽然读音完全不同，但词汇类型相同；而例2的情况，"っ（促音）""ﾞ（浊音／半浊音）"，或者长音的有无通常会成为解答的决定因素。同时还会考查具有特殊读音的汉字词汇。诸如例1的问题，有时可以从文脉中推测出填入空白处的词汇的意思，因此要养成做题时把问题从头到尾读一遍的习惯。

Điểm quan trọng: có các trường hợp như các phương án lựa chọn có cách đọc hoàn toàn khác nhau nhưng lại có cùng loại từ như ví dụ 1, và cũng có trường hợp đáp án được quyết định bởi từ ngữ đó có trường âm hay không, hoặc có xúc âm「っ」hoặc「ﾞ」hay không như ví dụ 2. Từ vựng chữ Hán có cách đọc đặc biệt cũng được ra trong đề thi. Kiểu câu hỏi như ví dụ 1, có khi có thể đoán được ý nghĩa của từ vựng đó từ mạch văn của câu. Hãy đọc toàn bộ câu.

漢字は「読み方」「意味」「その漢字を使った言葉」を一緒に覚えるようにしましょう。そうすることで語彙も増え、漢字だけでなく語彙問題、読解問題の対策にもなります。例2のパターンでは、発音が不正確だと正解を選べません。漢字を勉強するときは、音とひらがなを結び付けて、声に出して確認しながら覚えましょう。一見遠回りのようですが、これをしておけば聴解力も伸びます。

Study Method: When learning kanji, try to learn their reading, meaning and words that use the kanji all together. By doing this, you will increase your vocabulary, and be able to better deal with not only kanji-related questions, but also reading comprehension questions. In the pattern in Example 2, if the pronunciation is incorrect, you will be unable to choose the correct answer. When studying kanji, try memorizing them by tying the reading to the hiragana and reading them out loud. This may seem like a roundabout way of doing things at first, but doing this will improve your listen comprehension, as well.

学习方法：日语汉字的学习可以把重点放在"读音""意思""使用了该汉字的词汇"这三点上，除了能够增加词汇量，对语法问题和阅读理解也有一定帮助。诸如例2的问题，如果读音不正确则无法选中正确答案。学习日语汉字时，确认该汉字的读音，并将整个词汇大声读出来，边读边记。这种方法不仅可以帮助我们高效记忆，也能够间接提高听力水平。

Phương pháp học: Hãy ghi nhớ "cách đọc", "ý nghĩa" và "từ vựng dùng chữ Hán đó" cùng với nhau khi học chữ Hán. Bằng cách đó, vốn từ vựng của bạn cũng tăng lên và sẽ trở thành đối sách cho các đề thi từ vựng, đề thi đọc hiểu chứ không chỉ chữ Hán. trong kiểu câu hỏi như ví dụ 2, nếu bạn phát âm không chính xác sẽ không thể lựa chọn đáp án đúng. Khi học chữ Hán, hãy cùng ghi nhớ bằng cách gắn kết giữa âm thanh và chữ Hiragana, rồi thử phát âm xác nhận. Thoạt nhìn có vẻ như mình đi lòng vòng, nhưng nếu cứ luyện tập theo cách này, thì khả năng nghe của các bạn cũng sẽ tiến triển.

問題2　文脈規定　7問

（　　　　）に入れるのに一番いい言葉を選ぶ。

問題2　（　　　　）に入れるのに最もよいものを、1・2・3・4から一つ選びなさい。

例1　みんな帰って、教室の中は（　　　　）静まりかえっていた。
　　1　ぱっと　　　　　　2　じっと　　　　　　3　じんと　　　　　4　しんと

例2　この番組では、いつも（　　　　）な話題を提供している。
　　1　ホット　　　　　　2　ポット　　　　　　3　ポイント　　　　4　ビジョン

答え：4、1

POINT

①漢字語彙、②カタカナ語、③動詞・形容詞・副詞の問題が出る。

Point: There will be questions on ①kanji vocabulary, ②katakana vocabulary and ③verbs・adjectives・adverbs.

要点：此类题型经常考查：①带汉字的词汇②片假名词汇③动词、形容词、副词。

Điểm quan trọng：① Trong câu hỏi này, có những câu hỏi liên quan đến ① Chữ Hán ② Chữ Katakana ③ Động từ, tính từ, phó từ.

勉強法

①漢字語彙：勉強法は問題1と同じです。

②カタカナ語：カタカナ語は多くが英語に由来しています。カタカナ語の母語訳だけでなく、英語と結び付けておくと覚えやすいでしょう。語末の"s"は「ス」（例：bus→バス）など、英語をカタカナにしたときの変化を自分なりにルール化しておくと、初めて見る単語も類推できるようになります。

③動詞・形容詞・副詞：その単語だけでなく、よく一緒に使われる単語とセットで、例文で覚えましょう。

Study Method:

①Kanji vocabulary: the study method is the same for questions 1.

②Katakana vocabulary: Many katakana vocabulary words are derived from English. Learning the original meanings of katakana words and tying them to English can make them easier to learn. By coming up with your own rules about katakana vocabulary (like how words that originally ended with "s" in English end with ス in Japanese, as in bus→バス), you will even be able to figure out the meaning of words that you may be seeing for the first time.

③Verbs・adjectives・adverbs: Try learning words they are often used together with rather than just trying to learn single words on their own.

学习方法：

①带汉字的词汇：学习方法与问题1相同。

②片假名词汇：由于片假名词汇大多来源于英语，因此结合英语进行记忆会比较轻松。例如，"バス"来源于英语的"bus"，"s"变成了片假名的"ス"。针对此类由英语变化而成的片假名词汇，可以按照自己的方式对其进行整理和规则化，这样一来，即使是生词也能够推测出其意思。

③动词、形容词、副词：除了记住该词汇本身的意思外，还要记住经常与该词汇一起使用的单词。通过例句进行记忆，可以让印象更深刻。

Phương pháp học:

①Chữ Hán: phương pháp học giống như câu hỏi 1

②Từ vựng Katakana: phần lớn những từ viết bằng Katakana có nguồn gốc từ tiếng Anh. Cách học từ vựng Katakana thì không chỉ học nghĩa dịch từ Katakana sang tiếng mẹ đẻ, mà phải kết nối với từ tiếng Anh thì sẽ dễ nhớ hơn. Nếu như các bạn tự tạo cho mình một nguyên tắc khi chuyển đổi từ tiếng Anh sang Katakana như chữ "s" cuối từ sẽ trở thành 「ス」 (ví dụ : bus→バス) ...thì cho dù đó là từ lần đầu gặp đi nữa, cũng có thể đoán ra được.

③Động từ, phó từ, tính từ: các bạn không nên chỉ học một từ riêng biệt đó mà nên kết hợp với những từ thường được sử dụng cùng, và học cả câu ví dụ.

問題3　言い換え類義　6問

_____の語や表現と意味が一番近い語や表現を選ぶ。

問題3　_____の言葉に意味が最も近いものを、1・2・3・4から一つ選びなさい。

例1　彼は不意に教室に現れた。

　　1　ゆっくり　　　　2　いやいや　　　　3　突然　　　　4　さっさと

例2　この店のアットホームな雰囲気が気に入っている。

　　1　友好的な　　　　2　家庭的な　　　　3　現代的な　　　　4　古典的な

答え：3、2

①漢字語彙、②カタカナ語、③動詞・形容詞・副詞の問題が出る。
どの選択肢を選んでも正しい文になることが多い。意味をしっかり確認すること。

Point: There will be questions on ①kanji vocabulary, ②katakana vocabulary and ③verbs・adjectives・adverbs. Any answer you choose is likely to form a correct sentence. Be sure to carefully check the meaning.

要点：此类题型经常考查：①带汉字的词汇②片假名词汇③动词，形容词，副词。
此类题型很多情况下，无论选择哪个选项都能组成正确的句子。因此需要牢牢掌握住词汇的意思。

Điểm quan trọng: ① Trong câu hỏi này, có những câu hỏi liên quan đến ① Chữ Hán ② Chữ Katakana ③ Động từ, tính từ, phó từ. Có nhiều trường hợp cho dù chọn đáp án nào đi nữa, cũng sẽ trở thành câu đúng. Các bạn nên kiểm tra ý nghĩa thật kỹ.

勉強法

よく一緒に使われる単語とセットで、単語の意味を覚えていれば大丈夫。N1レベルで覚えたほうがいい語彙はとても多いので、少しずつでも毎日勉強しましょう。

Study Method: It is okay to learn the meaning of vocabulary words by learning them as sets with other words that they are often used with. There are many words that you should learn for the N1 level test, so try studying a little bit every day.

学习方法：记住该词汇以及经常与该词汇一起使用的单词的意思。N1需要记忆的词汇非常多，所以每天的积累很重要。

Phương pháp học: hãy nhớ ý nghĩa của từ vựng trong tổ hợp từ vựng mà từ đó thường hay đi kèm thì sẽ không có vấn đề gì. Những từ vựng cần ghi nhớ ở cấp độ N1 rất nhiều, vì thế hãy học mỗi ngày một ít.

問題4　用法　6問

問題の語を使った文として、一番いい文を選ぶ。

問題4　次の言葉の使い方として最もよいものを、1・2・3・4から一つ選びなさい。

例　密接

1　<u>密接</u>なスケジュールで、体を壊してしまった。
2　すき間ができないように、マスクをしっかり<u>密接</u>させる。
3　取引先とは<u>密接</u>な関係を築く必要がある。
4　<u>密接</u>した国同士、仲良くすべきだ。

答え：3

勉強法

単語の意味を知っているだけでは答えられない問題もあります。語彙を覚えるときは、いつどこで使うのか、どの助詞と一緒に使われるか、名詞の場合は「する」が付いて動詞になるのか、などにも注意して覚えましょう。

Study Method: There are questions that you cannot answer by just knowing the meanings of the vocabulary words. When learning vocabulary words, be mindful of when and where they are used, what verbs they are used with and if they are nouns, whether they can be made verbs by adding する.

学習方法：此类题型，有些问题只知道词汇的意思是无法选中正确答案的。学习词汇时，要注意该词汇什么时候用在什么地方，和哪个助词一起使用；名词的情况，要注意如果加上"する"是否能够变成动词等。

Phương pháp học: có những dạng câu hỏi chỉ cần biết được ý nghĩa của từ vựng sẽ có thể trả lời được. Khi học từ vựng, cần phải chú ý đến các điểm như sử dụng ở đâu, khi nào, sử dụng cùng với các động từ nào, trong trường hợp là danh từ thì có đi kèm với 「する」 hay không.

問題5　文の文法1（文法形式の判断）　10問

文の中の（　　　）に入れるのに一番いい言葉を選ぶ。

問題5　次の文の（　　　）に入れるのに最もよいものを、1・2・3・4から一つ選びなさい。

例1　（お知らせで）
　　　今後もお客様により良いサービスを提供してまいりたいと思っております。（　　　）、アンケートにご協力のほど、どうぞよろしくお願いいたします。
　　1　すなわち　　　　　　2　つきましては　　　3　要するに　　　4　ただし

例2　田中「新しい職場はどう？　楽しい？」
　　　山田「楽しい（　　　）。毎日、残業ですよ。」
　　1　もんですか　　　　　2　ことですか　　　　3　わけですか　　　4　ところですか

答え：2、1

POINT

会話形式や、二文くらいの少し長めの問題もある。接続詞・敬語表現（〜ていただく・〜なさいます・〜願います　など）・カジュアルな表現（〜ったって・〜んなら・〜っこない・〜ばよかったのに　など）を問う問題も出る。文法問題と読解問題は時間が分かれていない。読解問題に時間をかけられるよう、文法問題は早めに解くこと。

Point: There are questions that are in conversation form or are slightly longer two sentence passages. There are also questions that test your knowledge of conjunctions, polite speech（〜ていただく・〜なさいます・〜願います）and casual expressions（〜ったって・〜んなら・〜っこない・〜ばよかったのに）. Time is not divided by grammar questions and reading comprehension questions. Answer the grammar questions quickly so you will have time to spend on the reading comprehension questions.

要点：此类题型题目较长，并且还会出现对话形式的问题。有时也会考查接续词、敬语表达（〜ていただく・〜なさいます・〜願います等）以及较随意的表达（〜ったって・〜んなら・〜っこない・〜ばよかったのに等）用法。语法和阅读不会分开计时。必须为阅读部分确保足够的时间。因此语法问题要尽早解答。

Điểm quan trọng: Cũng có câu hỏi hình thức hội thoại và hơi dài một chút khoảng 2 câu. Cũng có các câu hỏi về từ nối, cách diễn đạt kính ngữ (〜ていただく・〜なさいます・〜願います v.v.), cách diễn đạt thông thường (〜ったって・〜んなら・〜っこない・〜ばよかったのに v.v.). Đề thi ngữ pháp và đề thi đọc hiểu thì không chia thời gian cụ thể. Để có thời gian giải các câu hỏi đọc hiểu, hãy giải các câu hỏi ngữ pháp thật nhanh.

N1レベルの文法の中には、使う場面がほぼ決まっているものも多くあります。文法項目ごとに、自分の気に入った例文を一つ覚えておきましょう。その文法が使われる場面のイメージを持つことが大切です。

Study Method: For questions relating to N1 level grammar, there are usually a set number of situations. Try learning one example sentence that you like for each grammar point. It is important to visualize settings where that grammar is used.

学习方法：N1中的许多语法，其使用的场景基本上都是固定的。每个语法项目，都可以通过记忆一个自己喜欢的例句来进行学习。要弄清楚该语法在什么时候什么样的情况下使用，也就是说要对使用该语法的场景形成一个整体印象。

Phương pháp học: Trong phần ngữ pháp cấp độ N1 có nhiều câu mà ngữ cảnh sử dụng hầu như được định sẵn. mỗi điểm ngữ pháp, hãy thuộc lòng một câu ví dụ mà mình thích nhất. Việc hình dung được ngữ cảnh sử dụng mẫu ngữ pháp đó là quan trọng.

問題6　文の文法2（文の組み立て）　5問

文にある4つの_____に言葉を入れ、__★__に入る選択肢を答える。

問題6　次の文の__★__に入る最もよいものを、1・2・3・4から一つ選びなさい。

例　日本経済は、政府の景気対策により、少しずつ _____ _____ __★__ _____
依然、苦しい状態が続いている。
1　回復に　　　　　　2　つつある　　　　　　3　とはいえ　　　　　　4　向かい

答え：2（1 → 4 → 2 → 3）

POINT

_____だけ見るのではなく、文全体を読んで話の流れを理解してから解答する。ニュース記事のような内容のものも出題される。たいていは3番目の空欄が__★__だが、違うこともあるので注意。

Point: When answering questions, be sure to read the entire question, not just the part that goes in the blanks, to understand the flow of the sentence. There are questions that are similar to news articles. Usually, the third blank is filled with a star (__★__), but there are times when it is in a different blank, so be careful.

要点：不要只看_____的部分，阅读全文，了解文章的整体走向后再进行作答。该类题型有时还会以新闻报道的内容作为问题。大多数情况下__★__会出现在第3个空白栏处，但也有例外，要注意。

Điểm quan trọng: không chỉ xem ở phần_____, mà phải đọc toàn câu văn, lý giải mạch câu chuyện rồi trả lời câu hỏi. Những nội dung như phóng sự tin tức cũng được ra trong đề thi. Thông thường, ở chỗ trống thứ 3 là chỗ trống điền__★__, tuy nhiên lưu ý cũng có khi nằm ở vị trí khác.

文型の前後にどんな品詞の言葉が来て、どんな形で接続するのかに注意して、語順を覚えるようにしましょう。さらに、_____の前後とうまくつながるかがヒントになるので、少し長めの文を読むときには、文の構造を図式化するなどして、文の構造に慣れておきましょう。

Study Method: Try to learn word orders while being mindful of what kind of tense the words that come before and after sentence patterns are and in what form they are used as conjunctions. Also, be sure to get used to sentence structures by diagraming sentence structures when reading longer passages, as this may present hints for how what comes in the _____ relates to what comes before and after it.

学习方法：注意句型前后会出现怎样的词类，以怎样的形式连接，并记住单词排列顺序。同时，_____的前后是否能够连贯起来也是一种提示，因此在阅读较长的句子时，可以通过将句子的结构图示化等方法，以习惯句子的结构。

Phương pháp học: Hãy lưu ý từ loại nào đi trước hay sau mẫu câu, được nối với nhau bằng hình thức nào để ghi nhớ trật tự từ. Ngoài ra, việc kết nối trước sau _____ có suôn sẻ hay không sẽ là gợi ý để giải đề nên khi đọc câu hơi dài một chút, hãy biểu đồ hóa cấu trúc của câu và làm quen với cấu trúc câu.

問題7　文章の文法　5問

文章の流れに合った表現を選択肢から選ぶ。

次の文章を読んで、文章全体の趣旨を踏まえて、 例1 から 例4 の中に入る最もよいものを、1・2・3・4から一つ選びなさい。

　「最近の若者は、夢がない」とよく言われる。わたしはそれに対して言いたい。 例1 、しょうがないじゃないか。子供のころから不景気で、大学に入ったら、就職率が過去最低を記録している。そんな先輩たちの背中を見ているのだ。どうやって夢を持って 例2 。しかし、このような状況は、逆に 例3 だとも考えられる。

　自分をしっかりと見つめなおし、自分のコアを見つけるのだ。そしてそれを成長への飛躍とするのだ。今のわたしは高く飛び上がるために、一度 例4 状態だと思って、明日を信じてがんばりたい。

例1) 　1　したがって　　　2　だって　　　　3　しかも　　　　4　むしろ

例2) 　1　生きていけというのだ　　　　　　2　生きていかなければならない
　　　3　生きていってもいいのか　　　　　4　生きていくべきだろう

例3) 　1　ヒント　　　2　アピール　　　3　ピンチ　　　　4　チャンス

例4) 　1　飛んでいる　　　　　　　　　　　2　もぐっている
　　　3　しゃがんでいる　　　　　　　　　4　死んでいる

答え：2、1、4、3

POINT

以下の3種類の問題がよく出題される。
①接続詞：下記のような接続詞を入れる。空欄の前後の文を読んでつながりを考える。
　・順接：すると、そこで、したがって、ゆえに、よって
　・逆接：しかし、しかしながら、だが、ところが、それでも、とはいえ、むしろ
　・並列：また、および、かつ
　・添加：そのうえ、それに、しかも、それどころか、さらに
　・対比：一方（で）
　・選択：または、あるいは、もしくは、ないし

・説明：なぜなら

・補足：ただ、ただし、実は、ちなみに、なお

・言い換え：つまり、要するに、すなわち、いわば

・例示：たとえば

・転換：ところで、さて、では、それでは

・確認：もちろん

・収束：こうして、このように、その結果、結局

② 文脈指示：「そんな～」「あの～」といった表現が選択肢となる。指示詞の先は、一つ前の文にあることが多い。ただし「先日、<u>こんなこと</u>がありました。～」のように、あとに続く具体例を指す言葉が選択肢となることもある。答えを選んだら、指示詞のところに正答と思う言葉や表現を入れてみて、不自然ではないか確認する。

③ 文中表現・文末表現：文の流れの中で、文中や文末にどんな表現が入るかが問われる。前後の文の意味内容を理解し、付け加えられた文法項目がどのような意味を添えることになるか考える。

Point:
The three types of questions shown below often appear on the test.
① Conjunctions: Include conjunctions like those listed below. Think about how they connect to the words that come before and after the blank.
・Tangent conjunctions：すると、そこで、したがって、ゆえに、よって
・Contradictory conjunctions：しかし、しかしながら、だが、ところが、それでも、とはいえ、むしろ
・Parallel conjunctions：また、および、かつ
・Additional conjunctions：そのうえ、それに、しかも、それどころか、さらに
・Comparative conjunctions：一方（で）
・Selective conjunctions：または、あるいは、もしくは、ないし
・Explanative conjunctions：なぜなら
・Supplementary conjunctions：ただ、ただし、実は、ちなみに、なお
・Rephrasing conjunctions：つまり、要するに、すなわち、いわば
・Illustrative conjunctions：たとえば
・Transition conjunctions：ところで、さて、では、それでは
・Confirmative conjunctions：もちろん
・Convergent conjunctions：こうして、このように、その結果、結局
② Context indicators: There will be answers that include expressions like そんな～ and あの～. The subject of demonstratives is often found in the previous sentence. However, there are instances when answers include a demonstrative indicating a detailed phrase that comes after it, as in 先日、<u>こんなこと</u>がありました。～. Once you have chosen an answer, try putting the word or phrase that you think is the right answer in the place of the demonstrative and check to see whether it seems natural or not.
③ Mid-sentence expressions・end-of-sentence expressions: These questions ask what expression should go in the middle or end of a sentence given the overall meaning of the sentence. Understand the meaning of the previous and following sentences and consider how the accompanying grammar points add to the meaning.

要点：
此类题型经常会出现以下3种问题。
① 接续词：考查下列接续词的用法。阅读空格前后的句子，并思考相互间的联系。
・顺接：すると、そこで、したがって、ゆえに、よって
・逆接：しかし、しかしながら、だが、ところが、それでも、とはいえ、むしろ
・并列：また、および、かつ
・添加：そのうえ、それに、しかも、それどころか、さらに
・对比：一方（で）
・选择：または、あるいは、もしくは、ないし
・说明：なぜなら
・补充：ただ、ただし、実は、ちなみに、なお
・改变说法：つまり、要するに、すなわち、いわば
・举例：たとえば

・転換話題：ところで、さて、では、それでは
・確認：もちろん
・収束：こうして、このように、その結果、結局

②文脈指示：选项中经常出现"そんな～""あの～"之类的表达。指示词所指代的内容通常可以在上一个句子中找到。但是，以"先日、こんなことがありました。～"为例，指代后文中具体例子的词语有时也会成为选项。选择答案后，试着在指示词的地方填入自己认为是正确答案的词语或表达，确认是否能连接成自然的句子。

③文中表达・文末表达：结合文章走向，选择填入文中或文末的表达。理解前后文的内容，思考选项中所使用的语法项目会赋予该选项什么样的意思。

Điểm quan trọng:
Thường có 3 loại câu hỏi như dưới đây:
① Liên từ: Là những câu hỏi điền những liên từ như sau đây. Đọc câu văn phía trước và sau ô trống suy nghĩ đến sự liên kết.
・Liên từ chỉ quan hệ nguyên nhân kết quả：すると、そこで、したがって、ゆえに、よって
・Liên từ chỉ quan hệ đối lập：しかし、しかしながら、だが、ところが、それでも、とはいえ、むしろ
・Liên từ chỉ quan hệ song song：また、および、かつ
・Liên từ chỉ quan hệ nối tiếp：そのうえ、それに、しかも、それどころか、さらに
・Liên từ chỉ quan hệ so sánh：一方（で）
・Liên từ chỉ sự lựa chọn：または、あるいは、もしくは、ないし
・Liên từ chỉ sự giải thích：なぜなら
・Liên từ chỉ sự bổ sung：ただ、ただし、実は、ちなみに、なお
・Liên từ chỉ sự thay thế：つまり、要するに、すなわち、いわば
・Liên từ chỉ ví dụ：たとえば
・Liên từ chỉ sự đổi đề tài：ところで、さて、では、それでは
・Liên từ chỉ sự xác nhận：もちろん
・Liên từ chỉ sự qui chiếu：こうして、このように、その結果、結局

② Chỉ thị văn cảnh: là những câu hỏi có các lựa chọn đáp án là các từ ngữ như「そんな～」「あの～」. Thông thường chỉ thị từ thường thay thế cho những từ ngữ nằm ở câu trước. Tuy nhiên, cũng có những trường hợp cách lựa chọn là những từ ngữ chỉ ví dụ cụ thể tiếp theo ở câu sau ví dụ như「先日、こんなことがありました。～」.Sau khi chọn được câu trả lời thì thử điền từ ngữ hay diễn đạt mà mình nghĩ là đúng vào chỗ từ chỉ định, rồi xem có tự nhiên hay không.

③ Những cách diễn đạt trong câu và những cách diễn đạt cuối câu: Trong mạch văn của câu, sẽ được hỏi điền diễn đạt nào vào giữa câu hay cuối câu. Lý giải nội dung ý nghĩa của câu văn trước và sau, suy nghĩ xem mẫu ngữ pháp thêm vào mang thêm ý nghĩa như thế nào.

勉強法

①接続詞：上記の分類を覚えておきましょう。
②文脈指示：「こ」「そ」「あ」が日本語の文の中でどのように使われるか、母語との違いを明確にしておきましょう。
③文中表現・文末表現：日ごろから文法項目は例文も一緒に覚えておくと役に立ちます。また、文章を読むときは流れを意識するようにしましょう。

Study Method:
① Contractions: Learn the classifications shown above.
② Context indicators: Be aware of the differences between how demonstratives are used in sentences in Japanese and in your own native language.
③ Mid-sentence expressions・end-of-sentence expressions: It may be helpful to learn grammar points through their example sentences. Furthermore, when reading the passage, try to be aware of the overall meaning and flow.

学习方法：
① 接续词：记住以上分类并加以练习。
② 文脉指示：明确"この""こんな""その""そんな""あの""あんな"等指示词的用法，并注意和母语的区别。
③ 文中表达・文末表达：语法不仅需要靠平时的积累，如何学习也是非常重要的。通过例句学习和记忆语法，不失为一种有效的学习方法。另外，在阅读文章时，要注意文章的走向。

Phương pháp học:
① Liên từ: Hãy học thuộc lòng cách phân chia như ở trên.
② Chỉ thị từ văn cảnh: Hãy cùng làm rõ sự khác nhau xem「こ、そ、あ」được sử dụng như thế nào trong câu tiếng Nhật và khác với tiếng mẹ đẻ như thế nào.
③ Những cách diễn đạt trong câu và những cách diễn đạt cuối câu: những điểm ngữ pháp trong cuộc sống hằng ngày nếu thuộc lòng theo những câu ví dụ cơ bản sẽ hữu ích. Thêm nữa, khi đọc đoạn văn thì chúng ta hãy chú ý mạch văn.

200字程度のテキストを読んで、内容に関する選択肢を選ぶ。

POINT

質問のパターンはいろいろあるが、だいたいは、筆者が最も言いたい内容が問題になっている。消去法で答えを選ぶのではなく、発話意図をしっかりとらえて選ぶこと。

〈よくある質問〉
・筆者の考えに合うのはどれか。
・このメールを書いた、一番の目的は何か。
・_____について、筆者はどのように述べているか。
・筆者によると、_____とはどういうことか。
・筆者によると、_____のはなぜか。
・この案内から、_____についてどんなことがわかるか。

Point: There are many patterns of questions, but the main content of the questions is what the writer most wants to say. Instead of selecting an answer by process of elimination, select by firmly grasping the dialogue intention.

要点：此类题型的问题形式很多，但基本上都会提问笔者在文章中最想表达什么。解答这种问题的关键在于，要牢牢把握住文章的中心思想和笔者的写作意图，而不是用排除法。

Điểm quan trọng: Có rất nhiều kiểu câu hỏi, thông thường là những câu hỏi "nội dung tác giả muốn nói là gì?". Các bạn không nên trả lời bằng phương pháp loại trừ, mà phải nắm bắt thật kỹ ý đồ phát ngôn để lựa chọn câu trả lời.

問題9　内容理解（中文）　3問×3

500字程度の文章を読んで、内容に関する選択肢を選ぶ。

POINT

「_____とあるが、どのような○○か。」「_____とあるが、なぜか。」のような質問で、キーワードや因果関係を理解できているか問う問題が出題される。下線部の意味を問う問題が出たら、同じ意味を表す言い換えの表現や、文章中に何度も出てくるキーワードを探す。下線部の前後にヒントがある場合が多い。

Point: Questions like _____とあるが、どのような○○か or _____とあるが、なぜか test whether you are able to understand certain keywords or cause and effect. When there are questions that ask the meaning of the underlined section, look for rephrasings and expressions that mean the same thing or keywords that frequently appear throughout the passage. Hints can often be found before or after the underlined section.

要点：以 "_____とあるが、どのような○○か。" "_____とあるが、なぜか。" 为例，列出一个关键词，考查对因果关系的理解，是此类题型的考查重点。对于这种就下划线部分的意思进行提问的问题，可以找出表示相同意思的替换表达、或者文章中反复出现的关键词。大多数情况下，可以从下划线部分的前后文找到提示。

Điểm quan trọng: Những câu hỏi hỏi xem người làm bài có hiểu được từ khóa, hay mối quan hệ nhân quả được ra trong bài thi như「_____とあるが、どのような○○か。」「_____とあるが、なぜか。」hay không. Nếu câu hỏi hỏi về ý nghĩa của từ gạch dưới thì hãy tìm từ khóa xuất hiện nhiều lần trong đoạn văn hoặc những mẫu câu được hiển thị bằng cách nói khác nhưng thể hiện cùng một ý nghĩa. Trong nhiều trường hợp, từ gợi ý nằm phía trước hoặc sau từ gạch dưới.

問題10　内容理解（長文）4問×1

1,000字程度の文章を読んで、内容に関する選択肢を選ぶ。

POINT

「＿＿＿＿とはどういうことか。」「＿＿＿＿について、筆者はどのように考えているか。」「筆者の考えに合うものはどれか。」のような質問で、文章の内容や著者の考えが理解できているか問う問題が出題される。筆者が言いたいことは、最初の段落と最後の段落に書かれていることが多いので、特に注意して読もう。

Point: Questions like ＿＿＿＿ とはどういうことか, ＿＿＿＿ について、筆者はどのように考えているか and 筆者の考えに合うものはどれか test your understanding of the information in the passage and what the author is thinking.

要点：该大题的问题都是"＿＿＿＿とはどういうことか。""＿＿＿＿について、筆者はどのように考えているか。""筆者の考えに合うものはどれか。"这样的形式，考查对文章内容以及作者主张的理解。通常情况下，作者想要表达的内容会出现在最初或者最后的段落，因此阅读文章时需要特别注意。

Điểm quan trọng: Những câu hỏi như「＿＿＿＿とはどういうことか。」,「＿＿＿＿について、筆者はどのように考えているか。」,「筆者の考えに合うものはどれか。」là để hỏi xem thí sinh có hiểu được nội dung của đoạn văn hay suy nghĩ của tác giả hay không, sẽ được ra trong đề thi. Phần lớn điều tác giả muốn nói được viết ở đoạn đầu và đoạn cuối nên bạn hãy đặc biệt lưu ý khi đọc.

問題11　統合理解　2問×1

300字程度の2つの文章を読み比べて、内容に関する選択肢を選ぶ。

POINT

「＿＿＿＿について、AとBはどのように述べているか。」「＿＿＿＿について、AとBで共通して述べられていることは何か。」のような質問で、比較・統合しながら理解できるかを問う問題が出題される。前者の場合、選択肢は「AもBも、＿＿＿＿」と「Aは＿＿＿＿と述べ、Bは＿＿＿＿と述べている」の形になる。二つの文章の共通点と相違点を意識しながら読もう。

Point: There are questions that ask things like ＿＿＿＿ について、AとBはどのように述べているか and ＿＿＿＿ について、AとBで共通して述べられていることは何か to see if you can understand what is being asked while making comparisons and consolidations. When the question is about the former person, the answers take the form of AもBも、＿＿＿＿ or Aは＿＿＿＿と述べ、Bは＿＿＿＿と述べている. Read while being mindful of the points in common and differences of the two passages.

要点：该大题的提问方式比较固定，均为"＿＿＿＿について、AとBはどのように述べているか。""＿＿＿＿について、AとBで共通して述べられていることは何か。"这种形式的问题，需要综合比较两篇文章的内容和主张。前者的选项都是"AもBも、＿＿＿＿"和"Aは＿＿＿＿と述べ、Bは＿＿＿＿と述べている"这样的形式。阅读时，要有意识地找出两篇文章的相同点和不同点。

Điểm quan trọng: Trong câu như「＿＿＿＿について、AとBはどのように述べているか。」,「＿＿＿＿について、AとBで共通して述べられていることは何か。」thì sẽ hỏi xem có vừa hiểu vừa so sánh/ tổng hợp được hay không. Trường hợp là câu trước thì câu trả lời sẽ là kiểu［AもBも、＿＿＿＿］và「Aは＿＿＿＿と述べ、Bは＿＿＿＿と述べている」. Hãy vừa đọc vừa lưu ý điểm chung và điểm khác biệt của 2 đoạn văn.

1,000字程度の文章（評論など）を読んで、主張や意見が述べてある選択肢を選ぶ。

POINT

「＿＿＿＿について、筆者はどう述べているか。」「筆者によると、＿＿＿＿にはどうすればいいか。」「＿＿＿＿とはどういうことか。」「筆者の考えに合うものはどれか。」「この文章で筆者が最も言いたいことは何か。」のような質問で、全体として伝えようとしている主張や意見がつかめるかを問う問題が出題される。筆者の考えを問う問題では、主張や意見を示す表現（〜べきだ、〜のではないか、〜なければならない、〜ではないだろうか など）に注目する。

Point: There are questions that ask things like ＿＿＿について、筆者はどう述べているか, 筆者によると、＿＿＿にはどうすればいいか, ＿＿＿とはどういうことか, 筆者の考えに合うものはどれか and この文章で筆者が最も言いたいことは何か to see if you can grasp the main idea or opinion that a complete passage is trying to express. For questions about what the writer is thinking, be careful of expressions that express (like 〜べきだ、〜のではないか、〜なければならない、〜ではないだろうか, etc.) assertions and opinions.

要点：该大题重点考察对文章整体的理解，问题通常都是 "＿＿＿について、筆者はどう述べているか。""筆者によると、＿＿＿にはどうすればいいか。""＿＿＿とはどういうことか。""筆者の考えに合うものはどれか。""この文章で筆者が最も言いたいことは何か。"这种询问作者的主张或者意见的形式。询问笔者想法的问题，则需要注意表达笔者主张或意见的语句，该类语句通常以 "〜べきだ" "〜のではないか" "〜なければならない" "〜ではないだろうか" 等结尾。

Điểm quan trọng: Các câu như 「＿＿＿について、筆者はどう述べているか。」,「筆者によると、＿＿＿にはどうすればいいか。」,「＿＿＿とはどういうことか。」,「筆者の考えに合うものはどれか。」,「この文章で筆者が最も言いたいことは何か。」thì sẽ hỏi nhắm vào việc có nắm được chủ trương, ý kiến đang được truyền tải trong tổng thể hay không. Ở những câu hỏi hỏi về suy nghĩ của người viết thì hãy chú ý đến những biểu hiện hiển thị chủ trương và ý kiến như 〜べきだ、〜のではないか、〜なければならない、〜ではないだろうか...

勉強法

問題9〜12では、まずは、全体をざっと読むトップダウンの読み方で大意を把握し、次に問題文を読んで、下線部の前後など、解答につながりそうな部分をじっくり見るボトムアップの読み方をするといいでしょう。日ごろの読解練習でも、まずざっと読んで大意を把握してから、丁寧に読み進めるという二つの読み方を併用してください。

Study Method: For questions 9 and 12, first read the whole passage to understand the overall meaning using a top-down approach, then read the question and carefully look for parts before and after the blank that might relate to the answer using a bottom-up approach. Even for your regular reading comprehension practice, use two forms of reading by first skimming through the passage to get a general idea of what it is about, then reading it again more carefully.

学习方法：在问题9和12中，首先，粗略地阅读整篇文章，用自上而下的方法来把握文章大意；然后阅读问题，并仔细观察下划线部分前后的语句等，用自下而上的方法仔细阅读与解答相关的部分。在日常的阅读训练中，要有意识地并用 "自上而下" 和 "自下而上" 这两种阅读方法，先粗略阅读全文，把握文章大意后，再仔细阅读。

Phương pháp học: Ở câu hỏi 9, 12 trước hết các bạn nên nắm bắt đại ý của đoạn văn bằng cách đọc Topdown đọc lướt toàn bài văn, kế tiếp đọc câu hỏi, rồi sau đó đọc theo cách đọc Bottom up tìm thật kỹ những phần liên quan đến câu trả lời những phần trước và sau của phần gạch chân. Trong quá trình luyện đọc hiểu hằng ngày các bạn cũng nên luyện cả hai cách đọc, đầu tiên cũng đọc lướt để nắm bắt đại ý, sau đó đọc cẩn thận để tìm ra câu trả lời.

700字程度の広告、パンフレットなどの中から必要な情報を探し出して答える。

POINT

何かの情報を得るためにチラシなどを読むという、日常の読解活動に近い形の問題。初めに問題文を読んで、必要な情報だけを拾うように読むと効率がいい。多い問題は、条件が示されていて、それに合う商品やコースなどを選ぶもの。また、「参加したい／利用したいと考えている人がしなければならないことはどれか。」という問題もある。その場合、選択肢一つひとつについて、合っているかどうか本文と照らし合わせよう。

Point: This is a question that has you read leaflets to find information which are similar to everyday forms of reading activities. Reading the passage first while focusing on only picking up necessary information can be effective. Many questions will have you choose a product or course that matches certain shown conditions. There are also questions that ask 参加したい／利用したいと考えている人がしなければならないことはどれか. For these questions, refer to the main passage to see if each answer matches.

要点：日常生活中，人们常常为了获取信息而阅读传单等宣传物品，因此，此类题型与我们日常的阅读活动非常相近。多数情况下，需要根据问题中列出的条件选择符合该条件的商品或课程等项目。首先阅读问题，只收集必要的信息，然后再阅读正文内容，这种方法效率很高。除此之外，也会出现诸如"参加したい／利用したいと考えている人がしなければならないことはどれか。"之类的问题。这种情况可以用排除法，把每个选择项都与正文对照一下，并判断是否正确。

Điểm quan trọng: Đây là hình thức câu hỏi thi gần với hình thức hoạt động đọc hiểu trong cuộc sống hằng ngày như đọc những tờ rơi quảng cáo để có được thông tin nào đó. Đầu tiên là đọc câu hỏi, sau đó tìm những thông tin cần thiết thì hiệu quả sẽ cao. Phần lớn câu hỏi thì điều kiện được hiển thị, chúng ta cần lựa chọn những khóa, sản phẩm hợp với điều kiện đó. Ngoài ra, còn có những câu hỏi như「参加したい／利用したいと考えている人がしなければならないことはどれか。」. Trong trường hợp đó, cần phải đối chiếu từng sự lựa chọn xem có hợp với nội dung đoạn văn không.

勉強法

広告やパンフレットの情報としてよく出てくることばを理解しておきましょう。

（例）　時間：営業日、最終、〜内、開始、終了、即日

　　　場所：集合、お届け、訪問

　　　料金：会費、手数料、割引、無料、追加、全額負担

　　　申し込み：締め切り、要⇔不要、最終、募集人数、定員、応募、手続き

　　　貸出：可⇔不可

　　　利用条件：〜に限る、一人一点限り

　　　など

Study Method: Understand words that are often used as information in passages like advertisements and pamphlets.

学习方法：理解广告、传单或者宣传小册子中经常出现的与信息相关的词语。

Phương pháp học: hãy lý giải những từ vựng thường hay xuất hiện trong đề thi như là thông tin của các tờ rơi, quảng cáo.

聴解

2022年12月から聴解の問題数と試験時間が変更されますが、本書は変更前の内容に沿って制作しています。変更の詳細は日本語能力試験のwebサイト（https://www.jlpt.jp/）をご覧ください。

POINT

聴解試験は、時間も配点も全体の約3分の1を占める、比重の高い科目。集中して臨めるよう、休み時間にはしっかり休もう。試験中は、いったん問題用紙にメモして、あとから解答用紙に書き写す時間はない。問題を聞いたらすぐにマークシートに記入しよう。

Point: For the listening comprehension test, the time and point allotment is one third of the whole test, making it a particularly important section. Try to rest as much as you can during the rest period so you can focus on taking the test. When taking the test, you will not have time to copy any notes you have written down on the question sheet to the answer sheet. Try filling out the answer sheet as soon as you hear the question.

要点：听力的时间和得分在考试中所占比重很大，大约是全体的三分之一。因此在听力考试开始前要好好休息，以便集中精力挑战考试。
听力部分时间紧张，录音播放完毕后考试随即结束，没有多余的时间把事先写在试卷上的答案抄到答题卡上，因此考试时需要边听边涂写答题卡。

Điểm quan trọng: Phần thi nghe thì thời gian và phân bố điểm chiếm khoảng 1/3 của tổng thể nên là sẽ là phần có tỷ trọng cao. Các bạn hãy nghỉ giải lao thật thoải mái để tập trung làm bài.
Trong khi thi thì sẽ không có thời gian để viết ghi chú tạm vào giấy đề bài rồi lúc sau viết lại vào giấy trả lời. Cho nên chúng ta vừa nghe câu hỏi xong là ghi ngay vào tờ giấy đánh dấu câu trả lời.

勉強法

聴解は、読解のようにじっくり情報について考えることができません。わからない語彙があっても、瞬時に内容や発話意図を把握できるように、たくさん練習して慣れましょう。とはいえ、やみくもに聞いても聴解力はつきません。話している人の目的を把握したうえで聞くようにしましょう。また、聴解力を支える語彙・文法の基礎力と情報処理スピードを上げるため、語彙も音声で聞いて理解できるようにしておきましょう。

Study Method: Like with reading comprehension, listening comprehension will not allow you time to carefully read and consider all of the information in the question. If there are vocabulary words you do not know, practice a lot to get used to them so you can instantly grasp the meaning of the passage. That being said, you will not just suddenly be able to improve your listening comprehension. Try listening while understanding the objective of the person speaking. Furthermore, in order to improve your vocabulary and grammar which supports listening comprehension skills as well as your foundational abilities and information processing speed, be sure to learn to listen to the vocabulary and understand what is being said.

学习方法：听力无法像阅读那样仔细地进行思考。即使有不懂的词汇，也要做到能够瞬间把握对话内容和表达意图，所以大量的练习非常重要。话虽如此，没头没脑地听是无法提高听力水平的。进行听力训练的时候，要养成把握说话人的目的的习惯。另外，词汇、语法和信息处理速度是听力的基础，因此在学习词汇时，可以边听边学，这也是一种间接提高听力水平的方法。

Phương pháp học: Môn nghe thì không thể suy nghĩ về thông tin một cách kỹ càng như đọc hiểu. Hãy tạo cho mình thói quen luyện tập nắm bắt nội dung và ý đồ phát ngôn ngay lập tức cho dù có những từ vựng mình không hiểu đi nữa. Cho dù là nói như vậy, nhưng nếu cứ nghe một cách mò mẫm thì cũng không thể nâng cao khả năng nghe được. Hãy cố gắng nghe sau khi nắm bắt mục đích của người nói. Ngoài ra, hãy cố gắng nghe từ vựng bằng âm thanh, và hiểu được từ vựng đó để gia tăng vốn từ vựng và ngữ pháp hỗ trợ cho khả năng nghe, và tốc độ xử lý thông tin.

二人の会話を聞いて、ある課題を解決するのに必要な情報を聞き取る。

問題1では、まず質問を聞いてください。それから話を聞いて、問題用紙の1から4の中から、最もよいものを一つ選んでください。

状況説明と質問を聞く

▼

会話を聞く

▼

もう一度質問を聞く

▼

選択肢、またはイラスト から答えを選ぶ

◀ˑ）病院の受付で、男の人と女の人が話しています。
　　男の人はこのあとまず何をしますか。

◀ˑ）M：すみません、予約していないんですが、いいですか。
　　F：大丈夫ですよ。こちらは初めてですか。初めての方は、まず診察券を作成していただくことになります。
　　M：診察券なら、持っています。
　　F：それでは、こちらの書類に症状などをご記入のうえ、保険証を一緒に出してください。そのあと体温を測ってください。
　　M：わかりました。ありがとうございます。

◀ˑ）男の人はこのあとまず何をしますか。

1　予約をする
2　診察券を作成する
3　書類に記入する
4　体温を測る

答え：3

POINT

質問をしっかり聞き、聞くべきポイントを絞って聞く。質問は「（これからまず）何をしなければなりませんか。」というものがほとんど。「＿＿＿はいいかな。」などと話が二転三転することも多いので注意。「その前に」「～はそれからで」「先に」「差し当たり」「とりあえず」「ひとまず」「それより」など、優先順位を表す言葉を聞き逃さないようにしよう。

Point: Listen carefully to the question and try to single out the important points. Most questions are （これからまず）何をしなければなりませんか. Conversations may have two or even three twists, as in ＿＿＿はいいかな, so be careful. Be careful not to miss phrases like その前に, ～はそれからで, 先に, 差し当たり, とりあえず, ひとまず and それより that express order of precedence.

要点：仔细听问题，并抓住重点。问题几乎都是"（これからまず）何をしなければなりませんか。"这样的形式。对话过程中话题会反复变化，因此要注意"＿＿＿はいいかな。"这样的语句。同时，"その前に""～はそれからで""先に""差し当たり""とりあえず""ひとまず""それより"等表示优先顺序的词语也很关键，注意不要听漏。

Điểm quan trọng: Hãy nghe kỹ câu hỏi, nghe và nắm bắt những điểm quan trọng cần phải nghe. Câu hỏi hầu như là những câu kiểu "(từ bây giờ, trước tiên) phải làm gì?". Cần lưu ý kiểu câu hỏi này thường có cách nói lẩn tránh vấn đề như 「＿＿＿はいいかな。」 "Không ＿＿＿ cũng được"... Cố gắng nghe không bỏ sót các từ thể hiện thứ tự ưu tiên như 「その前に」「～はそれからで」「先に」「差し当たり」「とりあえず」「ひとまず」「それより」 v.v.

二人、または一人の話を聞いて、話のポイントを聞き取る。

問題2では、まず質問を聞いてください。そのあと、問題用紙のせんたくしを読んでください。読む時間があります。それから話を聞いて、問題用紙の1から4の中から、最もよいものを一つ選んでください。

状況説明と質問を聞く	◀)) テレビで司会者と男の人が話しています。男の人は芝居のどんなところが一番大変だと言っていますか。
▼	
選択肢を読む	（約20秒）
▼	
話を聞く	◀)) F：富田さん、今回の舞台劇『六人の物語』は、すごく評判がよくて、ネット上でも話題になっていますね。 M：ありがとうございます。空いている時間は全部練習に使ったんですよ。でも、間違えないでセリフを話せたとしても、キャラクターの性格を出せないとお芝居とは言えないので、そこが一番大変でしたね。
▼	
もう一度質問を聞く	◀)) 男の人は芝居のどんなところが一番大変だと言っていますか。
▼	1　体力がたくさん必要なところ 2　セリフをたくさん覚えないといけないところ 3　練習をたくさんしないといけないところ 4　キャラクターの性格を出すところ
選択肢から答えを選ぶ	

答え：4

POINT

質問文を聞いたあとに、選択肢を読む時間がある。質問と選択肢から内容を予想し、ポイントを絞って聞くこと。問われるのは、原因・理由や問題点、目的、方法などで、日常での聴解活動に近い。「実は」「しかし」「ただ」「でも」などの言葉のあとには、大事な話が続くことが多いので、注意して聞こう。

Point: After listening to the question passage, you will have time to read the answer choices. You will be asked about things like cause and reason or problems, objectives and methods in questions relating to everyday listening comprehension activities. Listen closely upon hearing phrases like 実は，しかし，ただ and でも, as they are usually followed by important information.

要点：听完问题后，会有时间阅读选项。从问题和选项预测接下来要听的内容，并抓住重点听。此类题型的对话场景很接近日常生活，问题通常会涉及到原因、理由、疑问点、目的或方法等等。多数情况下，对话中的重要内容会出现在"実は""しかし""ただ""でも"等表达后，需要特别注意。

Điểm quan trọng: Sau khi nghe câu hỏi, có thời gian cho bạn đọc các lựa chọn đáp án. Bạn có thể đoán nội dung từ các lựa chọn đáp án và câu hỏi, sau đó nghe nắm bắt các ý chính. Những câu được hỏi thường gần với các hoạt động nghe trong cuộc sống hằng ngày như nguyên nhân, kết quả, điểm vấn đề, mục đích, phương pháp... Tiếp theo sau các từ như「実は」「しかし」「ただ」「でも」v.v. thường là những điều quan trọng nên hãy lưu ý lắng nghe.

問題3　概要理解　6問

二人、または一人の話を聞いて、話のテーマ、話し手の言いたいことなどを聞きとる。

問題3では、問題用紙に何も印刷されていません。この問題は、全体としてどんな内容かを聞く問題です。話の前に質問はありません。まず話を聞いてください。それから、質問とせんたくしを聞いて、1から4の中から、最もよいものを一つ選んでください。

状況説明を聞く

▼

話を聞く

◀)) 日本語学校で先生が話しています。

◀)) F：みなさん、カレーが食べたくなったら、レストランで食べますか、自分で作りますか。カレーはとても簡単にできます。じゃがいも、にんじん、玉ねぎなど、自分や家族の好きな野菜を食べやすい大きさに切って、ルウと一緒に煮込んだらすぐできあがります。できあがったばかりの熱々のカレーももちろんおいしいのですが、実は、冷蔵庫で一晩冷やしてからのほうがもっとおいしくなりますよ。それは、冷めるときに味が食材の奥まで入っていくからです。自分で作ったときは、ぜひ試してみてください。

▼

質問を聞く

◀)) 先生が一番言いたいことは何ですか。

◀)) 1　カレーを作る方法
　　2　カレーをおいしく食べる方法
　　3　カレーを作るときに必要な野菜
　　4　カレーのおいしいレストラン

▼

選択肢を聞く

▼

答えを選ぶ

答え：2

POINT

話題になっているものは何か、一番言いたいことは何かなどを問う問題。細部にこだわらず、全体の内容を聞き取るようにする。とくに「つまり」「このように」「そこで」など、要旨や本題を述べる表現や、「〜と思います」「〜べきです」など、話し手の主張や意見を述べている部分に注意する。

Point: This is a question that asks what the topic of conversation is or what the speaking is trying to say. Try to hear the whole content of the audio without getting too caught up on the details. Be careful of expressions that describe the main point or topic, especially with words like つまり, このように and そこで, as well as sections that state the speaker's assertions or opinions.

要点：对话围绕什么话题展开，最想表达什么，是此类题型的考查重点。不要在细节上纠结，要把握好对话全体的内容。对于"つまり""このように""そこで"等表述重点或者中心思想的表达，以及"〜と思います""〜べきです"这类表述说话人主张或意见的部分，需要特别注意。

Điểm quan trọng: đây là dạng câu hỏi vấn đề trở thành chủ đề là gì, những điều muốn nói nhất là gì. Các bạn hãy cố gắng nghe tổng thể nội dung, không cần chú ý quá nhiều đến những chi tiết nhỏ. Đặc biệt chú ý đến những cách diễn đạt nêu lên điểm cốt yếu hoặc chủ đề chính như「つまり」「このように」「そこで」, hoặc những phần nêu lên chủ trương, ý kiến của người nói như「〜と思います」「〜べきです」

問題4　即時応答　14問

質問、依頼などの短い発話を聞いて、適切な答えを選ぶ。

問題4では、問題用紙に何も印刷されていません。まず文を聞いてください。それから、それに対する返事を聞いて、1から3の中から、最もよいものを一つ選んでください。

質問などの短い発話を聞く
↓
選択肢を聞く
↓
答えを選ぶ

◀») F：あれ、まだいたの？　とっくに帰ったかと思った。

◀») M：1　うん、思ったより時間がかかって。
　　　　2　うん、予定より早く終わって。
　　　　3　うん、帰ったほうがいいと思って。

答え：1

勉強法

問題4には、日常生活でよく使われている挨拶や表現がたくさん出てきます。日ごろから注意して覚えておきましょう。文型についても、読んでわかるだけでなく、耳から聞いてもわかるように勉強しましょう。

Study Method: In Question 4, there are many greetings and expressions that are often used in everyday life. Be careful of this. Study hard so that you will be able to recognize sentence patterns not only when you read them, but when you hear them as well.

学习方法：在问题4中，会出现很多日常生活中经常使用的问候和表达方式。如果平时用到或者听到这样的话语，就将它们记下来吧。句型也一样，不仅要看得懂，也要听得懂。

Phương pháp học: Ở phần thi 4, xuất hiện rất nhiều mẫu câu và câu chào hỏi được sử dụng nhiều trong cuộc sống hằng ngày. Chúng ta hãy cùng lưu ý và ghi nhớ mỗi ngày nhé. Liên quan đến mẫu câu, chúng ta không chỉ đọc và hiểu, mà chúng ta phải học để có thể nghe hiểu.

問題5　統合理解　4問

複数の情報を比較しながら、内容を聞き取る。

問題5では、長めの話を聞きます。この問題には練習はありません。
問題用紙にメモをとってもかまいません。

1番、2番
問題用紙に何も印刷されていません。まず話を聞いてください。それから、質問とせんたくしを聞いて、1から4の中から、最もよいものを一つ選んでください。

状況説明を聞く	◀⑴ 家で家族三人が娘のアルバイトについて話しています。
▼	
	◀⑴ F1：ねえ、お母さん。わたし、アルバイト始めたいんだ。いいでしょう？
	F2：まだ大学に入ったばかりなんだから、勉強をしっかりやったほうがいいんじゃないの？
会話を聞く	F1：でも、友達はみんなやってるし、お金も必要だし…。お父さんだって、学生時代アルバイトやってたんでしょう？
	M：そうだな…。じゃあ、アルバイトはしないで、お父さんの仕事を手伝うのはどうだ？ 1時間1,000円出すよ。
▼	F1：えっ、本当に？ やるやる。
	F2：よかったわね。でも、大学の勉強も忘れないでよ。
	◀⑴ 娘はなぜアルバイトをしないことにしましたか。
質問を聞く	◀⑴
選択肢を聞く	1　大学の勉強が忙しいから　　2　お金は必要ないから
答えを選ぶ	3　母親に反対されたから　　　4　父親の仕事を手伝うから

答え：4

POINT

1番と2番では、質問と選択肢がわからないまま1～2分程度の長めの会話を聞かなければならない。ポイントになりそうなことをメモしながら聞こう。

Point: For numbers 1 and 2, you will have to listen to a one- to two-minute long conversation without knowing what the multiple choice answers are. Write down anything that you think may be important.

要点：第1題和第2題，需要在不知道选项的情况下听一段长达1分钟到2分钟的对话。在听的同时把关键信息写下来。

Điểm quan trọng: Trong câu 1 và câu 2, phải nghe đoạn hội thoại dài khoảng 1-2 phút mà không biết các chọn lựa. Hãy vừa nghe vừa ghi chú lại những điều có thể là điểm chính.

3番

まず話を聞いてください。それから、二つの質問を聞いて、それぞれ問題用紙の1から4の中から、最もよいものを一つ選んでください。

選択肢を読む	1 　Aグループ 　　　　2 　Bグループ 3 　Cグループ 　　　　4 　Dグループ
状況説明を聞く	🔊 あるイベントの会場で、司会者がグループ分けの説明をしています。
一人の話を聞く	🔊 司会者：今から性格によって四つのグループに分かれていただきたいと思います。まず、Aグループは「社交的なタイプ」の方。それから、Bは「まじめで几帳面タイプ」の方、Cは「マイペースタイプ」の方、Dは「一人でいるのが好きなタイプ」です。では、ABCDと書かれた場所に分かれてお入りください。
▼	
二人の会話を聞く	🔊 M：僕はよく研究者っぽいって言われるから、Dなのかなあ。 F：そう？ マイペースなだけなんじゃない？ それに、一人でいるとこなんて見たことないよ。 M：そう言われるとそうだな。じゃあ、あっちか。 F：私はどうしよう。 M：うーん、君はけっこう細かいんじゃない？ 時間にもうるさいし。 F：そっか。じゃ、こっちにしよう。
▼	
二つの質問を聞く 選択肢から答えを選ぶ	🔊 質問1　男の人はどのグループですか。 質問2　女の人はどのグループですか。

答え：3、2

POINT

ある話に関する説明を聞いたあと、それについて二人が話す会話を聞く。説明部分は、問題用紙に書かれた選択肢の周りにメモをしながら聞くこと。そのメモを見ながら会話部分を聞き、答えを選ぶ。

Point: After listening to the explanation about a given conversation, you will then hear the corresponding conversation between two people. While listening to the explanation, take notes on the test sheet around the answer choices. Look at your notes while listening to the conversation and choose your answer.

要点：该题分为两个部分，首先听一段对某事物或某话题进行的叙述说明，之后再听两个人针对该叙述说明进行的对话。在听第一部分的叙述说明时，可以边听边在试题的选项旁边做笔记，然后边看笔记边听第二部分的对话，并选择正确答案。

Điểm quan trọng: Sau khi nghe giải thích về câu chuyện nào đó rồi thì sẽ nghe đoạn hội thoại của 2 người nói chuyện về điều đó. Phần giải thích thì chúng ta phải vừa nghe vừa ghi chú xung quanh câu trả lời trong giấy đề thi. Chúng ta vừa xem phần ghi chú đó vừa nghe phần hội thoại và chọn câu trả lời.

時間の目安 ⏰

試験は時間との戦いです。模試を解くときも、時間をきっちりはかって解きましょう。
下記はだいたいの目安です。

言語知識（文字・語彙・文法）・読解　110分

問題 Question ／问题 ／Câu hỏi	問題数 # of questions ／问题数／ Số lượng câu hỏi	かける時間の目安 Approx. time to spend ／ 大题时间分配／ Mục tiêu thời gian	1問あたりの時間 Time per question ／ 小题时间分配／ Thời gian cho từng câu hỏi
問題1	6問	1分	10秒
問題2	7問	2分	15秒
問題3	6問	2分	20秒
問題4	6問	6分	50秒
問題5	10問	5分	30秒
問題6	5問	5分	1分
問題7	5問	5分	1分
問題8	短文4つ	10分	1文章2分30秒
問題9	中文3つ	18分	1文章6分
問題10	長文1つ	15分	―
問題11	2問	10分	―
問題12	長文1つ	15分	―
問題13	情報素材1つ	8分	―

聴解　60分

聴解は、「あとでもう一度考えよう」と思わず、音声を聞いたらすぐに答えを考えて、マークシートに記入しましょう。

On the listening comprehension section, do not think that you will be able to come back to consider the answer later. Instead think of the answer as soon as you hear the question and fill it out on the answer sheet.

听力部分，不要总想着"我待会再思考一遍"，听的同时就要思考答案，然后立刻填写答题卡。

Trong phần nghe, các bạn không được nghĩ rằng "để lúc sau mình sẽ suy nghĩ lại lần nữa", mà hãy nghe rồi lập tức suy nghĩ trả lời và điền vào phiếu chọn câu trả lời.

※2022年12月から聴解の問題数と試験時間が変更されます。聴解の試験時間は55分になります。詳細は日本語能力試験のwebサイト（https://www.jlpt.jp/）をご覧ください。

第1回　解答・解説

Answers・Explanations ／解答・解説／Đáp án・giải thích

合格模試　解答用紙

N1 言語知識（文字・語彙・文法）・読解

受験番号
Examinee Registration Number

名前
Name

〈ちゅうい　Notes〉

1. くろいえんぴつ（HB、No.2）でかいて
ください。
Use a black medium soft (HB or No.2)
pencil.
（ペンやボールペンではかかないでくだ
さい。）
(Do not use any kind of pen.)

2. かきなおすときは、けしゴムできれい
にけしてください。
Erase any unintended marks completely.

3. きたなくしたり、おったりしないでくだ
さい。
Do not soil or bend this sheet.

4. マークれい Marking Examples

よいれい Correct Example	わるいれい Incorrect Examples
●	⊗ ◯ ◑ ⊘ ◍ ⊙ ●

問題 1

1	① ② ③ ④
2	① ② ③ ④
3	① ② ③ ④
4	① ② ③ ④
5	① ② ③ ④
6	① ② ③ ④

問題 2

7	① ② ③ ④
8	① ② ③ ④
9	① ② ③ ④
10	① ② ③ ④
11	① ② ③ ④
12	① ② ③ ④
13	① ② ③ ④

問題 3

14	① ② ③ ④
15	① ② ③ ④
16	① ② ③ ④
17	① ② ③ ④
18	① ② ③ ④
19	① ② ③ ④

問題 4

20	① ② ③ ④
21	① ② ③ ④
22	① ② ③ ④
23	① ② ③ ④
24	① ② ③ ④
25	① ② ③ ④

問題 5

26	① ② ③ ④
27	① ② ③ ④
28	① ② ③ ④
29	① ② ③ ④
30	① ② ③ ④
31	① ② ③ ④
32	① ② ③ ④
33	① ② ③ ④
34	① ② ③ ④
35	① ② ③ ④

問題 6

36	① ② ③ ④
37	① ② ③ ④
38	① ② ③ ④
39	① ② ③ ④
40	① ② ③ ④

問題 7

41	① ② ③ ④
42	① ② ③ ④
43	① ② ③ ④
44	① ② ③ ④
45	① ② ③ ④

問題 8

46	① ② ③ ④
47	① ② ③ ④
48	① ② ③ ④
49	① ② ③ ④

問題 9

50	① ② ③ ④
51	① ② ③ ④
52	① ② ③ ④
53	① ② ③ ④
54	① ② ③ ④
55	① ② ③ ④
56	① ② ③ ④
57	① ② ③ ④
58	① ② ③ ④

問題 10

59	① ② ③ ④
60	① ② ③ ④
61	① ② ③ ④
62	① ② ③ ④

問題 11

| 63 | ① ② ③ ④ |
| 64 | ① ② ③ ④ |

問題 12

65	① ② ③ ④
66	① ② ③ ④
67	① ② ③ ④
68	① ② ③ ④

問題 13

| 69 | ① ② ③ ④ |
| 70 | ① ② ③ ④ |

合格模試　解答用紙

N1 聴解

受験番号
Examinee Registration Number

名前
Name

1. くろいえんぴつ (HB、No.2) でかいて
   ください。
   Use a black medium soft (HB or No.2)
   pencil.
   (ペンやボールペンではかかないでくだ
   さい。)
   (Do not use any kind of pen.)
2. かきなおすときは、けしゴムできれい
   にけしてください。
   Erase any unintended marks completely.
3. きたなくしたり、おったりしないでくだ
   さい。
   Do not soil or bend this sheet.
4. マークれい Marking Examples

よいれい Correct Example	わるいれい Incorrect Examples
●	⊗ ◌ ◑ ◍ ① ◐

問題1

	①	②	③	④
例	①	●	③	④
1	①	●	③	④
2	●	②	③	④
3	①	●	③	④
4	●	②	③	④
5	①	②	●	④
6	●	②	③	④

問題2

	①	②	③	④
例	①	②	●	④
1	①	②	●	④
2	①	②	●	④
3	●	②	③	④
4	●	②	③	④
5	●	②	③	④
6	●	②	③	④
7	①	②	●	④

問題3

	①	②	③	④
例	①	●	③	④
1	①	●	③	④
2	①	②	●	④
3	①	②	●	④
4	①	②	●	④
5	①	②	●	④
6	①	②	●	④

問題4

	①	②	③
例	●	②	③
1	●	②	③
2	●	②	③
3	①	●	③
4	①	●	③
5	①	●	③
6	①	●	③
7	①	②	●
8	●	②	③
9	●	②	③
10	①	●	③
11	①	②	●
12	●	②	③
13	●	②	③
14	●	②	③

問題5

	①	②	③	④
1	①	●	③	④
2	①	●	③	④
3 (1)	●	②	③	④
3 (2)	①	②	③	④

第1回　採点表と分析

		配点	正答数	点数
文字・語彙・文法	問題1	1点×6問	／ 6	／ 6
	問題2	1点×7問	／ 7	／ 7
	問題3	1点×6問	／ 6	／ 6
	問題4	2点×6問	／ 6	／12
	問題5	1点×10問	／10	／10
	問題6	1点×5問	／ 5	／ 5
	問題7	2点×5問	／ 5	／10
合　計		56点		[a] ／56

60点になるように計算してみましょう。　[a] ☐ 点÷56×60＝ [A] ☐ 点

		配点	正答数	点数
読解	問題8	2点×4問	／ 4	／ 8
	問題9	2点×9問	／ 9	／18
	問題10	3点×4問	／ 4	／12
	問題11	3点×2問	／ 2	／ 6
	問題12	3点×4問	／ 4	／12
	問題13	3点×2問	／ 2	／ 6
合　計		62点		[b] ／62

[b] ☐ 点÷62×60＝ [B] ☐ 点

		配点	正答数	点数
聴解	問題1	2点×6問	／ 6	／12
	問題2	1点×7問	／ 7	／ 7
	問題3	2点×6問	／ 6	／12
	問題4	1点×14問	／14	／14
	問題5	3点×4問	／ 4	／12
合　計		57点		[c] ／57

[c] ☐ 点÷57×60＝ [C] ☐ 点

[A] [B] [C] のうち、48点以下の科目があれば
解説や対策を読んでもう一度チャレンジしましょう（48点はこの本の基準です）。

※この採点表の得点は、アスク出版編集部が問題の難易度を判断して配点しました。

言語知識（文字・語彙・文法）・読解

◆ **文字・語彙・文法**

問題1

1 1 **うながした**
促　ソク／うなが-す
促す：to urge ／催促／ thúc giục
🖊 2 〜に即した：conforming to 〜, based on 〜／根据…，按照…／ theo đúng 〜
3 潰す：to crush ／弄碎，压坏／ nghiền, làm bẹp, làm mất thể diện
4 犯す：to commit（a crime）／违犯／ vi phạm, xâm phạm　例罪を犯す
侵す：to invade ／侵犯／ xâm phạm, xâm nhập　例人権を侵す
冒す：to venture, to affect ／侵蚀；冒着／ đương đầu, tấn công
例がんに冒される、危険を冒す

2 2 **はつが**
発　ハツ（ハッ・パツ）・ホツ（ホッ）
芽　ガ／め
発芽：植物の芽が出ること
🖊 1 葉っぱ ＝ 葉

3 2 **じゅりつ**
樹　ジュ
立　リツ・リュウ／た-つ・た-てる
樹立する：to establish ／树立，创立／ thiết lập

4 2 **そしょう**
訴　ソ／うった-える
訟　ショウ
訴訟：lawsuit ／诉讼／ thưa kiện, kiện cáo

5 4 **ちゅうせん**
抽　チュウ
選　セン／えら-ぶ
抽選：lottery, raffle ／抽选，抽签／ bốc thăm, xổ số

6 1 **したって**
慕　ボ／した-う
慕う：to look up, to long for ／敬慕，景仰／ ngưỡng mộ
🖊 2 飾る：to decorate ／装饰／ trang trí, trang hoàng
3 謳う：ほめたたえる・主張する to extol; to declare ／歌颂；主张／ ngợi ca, chủ trương
例平和を謳う
4 諮る：to deliberate ／协商；咨询／ hỏi ý kiến, trưng cầu　例審議を諮る

問題2

7 2 **推進**
推進する：to propel ／推进，推动／ xúc tiến, thúc đẩy
🖊 1 推測する：to guess ／（根据事物的状态或者性质进行）推测／ ước đoán, đoán
例原因を推測する
3 推考する：to speculate ／（根据道理或者情形对事物进行）推察／ suy đoán
例念入りに推考する
4 推移する：to change ／推移；变迁／ chuyển tiếp, thay đổi

8 1 **脱退**
脱退する：to withdraw from ／脱离，退出／ rút khỏi (tổ chức)
🖊 2 脱出する：to escape ／逃脱，逃出／ thoát khỏi

3 撤退する：to retreat ／撤退／rút quân, rút khỏi (thị trường)

4 撤収する：to pull out of ／撤回／thu hồi, thu quân

4 打ち取り：野球でピッチャーがバッターをアウトにすること a pitcher striking a batter out in baseball ／棒球术语, 指投手让击球手出局／bắt, chụp (trong bóng chày)

9 1 痛む
胸が痛む：one's chest hurts ／痛心，难过／đau lòng

 2 胸を打つ：感動させる to be moving (emotionally) ／打动人心／động lòng

3 耳を傾ける：熱心に聞く to listen to someone (intently) ／倾听／lắng nghe

4 足を引っ張る：仲間の成功や勝利の邪魔をする to impede a friend's success or victory ／拖后腿／cản trở thành công hay thắng lợi của đồng đội

10 4 見地
科学的な見地：scientific point of view ／科学观点／quan điểm khoa học

 1 見積：quotation ／报价／báo giá
例 見積を取る

2 見識：view, opinion ／见识／tầm nhìn
例 見識が深い

3 見当：estimate ／估计, 推测／ước đoán
例 見当をつける

11 1 カーブ
カーブ：curve・道などが曲がっていること a bend in a road ／（道路等的）转弯处／khúc cua

 2 スペース：space ／空间／không gian

3 セーフ：safe ／安全／an toàn

4 スピード：speed ／速度／tốc độ

12 3 打ち切り
打ち切りになる：to come to a close ／中止, 结束／chấm dứt, cắt đứt

 1 打ち消し：negation ／打消, 消除／phủ định

13 3 あらかた
あらかた：だいたい・ほとんどの部分 mostly, for the most part ／大致，大体上, 几乎全部／hầu như, đại thể

 1 まったく（〜ない）：no ~ at all ／完全（不）／hoàn toàn (không ~)

2 しばしば：frequently ／屡次, 经常／nhiều lần

4 たいてい：usually ／通常, 向来／thường, nói chung

問題3

14 4 忙しい
せわしない ＝ 忙しい

15 1 もとにもどる
復旧する ＝ もとにもどる

16 1 単純な
シンプルな ＝ 単純な

17 4 思い上がって
うぬぼれている ＝ 思い上がっている

 1 思い悩む：to worry about ／苦恼, 忧虑／khổ tâm

2 思い余る：to be at a loss ／想不开, 不知如何是好／trăn trở, nghĩ không ra cách

3 思い込む：to be convinced (that) ／深信不疑／đoan chắc, tin rằng

18 3 よく
ちょくちょく（〜する）＝ よく（〜する）

19 2 平凡な
ありふれた ＝ 平凡な

問題4

20 1 田口さんは普段は無口ですが、サッカーのことになるとよく話します。
無口：untalkative ／沉默寡言／ít nói, kiệm lời

21 3 私の寮では、22時以降の外出は禁止されている。
〜以降：since 〜／…以后／〜 trở đi
🖋 1 …、休日以外は時間が取れそうにありません。
4 60点以下は不合格になりますから、…

22 3 ささやかですが、こちらお祝いの品物です。どうぞ。
ささやか：meager ／简朴，微薄／nhỏ bé, (quà) mọn
🖋 4 …、静かな町で暮らしたい。

23 2 成績が上がってきたとはいえ、試験に合格するまで油断は禁物だ。
油断は禁物：must be on guard ／不能疏忽大意／cấm chủ quan, không được chủ quan
🖋 1 …、会場内でのご飲食は禁止されています。

24 1 仕事ばかりしていないで、たまには息抜きしましょう。
息抜きする：to take a breather ／歇口气／nghỉ xả hơi
🖋 2 …、涼しい風が森の中を吹き抜けていった。
風が吹き抜ける：the wind blows through ／风吹而过／gió thổi ngang qua
4 …、気がつくとため息ばかりついている。
ため息をつく：to sigh ／唉声吹气／thở dài

25 4 さすが、若い人は仕事の飲み込みが早いね。
飲み込みが早い：quick-witted ／理解得快／tiếp thu nhanh
🖋 1 そんなにたくさん書類を詰め込むと、…
詰め込む：to stuff ／装入，塞满／nhồi nhét
2 飛び込みで営業をしても、…
飛び込み営業：walk-in sales ／上门推销／kinh doanh (đi chào hàng) không hẹn trước
3 …、毎日研究にのめり込んでいて、…
のめり込む：to be completely absorbed in ／热衷于, 埋头于／đắm chìm, bị cuốn vào

問題5

26 3 極まりない
〜極まりない：非常に〜だ
※「〜」には［な形容詞］が入る。「危険・失礼・残念」などの言葉がよく使われる。
🖋 1 〜に限る：〜が一番いい
2 〜て/でたまらない：我慢できないほど〜だ
4 〜を禁じ得ない：〜（という気持ち）を抑えられない　※「〜」には「涙・怒り・驚き」などの名詞が入る。

27 4 あるからには
AからにはB：Aなのだから当然B
※Bには「べきだ・つもりだ・なければならない」などが入る。
🖋 1 AとしてもB：仮にAという場合でもB
2 AものならB：もしAできるならB
※Bには「〜する・〜たい」などが入る。
3 AべくB：Aしようと思ってB

28 2 組織ぐるみ
〜ぐるみ：〜を含めて全部

例組織ぐるみの犯罪・家族ぐるみの付き合い

 1 ～上：～の観点から見れば　※「～」には「教育・法律・立場・経験」などの名詞が入る。

3 ～ずくめ：すべてにわたって～だ　※「～」には「いいこと・うれしいこと・ごちそう・会議・黒」などの名詞が入る。

4 ～まみれ：～のような汚いものが全体にくっついている　※「～」には「泥・汗・ほこり・油・血・借金」などの名詞が入る。

29 3 や否や

Aや否やB：Aするのと同時にB
※Aには[動詞の辞書形]が入る。

 1 Aと思いきやB：Aと思ったが実際はB

2 AもののB：Aなのは確かだがしかしB

4 AとあってB：Aという事情でB

30 4 信頼するに足りない

～に足りない：～するための条件を満たしていない・～できない
※「～」には[動詞の辞書形][名詞（+する)]が入る。

例信頼するに足りない・信頼に足りない

 1 ～にかたくない：簡単に～できる
※「～」には「想像（する）・理解（する)・推測（する）・察する」などが入る。

2 ～に越したことはない：～するのが当然いい

3 ～にほかならない：～以外のものではない

31 2 お待ちしております

「待っています」の謙譲語（humble speech／谦让语／từ khiêm tốn）は「お待ちしております」。「心よりお待ちしております」はビジネスでよく使われる表現。

32 3 してまで

AてまでBようとは思わない：Aのような無理をしてBするつもりはない

 **2 AからしてB**：Aがそうだからそれ以外はもちろんB・Aから判断してB

4 Aする限りB：Aの状態が続く間はB

33 4 を皮切りに

Aを皮切りにB：Aを始まりとして次々とB

 1 Aを通してB：Aを媒介・手段としてB

2 AはさておきB：Aについては今は話題として取り上げないでB

3 AはおろかB：Aは当然としてさらにBも

34 1 をおいて

～をおいて他にいない：～以外に適当な人はいない・～以外に他に代わるものがない

 2 ～ともあろう：～という立場にある

4 ～ならでは：～に特有・～だからできる

35 4 をもって

AをもってB：～という区切りで
※Bには「終了する・解散する」など、そのときで終わるという意味の言葉が入る。

問題6

36 3

このような思い切った改革は　4彼の　2リーダーシップ　3なくしては　1なし得なかっただろう。

～なくしてはなし得なかっただろう：～がなかったら実現できなかっただろう

37 1

半年前に　2父が　4なくなって　1からと　3いうもの、母は元気をなくしてしまった。

～てからというもの：～てからずっと

38 3

しばらくお会いしていませんし、お話ししたいこともたくさんありますので、就職の　2ご報告

文字・語彙

文法

読解

聴解

4かたがた　3ご挨拶に　1伺おう　と思います。
AかたがたB：Aをする機会に一緒にBもする
※Aには「お礼・お見舞い・ご報告・ご挨拶」などの名詞が入る。
〜に伺います：「〜に行きます」の謙譲語
(humble speech ／谦让语／từ khiêm tốn)

39 4
年をとってから体力が落ちてきた父は　3若いころの　1ようにとは　4言わないまでも　250メートルぐらいは　泳げるようにしておきたいと、トレーニングに励んでいる。
Aのようにとは言わないまでもB：Aのようなレベルとは言わないが少なくともBくらいは

40 4
これだけの事故が起きてしまったのだから、田村さんは　2リーダー　1としての　4責任を　3追及されるに　違いない。
AとしてのB：Aの立場でのB
責任を追及される：to pursue liability ／被追究责任／truy cứu trách nhiệm
〜に違いない：きっと〜だ・絶対に〜だ

問題7

41 2 なりかねません
〜になりかねない：〜という好ましくない事態になるかもしれない an undesirable situation such as ~ may occur ／可能会造成某种不好的结果／e rằng sẽ trở nên ~
「あなたの言っていることは違う」とか「矛盾している」とかいう発言は、相手に喧嘩を売っているように聞こえるので、「関係性を破壊することになるかもしれない（＝なりかねない）」と述べている。

42 1 次第だ
〜次第だ：〜による depending on ~／取决于…／tùy thuộc vào ~
違う意見が言いにくい空気感が日本にはある。大事なのは言い方で、「すべてが言い方による（＝言い方次第だ）」と述べている。

43 3 できるのではないでしょうか
〜のではないでしょうか：〜と思います
ちょっと視点を変えると、「こういう見方ができると思います（＝できるのではないでしょうか）」と述べている。

44 1 それが
普段、結構、部下に強いところを見せている。それが、部長のスタイルであり、価値がそこにある。

45 4 に
「部長のスタイル」を否定したのは「お嬢様」なので、受身の文にすると、「部長のスタイルがお嬢様に否定される」となる。

◆ 読解

問題8

(1) 46 2

20XX年7月吉日

お客様各位

市内温水プールさくら管理会社

2花火大会に係る営業時間変更のお知らせ

　いつも市内温水プールをご利用いただきまして、誠にありがとうございます。

　さて、毎年恒例の夏まつり花火大会が8月10日（土）に予定されており、大会が開催される場合、午後5時以降は温水プールさくらの駐車場が車両進入禁止区域になります。

　つきましては、雨天などによる大会順延にも即対応できるよう、**2開催日及び予備日の二日間の営業時間を午前10時より午後5時までと変更**させていただきます。

　お客様には大変ご不便をおかけいたしますが、何卒ご理解ご協力をお願い申し上げます。

⭐覚えよう!

□吉日：lucky day, unspecified day of the month ／吉日／ngày lành tháng tốt, ngày may mắn

□各位：everyone ／各位／quý vị

□誠に：truly ／诚然／chân thành, thành thật

□恒例：established practice ／惯例／thông lệ

□開催する：to hold (an event) ／举行，举办／tổ chức

□車両進入禁止区域：no entry (no vehicles allowed through this area) ／禁止车辆入内的区域／khu vực cấm xe ra vào

□順延：postponement ／顺延／hoãn

□即〜：すぐ〜 just 〜, right 〜／立即…／〜 tức thời, ngay lập tức 〜

□何卒 ：「どうぞ」の丁寧な言い方

2 最も伝えたいことなので、「お知らせ」の場合は、まずタイトルに注目する。「二日間の営業時間を変更する」と書いてあるので、2が正解。

1・3・4 花火大会の日、駐車場は午後5時以降、車両進入禁止区域（＝車が入ってはいけない所）になる。駐車場が花火大会の会場とは言っていない。

※「つきましては」は「そこで」「そのため」の丁寧な言い方。何かを依頼したいときなど、ビジネスでよく使われる。

文字・語彙

文法

読解

聴解

(2) 47 4

　ものが豊かになった。子どものころをふり返ってみると、**4食事がぜ
いたくになった**ことに驚いてしまう。（中略）

　現在はまさに飽食の時代である。世界中の珍味、美味が町中に
あふれていると言っていいだろう。「グルメ」志向の人たちが、あちら
こちらのレストランをまわって味比べをしている。昔の父親は妻子に
「不自由なく食わせてやっている」というだけで威張っていたものだ
が、今では**4それだけでは父親の役割を果たしている、とは言えな
くなってきた**。

4 「それだけで」の
「それ」は「妻子に不
自由なく食わせてやっ
ている」を指している。
昔と違って今は食事
がぜいたくになり、量
で満足させるだけの時
代ではなくなったので、
4が正解。

⭐覚えよう!

- □飽食の時代：era of excessive eating／饱食时代／thời đại ăn no／ăn đủ
- □珍味：delicacy／珍味／(món ngon) vật lạ
- □美味：good flavor／美味（的食物）／(cao lương) mỹ vị
- □グルメ志向：gourmet orientation／美食家志向，吃货志向／sở thích ẩm thực, sành ăn
- □役割を果たす：to play a role／尽到职责／hoàn thành vai trò

(3) 48 3

　二宮金次郎の人生観に、「積小為大」という言葉がある。（中略）
「自分の歴史観」を形づくるためには、この「積小為大」の考え方
が大切だ。つまり歴史観というのは、歴史の中に日常を感じ、同
時にそれを自分の血肉とする細片の積み重ねなのだ。そのために
は、まず、「歴史を距離を置いて見るのではなく、自分の血肉とする
親近感」が必要だ。つまり、**3歴史は"他人事"ではなく、"わが事"
なのである**。いうなれば、**3歴史の中に自分が同化し、歴史上の人
物の苦しみや悲しみを共感し、体感し、それをわが事として「で
は、どうするか」ということを、歴史上の相手（歴史上の人物）と
ともに考え抜くという姿勢だ**。

2 実際に似たような
体験をしようとするとは
述べていない。

3 言い換えや結論を
述べる接続詞「つまり」
「いうなれば」に続く
文に注意しよう！
「歴史の中に自分が同
化し、自分ならどう行
動するかを考えること」
と言っているので、3
が正解。

4 そうは言っていない。

覚えよう!

- □人生観（じんせいかん）：view of life ／人生观／ nhân sinh quan
- □歴史観（れきしかん）：historical viewpoint ／历史观／ quan niệm về lịch sử
- □形（かたち）づくる：to form, to shape ／塑造／ xây dựng, hình thành
- □血肉（ちにく）：body and soul ／血与肉／ máu thịt
- □細片（さいへん）：reorganization ／碎片／ miếng, mảnh
- □親近感（しんきんかん）：affinity ／亲近感／ cảm giác gần gũi / thân cận
- □いうなれば：言（い）ってみれば・すなわち　so to speak, in other words ／
  換言之／ nói cách khác, có nghĩa là
- □同化（どうか）する：to assimilate ／同化／ đồng hóa
- □共感（きょうかん）する：to sympathize ／共鸣，同感／ đồng cảm

(4) 49 4

先日、或（あ）る編集者（へんしゅうしゃ）と御飯（ごはん）を食（た）べながら打（う）ち合（あ）わせをしていたときのこと。不意（ふい）に彼女（かのじょ）が言った。

「カレーは温（あたた）かいのがいいって言（い）う人（ひと）が多（おお）いけど、私（わたし）は御飯（ごはん）かルウのどっちかが冷（つめ）たい方（ほう）が好きなんです」

「おおっ、俺（おれ）もです！」

興奮（こうふん）のあまり、思（おも）わず一人称（いちにんしょう）が「俺（おれ）」になってしまった。「御飯（ごはん）かルウのどっちかが冷（つめ）たいカレーが好き」。そう断言（だんげん）するひとに。仲間（なかま）だ。私（わたし）は小学校時代（しょうがっこうじだい）の同級生（どうきゅうせい）と小田原城（おだわらじょう）の天守閣（てんしゅかく）で偶然再会（ぐうぜんさいかい）したとき以来（いらい）の「まさかこんなところで友（とも）に会（あ）えるとは感（かん）」に襲（おそ）われた。

って、人生（じんせい）の四十五年目（よんじゅうごねんめ）にして初（はじ）めて出会（であ）ったのだ。4だ

覚えよう!

- □不意（ふい）に：abruptly ／忽然，冷不防／ bất chợt
- □一人称（いちにんしょう）：first person ／第一人称／ đại từ nhân xưng ngôi thứ nhất
- □襲（おそ）う：to make a sudden visit ／侵袭，侵扰／ ùa về, ập đến

3　好（この）みをはっきりと断言（だんげん）したことに興奮（こうふん）したわけではないので、3は間違（まちが）い。

4　「45年目（ねんめ）にして初（はじ）めて会（あ）った」つまり「これまで会（あ）ったことがなかった」ということなので、4が正解（せいかい）。

文字・語彙

文法

読解

聴解

問題9

(1) 50 2　51 2　52 3

四十にして惑わず、という言葉がある。男の厄年は四十二だ。別にこれらに影響されなくても、50四十という年齢は、男の人生にとって、幸、不幸を決める節目であると思えてならない。

（中略）

51四十代の男が、もし不幸であるとすれば、それは自分が意図してきたことが、四十代に入っても実現しないからである。世間でいう、成功者不成功者の分類とはちがう。職業や地位がどうあろうと、幸、不幸には関係ない。52自分がしたいと思ってきたことを、満足いく状態でしつづける立場をもてた男は、世間の評判にかかわりなく幸福であるはずだ。

家庭の中で自分の意志の有無が大きく影響する主婦とちがって、社会的人間である男の場合は、思うことをできる立場につくことは、大変に重要な問題になってくる。これがもてない男は、趣味や副業に熱心になる人が多いが、それでもかまわない。週末だけの幸福も、立派な幸福である。

52困るのは、好きで選んだ道で、このような立場をもてなかった男である。この種の男の四十代は、それこそ厄代である。知的職業人にこの種の不幸な人が多いのは、彼らに、仕事は自分の意志で選んだという自負があり、これがまた不幸に輪をかけるからである。

50 四十歳がその後の幸不幸を決める時になると言っているので、2が正解。

51 この部分から2が正解。

52 「このような立場をもてなかった」とは「自分がしたいと思ってきたことを、満足いく状態でしつづける立場をもてなかった」ということなので、3が正解。

⭐覚えよう！

☐四十にして惑わず：『論語』の中にある有名な孔子の言葉。「四十歳になれば、道理を知って迷いがなくなる」という意味

☐節目：turning point ／节骨眼／ cột mốc

☐意図する：to intend ／意图，打算／ có ý định

☐副業：side job ／副业／ nghề tay trái

☐厄代：筆者の作った言葉。災いにあいやすい年代という意味

☐知的：intellectual ／有知识的，有智慧的／ trí tuệ, trí óc

☐この種の〜：こういう・こういった this kind of 〜／这种…，这一类…／ ~ loại này

☐自負：pride ／自负／ lòng tự hào, lòng kiêu hãnh

□輪をかける：程度をさらに激しくする to make the degree of something even more extreme ／更加，更强烈，更胜一筹／tăng vượt bậc

(2) 53 3　54 1　55 1

戦後、イギリスから京都大学へすぐれた物理学者がやってきた。招かれたのかもしれない。この人は、53珍しく、日本語が堪能で、日本では、日本人研究者の英語論文の英語を助けることを行っていた。のち、世界的学者になる人である。

この人が、日本物理学会の学会誌に、「訳せない"であろう"」というエッセイを発表し、日本中の学者、研究者をふるえ上がらせた。

日本人の書く論文には、たえず、"であろう"ということばが出てくる。物理学のような学問の論文には不適当である。英語に訳すことはできない、という、いわば告発であった。

おどろいたのは、日本の学者、研究者である。54なんということなしに、使ってきた語尾である。"である"としては、いかにも威張っているようで、おもしろくない。55ベールをかけて"であろう"とすれば、ずっとおだやかになる。自信がなくて、ボカしているのではなく、やわらかな感じになるのである、などと考えた人もあったであろうが、学界はパニックにおちいり、"であろう"という表現はピタリと止まった。

伝えきいたほかの科学部門の人たちも、"であろう"を封鎖してしまった。科学における"であろう"は消滅した、というわけである。

53 この部分から3が正解。

54 「なんということなしに」は、「何も考えずに」という意味なので、1が正解。

55 "であろう"を使えば「おだやか」で「やわらかな感じ」になると考えていたと言っているので、1が正解。

★覚えよう！

□戦後：ここでは「第二次世界大戦後」の意味 Here, this means after World War II. ／战后，文中指的是第二次世界大战结束后／sau Chiến tranh Thế giới II

□堪能：proficient ／熟练，擅长／thông thạo

□エッセイ：essay ／随笔，散文／tản văn, bài luận

□ふるえ上がる：to tremble, to shudder ／颤抖，发抖／sục sôi, rung chuyển

□不適当：inappropriateness ／不恰当，不适当／không phù hợp

□告発：indictment ／告发，检举／lời tố cáo, cáo buộc

□なんということなしに：深い意味なしに・何も考えずに

□語尾：end of a word ／词尾／từ đuôi, từ cuối câu

□ベールをかける：to draw a veil over ／蒙上面纱／lấy làm bức bình phong

□学界：academic world ／学术界／giới khoa học

□パニックにおちいる：to fall into panic ／陷入恐慌／rơi vào hoảng loạn

□封鎖する：to block ／封锁／phong tỏa

□消滅する：to cease to exist ／消灭，消失，消亡／biến mất

(3) 56 3 57 2 58 2

論理は、いわゆる理系人間の利点、アドバンテージだと言えるのかもしれませんが、新製品の発売を決定する社内会議で、エンジニアが論理的にポイントをおさえた完璧なプレゼンをしたとしても、会議の参加者の心を動かすことができず、製品化のゴーサインが出なかった、などという話がよくあります。

57**人間はもともと恐怖や喜びなどの感情によって生き残りを図ってきた動物なので、感情的にしっくり来ないものを直感的に避けてしまう傾向があるのです。** そのため、エンジニアのプレゼンに対して、「話の筋も通っているし、なるほどもっともだ」と頭では理解、納得しても、もう一方に56**「コレ、なんとなく買う気にならないんだよね」という心の声があると、多くの人は最後にはそちらを優先してしまいます。**

しかし、この「なんとなく」こそ、まさに感情と論理の狭間にあるもので、58それこそが会議で究明しなくてはならないものであるはずです。

たとえば、「なんとなく」の正体が、「試作品の色が気にくわなかった」だけだと分かれば、代わりの色を探せばよいだけの話で、せっかくの企画を没にしてはもったいないどころではありません。一方で、その製品は子供が乱暴に扱う可能性が高いため、会議の参加者が無意識下で「それにしてはヤワだなあ」ということを感じていたのなら、使用素材や設計をじっくり見直す必要があるはずです。

56 「なんとなく買う気にならない」という心の声（＝直感的に否定的な感情）があると、そちらを優先する（＝心の声に従って買わない）ので、3が正解。

57 人間は「感情的にしっくり来ないものを直感的に避けて」生き残りを図ってきたので、2が正解。

58 「それこそ」の「それ」は「なんとなく」を指している。「なんとなく」こそ「会議で究明しなくてはならない（＝追究して明らかにしなくてはならない）」と言っているので、2が正解。

★覚えよう!

□論理：logic ／逻辑，条理／ sự có lý, logic

□利点：point in favor ／优点／ điểm mạnh, lợi điểm

□アドバンテージ：advantage ／优势，相对于他人处于有利地位／ thuận lợi

□生き残りを図る：to plan one's survival ／谋求生存／ hướng đến sự sống còn

□しっくり来る：to sit well with one ／合适，符合／ hợp, vừa khớp

□直感的に：intuitively ／凭着直觉／ trực giác

□優先する：to give priority ／优先／ ưu tiên

□狭間：interval, space ／夹缝，间隙／ lằn ranh giữa

□究明する：to investigate, to study ／研究明白，调查清楚／ làm rõ

□正体：identity ／原形，本来面目／ bộ mặt thật, bản chất

□試作品：trial product ／试制品／ mẫu thử, sản phẩm dùng thử

□気にくわない：気に入らない to be displeasing ／看不顺眼，不称心／ không ưa

□企画を没にする：to turn down a proposal ／企划不予采用／ dẹp bỏ kế hoạch

□無意識下で：unconsciously ／无意识中／ trong vô thức

□素材：(raw) material ／素材／ chất liệu

問題10

　　占いは若いころだけではなく、歳をとっても気になるものだ。二十代のころは、占いのページを見ているととても楽しかった。特に恋愛運はむさぼるように読み、

　「あなたを密かに想っている男性がそばにいます」

などと書いてあったなら、

　「うふふ、誰かしら。あの人かしら、この人かしら。まさか彼では……」

と59**憎からず思っている男性の顔を思い浮かべ、けけけと笑っていた。それと同時に嫌いな男性を思い出しては、まさかあいつではあるまいなと、気分がちょっと暗くなったりもした。**今から思えば、あまりに間抜けで恥ずかしい。

　「アホか、あんたは」

と①過去の自分に対してあきれるばかりだ。

　　アホな二十代から三十有余年、五十代の半ばを過ぎると、恋愛運などまったく興味がなくなり、健康でいられるかとか、周囲に不幸は起きないかとか、現実的な問題ばかりが気になる。（中略）60**占いを見ながら、胸がわくわくする感覚はなくなった。**とはいえ、雑誌などで、占いのページを目にすると、やはりどんなことが書いてあるのかと、気になって見てしまうのだ。

　　先日、手にした雑誌の占いのページには、今年一年のラッキーアイテムが書いてあった。他の生まれ月の欄を見ると、レースのハンカチ、黄色の革財布、文庫本といった、いかにもラッキーアイテムにふさわしいものが挙げられている。それを持っていれば、幸運を呼び込めるというわけだ。

　「いったい私は何かしら」

と久しぶりにわくわくしながら、自分の生まれ月を見てみたら、なんとそこには「太鼓のバチ」と書いてあるではないか。

　「えっ、太鼓のバチ？」

雑誌を手にしたまま、②呆然としてしまった。

　　レースのハンカチ、財布、文庫本ならば、いつもバッグに入れて携帯できるが、だいたい太鼓のバチはバッグに入るのか？ どこで売

59　「左右される」とは「大きく影響を受ける」という意味。同じ段落内で、「占いのページを見ながら笑ったり暗くなったりしていた」と述べているので、1が正解。

60　「胸がわくわくする（＝期待に胸を膨らませる）感覚はなくなった」と述べているので、2が正解。

っているのかも分からないし、万が一、入手してバッグに入れていたとしても、緊急事態で荷物検査をされた際に、バッグからそんなものがでてきたら、いちばんに怪しまれるではないか。

　61 友だちと会ったときに、これが私のラッキーアイテムと、バッグから太鼓のバチを出して、笑いをとりたい気もするが、苦笑されるのがオチであろう。その結果、今年の私はラッキーアイテムなしではあるが、**62** そんなものがなくても、無事に暮らしていけるわいと、鼻息を荒くしているのである。

61 「苦笑されるのがオチだろう（＝苦笑されて終わりだ）」と言っているので、1が正解。

62 「そんなもの」は「ラッキーアイテム」のことなので、2が正解。

※ 文末「〜わい」は「〜わ」と同じ意味で、軽い決意を表す。高齢の男性が使うイメージ。

⭐覚えよう！

□占い：fortune telling ／占卜／ bói toán, xem bói

□恋愛運：one's fortune in love ／恋爱运／ đường tình duyên

□密かに：in secret ／秘密地，悄悄地／ thầm, thầm lặng

□あいつ：「あの人」を親しみを込めたり、軽んじて言うときに使う

□間抜け：foolish ／笨蛋，愚蠢／ khờ dại, ngốc nghếch

□あんた：「あなた」を親しみを込めたり、軽んじて言うときに使う

□〜有余年：〜年以上・〜年余り ~ odd years, ~ years or older ／〜余年／ hơn ~ tuổi

□ラッキーアイテム：lucky charm ／幸运物品／ món đồ may mắn

□呆然とする：to be stunned ／发呆，茫然／ sững sờ, há hốc mồm

□入手する：to obtain ／到手，取得／ có được

□鼻息を荒くする：激しく意気込む様子 to be very enthusiastic ／意气风发／ hăng hái

文字・語彙

文法

読解

聴解

問題11

63 3 64 4

A

学校の部活動における体罰は、全面的に禁止すべきだと思います。私は指導者の体罰が普通だった世代ですし、体罰によって忍耐力をつけさせるべきだという主張もわかります。しかし、スポーツをする意義は別のところにあるのではないでしょうか。自分の感情もコントロールできない人に指導する資格はないでしょう。**63体罰は、未熟な指導者が一方的に暴力をふるうことです。**十分な指導力があれば、言葉のみで解決できるはずです。私は心的外傷を負った子どもを診察した経験がありますが、体罰は、受けた場合はもちろん、目撃しただけでも、多かれ少なかれ精神的なショックになります。**64体罰を容認することは、将来、DVのような暴力を容認する態度を持つ成人を作ることにつながりかねません。**

B

体罰は、どんな場面であっても容認されるべきではないと考えます。確かに自分たちが中高生の頃は、体罰は当たり前で、水分補給もさせてもらえませんでした。**63間違ったスポーツ医学や精神論がはびこっていたのです。**しかし、スポーツにおける考え方は、驚くほど進化しています。実際、体罰を与えていないにもかかわらず、全国大会の常連になっている学校はたくさんあります。指導者たちは、最新の指導の仕方を学ぶべきです。それに、体罰をすると、生徒はどうすれば指導者から暴力を受けなくなるかということばかり考えるようになります。そうなると、**64失敗を恐れ、新しいことに挑戦しにくくなり、選手としての成長を阻むことにつながると思います。**

63 3が正解。Aは、体罰をする指導者について「感情を抑えられる人」「我慢強い人」とは言っていない。Bは、体罰をする指導者について「全国大会に連れていける人」とは言っていない。

64 4が正解。Aは、生徒が体罰を受けた場合「DVを起こす大人になる」とは言っていない。Bは、生徒が体罰を受けた場合「心に大きな傷を持つ」とは言っていない。また、DVについては何も述べていない。

⭐ 覚えよう！

□ 体罰：corporal punishment ／体罚／ sự trừng phạt thân thể
□ 全面的に：thoroughly ／全面地／ một cách toàn diện
□ 世代：generation, age ／世代，一代／ thế hệ
□ 忍耐力：fortitude ／忍耐力／ sức chịu đựng, nhẫn nại
□ 資格：qualification ／资格／ tư cách
□ 未熟な：immature ／不成熟的／ chưa trưởng thành, chưa giỏi
□ 暴力をふるう：to behave violently ／施展暴力／ sử dụng bạo lực
□ 心的外傷を負う：to suffer psychological trauma ／受到精神创伤／
gánh chịu chấn thương tâm lý
□ 目撃する：to witness ／目击，目睹／ chứng kiến
□ ＤＶ：domestic violence ／家庭暴力／ bạo hành gia đình
□ 容認する：to approve ／容忍／ dung túng
□ 水分補給：hydration ／补充水分／ bổ sung nước, uống nước
□ はびこる：to prevail ／横行，猖獗／ tràn lan
□ 進化する：to evolve ／进化／ tiến hóa, phát triển
□ 常連：regular patron ／常客，老主顾／ thường xuyên tham gia
□ 挑戦する：to challenge ／挑战／ thử thách
□ 阻む：to hinder ／阻碍／ cản trở

問題12

テーマ（研究の主題）を決めることは、すべての学問研究の出発点になります。現代史も変わるところはありません。まずテーマを「決める」という研究者自身の①主体的な選択がなによりも大切です。当然のように思われるかもしれませんが、実際には、他律的または受動的に決められることが稀ではないのです。

現代史研究では、他のすべての学問と同じく、あるいはそれ以上に、65精神の集中と持続とが求められますが、この要求を満たすためには、テーマが熟慮の末に自分自身の責任で（研究が失敗に終わるリスクを覚悟することを含めて）決定されなければなりません。（中略）

②テーマを決めないで研究に着手することは、行先を決めないで旅にでるのと同じです。あてのないぶらり旅も気分転換になりますから、無意味とはいえません。新しい自己発見の機会となることがありますし、素晴らしい出会いがあるかもしれません。旅行社お手盛りのパック旅行よりも、ひとり旅のほうが充実感を味わえると考えるひとは多いでしょう。テーマを決めないで文献や史料をよみあさることも、あながち無駄とはいえない知的散策です。たまたまよんだ史料が、面白いテーマを発見する機縁となる幸運もありえます。ひとりの史料探検のほうがパック旅行まがいの「共同研究」よりも実りが多い、といえるかもしれません。（中略）

66けれども一般的に、歴史研究にとって、テーマの決定は不可欠の前提です。テーマを決めないままの史料探索は、これぞというテーマを発見する過程だからこそ意味があるのです。67テーマとは、歴史家がいかなる問題を解くために過去の一定の出来事を研究するか、という研究課題の設定です。（中略）

歴史は暗記物で知的創造とは無縁の、過去の出来事を記憶し整理する作業にすぎないという、歴史と編年史とを同一視する見方からしますと、③この意味でのテーマの選択とか課題の設定とかは、さして重要でない、むしろ仕事の邪魔になるとさえいうことができます。歴史についてのこのような偏見はいまも根強く残っていますので繰り返すのですが、歴史も新たに提起された問題（事実ではなく問題）を一定の方法で解きほぐすことを目指す創造的かつ想像的な営みで

65 「自分自身で決定する」とは「主体的に選択する」ということ。そうすると、精神の集中・持続ができると言っているので、4が正解。

66 「けれども」のあとに注目。この部分から3が正解。

「ぜひすべきである」とは言っていないので、1は間違い。

67 「この意味」の前にどんなことを述べているのかに注目。「この意味」はこの部分を指しているので、1が正解。

あることは、他の学問と違うところはありません。**68テーマの選択と**は、いかなる過去の出来事を研究するかではなく、過去の出来事を、なにを目的として、あるいはどんな問題を解明しようとして研究するか、という問題の設定を指示する行為にほかなりません。

68 「最も言いたいこと」は最後に述べられることが多い。「～にほかなりません」とは「間違いなく～だ」という意味。「テーマの選択とは問題の設定を指示する行為だ」と言っているので、3が正解。

⭐覚えよう！

- □主題：subject, theme ／主題／ chủ đề
- □主体的：subjective ／自主的／ mang tính chủ thể
- □他律的：heteronomous ／他律的，受外界支配的／ theo lời người khác
- □受動的：passive ／被动的／ mang tính thụ động
- □稀：rare, seldom ／稀少，稀奇／ hiếm
- □持続：continuation ／持续／ duy trì
- □満たす：to fulfill ／満足／ hội đủ
- □熟慮：deliberation ／深思熟虑／ suy nghĩ chín chắn
- □リスク：risk ／风险／ nguy cơ
- □着手する：to begin something ／着手，开始／ bắt tay vào làm
- □行先：destination ／目的地／ đích đến
- □あてのない：aimless ／没有目的地，没有目标／ vô định
- □気分転換：change of pace, change of mood ／转换心情／ thay đổi tâm trạng
- □自己発見：self‐discovery ／自我发现／ phát hiện bản thân
- □充実感：sense of fulfillment ／充实感／ cảm giác trọn vẹn
- □史料：historical records ／史料，历史材料／ sử liệu
- □よみあさる：to read widely ／博览群书／ đọc tìm
- □あながち：not necessarily ／未必／ không hẳn là
- □知的散策：intellectual exploration ／畅游知识的海洋／ cuộc dạo chơi trí tuệ
- □機縁となる：to be an opportunity for ／成为某种机缘／ cơ duyên, cơ may
- □～まがい：pseudo ~, imitation ~ ／近乎…，近似于…／ giả, sao chép
- □実りが多い：prolific ／收获丰富，硕果累累／ nhiều thành quả
- □不可欠：indispensable ／不可或缺／ không thể thiếu
- □前提：premise ／前提／ tiền đề
- □いかなる：any kind of ／怎样的，如何的／ bất kỳ
- □課題：subject ／课题／ vấn đề, thách thức
- □設定：setting ／设立，拟定／ thiết lập
- □知的創造：intellectual creation ／知识创造，知识产出／ sáng tạo trí tuệ
- □無縁：unrelated ／无缘／ không liên quan

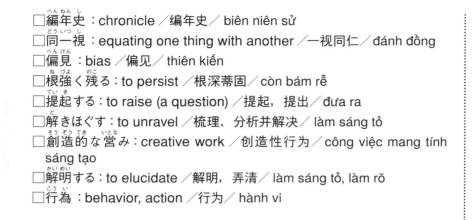

□編年史：chronicle ／编年史／ biên niên sử
□同一視：equating one thing with another ／一视同仁／ đánh đồng
□偏見：bias ／偏见／ thiên kiến
□根強く残る：to persist ／根深蒂固／ còn bám rễ
□提起する：to raise (a question) ／提起，提出／ đưa ra
□解きほぐす：to unravel ／梳理、分析并解决／ làm sáng tỏ
□創造的な営み：creative work ／创造性行为／ công việc mang tính sáng tạo
□解明する：to elucidate ／解明，弄清／ làm sáng tỏ, làm rõ
□行為：behavior, action ／行为／ hành vi

問題 13

69 2　**70** 2

クレジットカードのご案内

	＜学生カード＞ 18 〜 25 歳の学生限定！ 留学や旅行もこの一枚！	＜デビューカード＞ 18 〜 25 歳限定！ 初めてのカードに！ いつでもポイント2倍！	＜クラシックカード＞ これを持っていれば安心、スタンダードなカード！	＜ゴールドカード＞ 上質なサービスをあなたに！
お申し込み対象	満18 〜 25 歳までの大学生・大学院生の方 ※研究生・聴講生・語学学校生・予備学校生はお申し込みになれません。 ※未成年の方は保護者の同意が必要です。	満18 〜 25 歳までの方（高校生は除く） ※未成年の方は保護者の同意が必要です。	満18 歳以上の方（高校生は除く） ※未成年の方は保護者の同意が必要です。 ※満18 〜 25 歳までの方はいつでもポイントが2 倍になるデビューカードがおすすめ	原則として満30 歳以上で、ご本人に安定継続収入のある方 ※当社独自の審査基準により判断させていただきます。
年会費	初年度年会費無料 通常1,300 円＋税 ※翌年以降も年1回ご利用で無料	初年度年会費無料 通常1,300 円＋税 ※翌年以降も年1回ご利用で無料	インターネット入会で初年度年会費無料 通常1,300 円＋税	インターネット入会で初年度年会費無料 通常13,000 円＋税 年会費割引特典あり （備考欄参照）
利用可能枠	10 〜 30 万円	10 〜 70 万円	10 〜 100 万円	50 〜 400 万円
お支払日	月末締め翌月26 日払い ※15 日締め翌月10 日払いへの変更可能	月末締め翌月26 日払い ※15 日締め翌月10 日払いへの変更可能	15 日締め翌月10 日払い／月末締め翌月26 日払い ※選択可	15 日締め翌月10 日払い／月末締め翌月26 日払い ※選択可
備考	満26 歳以降になるとランクアップ。 26 歳以降、最初のカード更新時に自動的に本カードから「ゴールドカード」に切り替わります。 ※クラシックカードへのお切り替えもできます。	満26 歳以降になるとランクアップ。 26 歳以降、最初のカード更新時に自動的に本カードから「ゴールドカード」に切り替わります。 ※クラシックカードへのお切り替えもできます。		空港ラウンジサービス利用可 ※年会費割引特典：前年度（前年2 月〜当年1 月）お支払いのお買い物累計金額が50 万円以上100 万円未満の場合は20 ％引、100 万円以上300 万円未満の場合は次回年会費が半額、300 万円以上の場合は次回年会費が無料

69 「日本語学校に通う」「21 歳」「50 万以上の買い物はしない」ので、2か3。この部分から2が正解。

70 「35 歳」「去年1度だけ150 万円の大きな買い物をした」ので、「ゴールドカード」を持っていることがわかる。13,000 円の半額なので、2が正解。

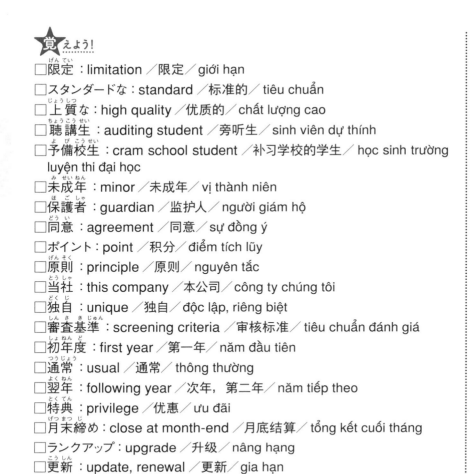

☆覚えよう!

□限定（げんてい）：limitation ／限定／ giới hạn

□スタンダードな：standard ／标准的／ tiêu chuẩn

□上質（じょうしつ）な：high quality ／优质的／ chất lượng cao

□聴講生（ちょうこうせい）：auditing student ／旁听生／ sinh viên dự thính

□予備校生（よびこうせい）：cram school student ／补习学校的学生／ học sinh trường luyện thi đại học

□未成年（みせいねん）：minor ／未成年／ vị thành niên

□保護者（ほごしゃ）：guardian ／监护人／ người giám hộ

□同意（どうい）：agreement ／同意／ sự đồng ý

□ポイント：point ／积分／ điểm tích lũy

□原則（げんそく）：principle ／原则／ nguyên tắc

□当社（とうしゃ）：this company ／本公司／ công ty chúng tôi

□独自（どくじ）：unique ／独自／ độc lập, riêng biệt

□審査基準（しんさきじゅん）：screening criteria ／审核标准／ tiêu chuẩn đánh giá

□初年度（しょねんど）：first year ／第一年／ năm đầu tiên

□通常（つうじょう）：usual ／通常／ thông thường

□翌年（よくねん）：following year ／次年，第二年／ năm tiếp theo

□特典（とくてん）：privilege ／优惠／ ưu đãi

□月末締（げつまつじ）め：close at month-end ／月底结算／ tổng kết cuối tháng

□ランクアップ：upgrade ／升级／ nâng hạng

□更新（こうしん）：update, renewal ／更新／ gia hạn

□切（き）り替（か）わる：to change completely ／改换／ chuyển đổi

□累計（るいけい）：cumulative total ／累计／ (số tiền) cộng dồn

□半額（はんがく）：half price ／半价／ giảm nửa giá

聴解

問題1

例　3

◀ N1_1_03

イベント会場で女のスタッフと男のスタッフが話しています。男のスタッフはこのあと何をしなければなりませんか。

F：桜井さん、開演まであと一日なんだけど、グッズの件はもう解決した？

M：はい。なかなか届かないので、業者さんに電話しようと思っていたら、さっき届きました。一通りチェックをして、内容物も数も注文通りでした。

F：そう、間に合ってよかった。ありがとう。あとは客席の確認だけかな。

M：客席の確認？

F：うん。客席にゴミが落ちていたら、お客さんが嫌な思いをするでしょう。だから開演前にもう一回確認しないと。

M：そうですか。じゃあ、今すぐ確認してきます。

F：それは私がやるから、桜井さんは飲み物とお菓子の用意をしてくれる？

M：控え室に置くやつですね。わかりました。

F：あ、そうだ。ポスターはもう貼った？　いろんなところに貼るから、それを先にやっといてね。

M：ポスターなら、今朝、富岡さんが貼ってくれました。

F：そう、わかった。じゃあ、よろしく。

男のスタッフはこのあと何をしなければなりませんか。

電話で女の人と男の人が話しています。男の人はこのあとまず何をしますか。

F：こちら、あいうえお銀行、サービスセンターでございます。ご用件をお伺いします。

M：あのー、インターネットバンキングを利用したくて、ログインしようとしたんですけど、できなくて…。それで、何回も失敗したら、ログインの画面じゃなくて「お困りの方へ」っていう画面しか出てこなくなっちゃったんです。

F：さようでございますか。それでは、ただ今ご覧になっている画面を教えていただけますか。

M：はい。画面の一番上にインターネットバンキングと書いてあって、その下に赤い欄があって、「重要。コンピューターウイルスにご注意ください」と書いてあります。で、その下に大きく「お困りの方へ」と書いてあります。

F：はい。それでは、その画面の左に四角く囲ったログインという文字が出ているかと思いますので、そちらをクリックしていただけますか。

M：ああ、ここですね。押してみます。あ、ここにIDとパスワードを入れればいいんですね。**あ、そうそう、もともとIDがわからなくて何回も失敗してたんです。**

F：そうしますと、一つ画面を戻っていただけますか。

M：はい。

F：四角く囲ったログインという文字の下に、**ログインID再発行というのはございますか。**

M：ああ、**ここで手続きすればいいんですね！** ありがとうございました。

男の人はこのあとまず何をしますか。

「あ、そうそう」は何か思い出したように話を切り替えるときによく使われるので、そのあとの会話に注意すること。

「ここ」とは、すぐ前の「ログインID再発行」のことなので、2が正解。

⭐覚えよう!

☐用件：thing to be done ／事情／việc cần
☐ログイン：log in ／登录／đăng nhập

□さようでございますか：「そうですか」の丁寧な言い方
□ウイルス：virus ／病毒／ vi-rút
□囲う：to enclose ／围住／ đóng khung, bao quanh
□クリックする：to click ／点击，单击／ nhấp chuột

2番　3　　　　　　　　　　　　　🔊 N1_1_05

空港の宅配受付カウンターで女の人と受付の人が話しています。女の人はこのあと何をしますか。

F：これ、お願いします。

M：スーツケースのお受け取りですね。少々お待ちください。

・・・

　　大変お待たせいたしました。お客様、ちょっと確認させてください。車輪はもとからこのような状態でしたか。

F：え、どうしよう！取れてる…。

M：やはりそうですか。大変申し訳ないのですが、こちら、わたくしどものミスで、配達途中で破損が生じてしまったようでして…。

F：え、ちょっと困るんですけど！今から2時間後に出発なんですよ。どうしよう。夫に電話しないと。あれ、携帯がない！とりあえず早く新しいの買わないといけないんですけど、その分のお金って支払っていただけるんでしょうか。

M：大変申し訳ございませんでした。代わりのスーツケースを用意しましたので、あちらからお選びください。渡辺様のご旅行中に修理して、到着後お渡しするという形になりますが、よろしいでしょうか。

F：うーん、まあ、そうしていただけるなら…。<u>でも、夫のなので、連絡取ってみますね。</u>

M：承知いたしました。

女の人はこのあと何をしますか。

「でも」のあとは、相手の提案と違うことを言うので、注意して聞くこと。

「夫と連絡を取ってみる」と言っているので、3が正解。

⭐覚えよう！
□破損が生じる：damage occurs ／发生破损／ phát sinh hỏng hóc

会社の会議で課長が話しています。社員たちはこのあと何をしますか。

F：今度の新人研修の資料、一通り目を通しましたけど、これじゃあ、ちょっと情報が足りないですね。特に、コンプライアンスの遵守に関する情報、これは最近特に大事なので、必要不可欠です。でも情報を大幅に増やすとなると、スケジュールに余裕がないですよね。二日締め切りを延ばして来週金曜日までにするっていうのもできなくはないですが、そうすると、次の会議の資料の準備に支障が出てしまう可能性がありますよね。こっちを最優先にしてほしいので…。じゃあ、決めました。他のチームに会議のほうを一時的に任せるので、みなさんはこっちに集中して、予定通りにお願いします。

社員たちはこのあと何をしますか。

えよう!

□コンプライアンス：compliance ／合規／ sự tuân thủ
□遵守：compliance, adherence ／遵守／ tuân thủ nghiêm ngặt
□必要不可欠：絶対に必要 absolutely necessary ／必需，不可或缺／ cần thiết, không thể thiếu
□大幅に：drastically ／大幅度地／ nhiều
□支障が出る：an obstacle appears ／妨碍，造成麻烦／ xảy ra trở ngại
□最優先：top priority ／最优先，第一要务／ ưu tiên hàng đầu

「〜もできなくはないですが」は、相手の意見を尊重しながら否定するときによく使われる。
「二日締め切りを延ばす」と「来週金曜日」になるので、「予定通り」ということは「来週水曜日」。「他のチームに会議のほうを任せる」ので、3が正解。

会社で部長と女の人が話しています。女の人はこのあと何をします
か。

M：高橋さん、今朝お願いした部品の不具合の件は工場の石川課
　　長に連絡してくれたんだよね。

F：はい、すぐにメールを送っておきました。

M：それで返信は？

F：来なかったので工場に直接電話したのですが、あいにく石川課
　　長は中国に出張中だそうで。

M：それで？

F：電話を切りました。

M：ちょっとちょっと、それじゃ困るよ。<u>早急に工場に伝えて生産を</u>
　　<u>止めないと</u>、不良品を大量に製造することになるんだぞ。その
　　損失がいくらになると思ってるんだ。<u>すぐに山田係長に連絡して</u>
　　<u>事情を説明しなさい</u>。

F：はい、わかりました。

M：工場だけじゃない。それが間違って出荷されたら、お客様にご
　　迷惑をおかけすることになるんだぞ。そうなったら頭下げるだけじ
　　ゃ済まないぞ。<u>直接話して、すぐに中止してもらって</u>。

F：すみませんでした。すぐに連絡します。

女の人はこのあと何をしますか。

「早急に」「すぐに」の
あとに注目すること。
上司の話をよく聞くこ
と。「早急に（＝すぐ
に）工場に伝えて生産
を止めないと」「係長
に連絡して」「直接話
して、すぐに中止して」
と言っているので、2
が正解。

⭐覚えよう！

□不具合：defect ／故障／ trục trặc, lỗi

□返信：reply, response ／回信，回复／ phản hồi, trả lời

□早急に：immediately ／十万火急地／ gấp rút

□不良品：defective product ／不良品／ sản phẩm lỗi

□損失：loss (of assets, profit) ／损失／ tổn thất

□出荷する：to ship, to forward ／发货，出库，上市／ xuất kho

家で男の人と女の人が話しています。女の人はこのあとどの順番で行きますか。

M：何調べてんの？

F：3年前の納税証明書がいるんだけど、ここじゃなくて、前住んでたとこの市役所に頼まないといけないみたいなんだ。

M：そっか。でもわざわざ行かなくても郵送してもらえるでしょ。

F：そうなんだけど、いろいろ必要みたいで。まず申込書をプリントアウトしてから手書きで書き込んで…。

M：え、プリンター使うの？　さっきインク使い切っちゃったから、コンビニでプリントアウトしてくれば？

F：えー。あ、でもどうせコンビニは行こうと思ってたんだ。返信用の封筒と切手買わなきゃいけなくて。ついでに免許証のコピーも取ろうっと。あれ？　手数料は郵便切手、現金でのお支払いはできませんって書いてある！

M：えっ、じゃあ、どうやって支払うの？

F：郵便為替だって。あーあ、面倒だけど郵便局も行かないと。あ、もうこんな時間。コンビニ寄ってからでも間に合うかなあ。

M：ぎりぎり間に合うんじゃない？　あ、帰りに駅前のケーキ屋でケーキ買ってきて。

F：了解！

M：封筒に住所書いてから行けば？

F：うーん、間に合わなかったら嫌だから、郵便局に行って、郵便為替買ってから、そこで書くよ。

M：うん、気をつけて。

女の人はこのあとどの順番で行きますか。

質問が「どの順番で行きますか」なので、選択肢から行く場所を確認してから聞くこと。

「コンビニに寄ってから」「ぎりぎり間に合う」「帰りにケーキ屋で」など、時間や順番を表す表現に注意して聞くこと。

女の人は、コンビニ→郵便局→ケーキ屋の順に行く。

覚えよう！

□納税証明書：tax payment certificate ／纳税证明／ giấy chứng nhận nộp thuế

□返信用封筒：return envelope ／用于回信的信封／ bì thư dùng để hồi âm

□手数料：handling fee ／手续费／lệ phí
□郵便為替：postal money order ／邮政汇票／ngân phiếu bưu điện

6番　2

女の人と男の人が話しています。女の人はこのあと何をしますか。

F：ゴルフ、全然うまくなんないよ。なんかコツある？

M：もしかして、何百球もひたすら打って練習してない？　ちゃんと一球一球考えながら打たないと上達しないよ。

F：えー、そうなの？　じゃあ、どういうふうに練習すればいいの？

M：まずは打つ前の姿勢だね。ちゃんとした姿勢が取れないと話になんないよ。

F：それはまあ一応できるかな。

M：だったら、次は打つ時の体の軸を作ること。

F：うん。私、軸がぶれてるから、ボールがまっすぐ飛んでいかないんだよね。

M：これが一番大事なんだけど、完璧にできるまで最低でも1年かかるから、ここで挫折しちゃう人多いんだよね。おすすめなのは、動画を撮って体の動きを確認する方法。

F：なるほど。動画があれば、体が左右に動いてるか確認できるね。

M：うん。それと並行して、打つ時のスピードを上げる練習もしたほうがいいよ。この時、右手じゃなくて左手に力を入れるのがポイント。右手に力を入れるとボールが曲がっちゃうからね。

F：左手かあ。私、右利きだから難しいなあ。

M：あとは、打ったあとのポーズも練習したほうがいいね。これ、軽視しがちだけど、意外に大事なんだ。打ち終わったあとに腕を左肩の上まで持ってくることを意識すれば、力いっぱい打ち抜けるから、自然に打つ時のスピードも上がるんだよ。

F：なるほど。最後のポーズがきちんと決まったらかっこいいな。よしっ、動画に撮って練習したことないから、まずは動画撮ってぶれないように練習してみようっと。ありがとう。

女の人はこのあと何をしますか。

女の人は男の人から練習方法のアドバイスを受けている。「まずは」「次は」「おすすめなのは」「それと並行して」「あとは」などの言葉に注意して聞くこと。

①打つ前の姿勢 →
できている

②打つ時の体の軸 →
ぶれている

③打つ時のスピードを上げる → 難しい

④打った後のポーズ →
決まったらかっこいい

「軸がぶれない練習」とは「軸を作る練習」なので、2が正解。

第1回

文字・語彙

文法

読解

聴解

□コツ：knack, trick ／诀窍，技巧／ bí quyết
□ひたすら：single-mindedly ／一味地／ chỉ tập trung vào, cắm đầu cắm cổ
□軸がぶれる：to go off course, to lose one's way ／重心不稳／ lắc theo trục
□完璧に：perfectly ／完美地／ một cách hoàn hảo
□挫折する：to fail, to be frustrated ／挫折，受挫／ nản lòng
□動画：video ／视频／ video
□ポイント：point ／要点，重点／ điểm quan trọng
□右利き：right-handed ／右撇子／ thuận tay phải
□軽視する：to belittle, to mock ／轻视／ xem nhẹ
□打ち抜く：to pierce ／打到底（充分挥杆）／ đánh (hết sức)
□よし：何かを決意したときに発する言葉　Said when making up one's mind about something ／下定决心做某事时说的话／ Được!

問題2

例　2

おんな ひと おとこ ひと えんげき
女の人と男の人が演劇について話しています。女の人は演劇にとって一番大事なことは何だと言っていますか。

F：ねえ、今話題になっている「六人の物語」っていう演劇、見に行った？

M：行ってないけど、大人気らしいね。

F：私、昨日見に行ったんだけど、想像以上にすばらしかったよ。

M：そうなんだ。原作は確かゲームだったよね。

F：そう。普通、ゲームやアニメが演劇になったとき、道具とかいろいろ使うでしょう、日本刀とか。でも今回は道具がほとんど使われてなかったよ。みんな演技力で勝負してるんだよ。すごいと思わない？ 主役の富田さんもめちゃくちゃかっこ良かったし。

M：へー、君は顔さえよければそれでいいんだろう？

F：違うよ。確かに役者の顔も大事だけど、原作の世界観やキャラクターの性格をありのままに再現できないと演劇とは言えないでしょう。

M：うーん、原作の質がもっとも大切だと僕は思うけどね。演劇のシナリオにも影響するから。

F：そうだけど、演じているのは人だから、役者の演技力こそが演劇の命なんじゃない？

女の人は演劇にとって一番大事なことは何だと言っていますか。

旅館で受付の人が男の人と話しています。男の人が「さくらの湯」に入れるのは何時からですか。

F：えー、では、こちらの旅館について簡単にご説明いたします。まず、お部屋は3階305号室でございます。そちらのエレベーターでお上がりください。

M：あ、はい。

F：次に温泉ですが、2階に「かえでの湯」と「さくらの湯」、3階に「あやめの湯」と「ぼたんの湯」がございます。すべて露天風呂付きの大浴場になっております。「かえでの湯」と「あやめの湯」は男湯、「さくらの湯」と「ぼたんの湯」は女湯となっております。男湯と女湯は夜12時に入れ替わります。その前の1時間はご入浴になれませんので、ご注意ください。チェックイン後、ご入浴は4時から可能となっております。また、予約制の家族風呂も5つご用意しております。

M：予約はどちらで？

F：こちらで24時間 承っております。お電話でもかまいません。

M：あ、はい。

男の人が「さくらの湯」に入れるのは何時からですか。

男の人なので男湯の情報に注意して聞くこと。

話の内容

チェックイン後

・入浴は4時から可能

・男湯「かえでの湯」「あやめの湯」、女湯「さくらの湯」「ぼたんの湯」

・男湯と女湯は12時に入れ替わる

・入れ替わる前の1時間は入浴できない

⭐ 覚えよう!

□露天風呂：open air bath ／露天温泉／ bồn tắm lộ thiên
□大浴場：large public bath ／大浴场／ nhà tắm công cộng lớn

テレビでレポーターが読書通帳の開発者にインタビューしています。開発者は利用者が増えた一番の理由は何だと言っていますか。

F：今話題の読書通帳をご存知でしょうか。読書通帳を導入した図書館では軒並み利用者が増えているということなんです。開発者の方にお話を伺ってみましょう。まず、読書通帳というのはどういったものなんでしょうか。

M：図書館で自分が読んだ本のタイトルや貸出日を銀行の通帳のように記録できるものです。自治体によっては本の定価やページ数を記入しているところもあります。

F：なるほど。これなら自分が読んだ本の情報がすぐにわかって便利ですね。

M：そうですね。例えばお年寄りでシリーズ本のどこまで読んだのか忘れてしまったといった方がよくいらっしゃって、そういった方にご対応しやすくなりました。

F：そうですか。お年寄りにもわかりやすいという点が、利用者が増加した一番の理由でしょうか。

M：それもありますが、一番の理由はやはり子供ですね。子供が友達と読書通帳を見せ合いながら競い合って本を借りるようになったんです。先生や家族も、子供が読んだ本がすぐわかるので、本について話したり、おすすめの本を紹介したりと、新たなコミュニケーションも生まれています。

開発者は利用者が増えた一番の理由は何だと言っていますか。

インタビューの場合は、インタビューする人の質問の内容を注意して聞くこと。

第1回

文字・語彙

文法

読解

聴解

この部分から4が正解。

⭐覚えよう!

□導入する：to launch, to introduce ／导入，引进／áp dụng, đưa vào sử dụng
□軒並み：row of houses; across the board ／到处，全都／liên tục, nối tiếp nhau
□自治体：local government ／自治团体／chính quyền địa phương
□対応する：to correspond ／应付，应对／ứng phó, đáp ứng
□競い合う：to compete with ／互相竞争／cạnh tranh, thi đua

カフェで男の人と女の人が話しています。女の人が会社を辞めたい一番の理由は何ですか。

M：相談って何？

F：実は今の会社、辞めようか迷ってて。

M：え、給料いいって言ってなかったっけ？

F：いいことはいいんだけど、企画書何回出しても通らなくて、手ごたえゼロなんだよね。

M：誰だってそんな簡単にうまく行くわけじゃないよ。どこの会社でも同じだと思うけどね。

F：うーん、中小企業のほうが自分の能力生かせるんじゃないかなって気がするんだ。ベンチャー企業とかね。ほら、加藤くんも転職してからやりがいのある仕事できるようになったって言ってたじゃない？

M：それはそうだけど。不満はそれだけなの？

F：うーん。残業も多いし、職場の雰囲気もいまいちなんだよね。いつもピリピリしてて。

M：雰囲気ってささいなことのようで結構大事だよね。日々のストレスに直結するし。

F：まあ、**やりがいのある仕事さえできていれば、そういうのは気にならないんだけどね。**

女の人が会社を辞めたい一番の理由は何ですか。

「そういうの」は「職場の雰囲気」を指している。「やりがいのある仕事さえできていれば職場の雰囲気は気にならない」と言っているので、2が正解。

⭐**覚えよう!**

□企画書：proposal ／企划书／ bản kế hoạch

□手ごたえ：resistance, response (felt in one's hands) ／反応／ kết quả, thành quả

□能力を生かす：to make the best of one's abilities ／发挥实力／ phát huy năng lực

□ベンチャー企業：start-up company, venture business ／风险企业／ doanh nghiệp khởi nghiệp

□いまいち：not quite ／还差一点／ không như kỳ vọng

□ピリピリする：to tingle; to be on edge ／战战兢兢，提心吊胆／ căng thẳng

□ささいな：trivial ／細微的，琐碎的／ vặt vãnh, nhỏ
□直結する：to be directly linked to ／直接关系到／ liên quan trực tiếp
□やりがい：being worth doing ／值得做，有价值／ đáng làm

4番　3

病院の受付で会計係が退院する男の人と話しています。男の人はいくら払わなければなりませんか。

F：ご退院おめでとうございます。

M：あのう、ここに書いてある料金なんですけど、15,000円の間違いじゃないですか。だって、入院は二泊だったんですよ。

F：えー、少々お待ちください。もう一度計算してみますね。えっと、鈴木様の場合は5,000円の個室Aに一泊、10,000円の個室Bに一泊の二泊三日ですので、25,000円になります。

M：ちょ、ちょっと待ってください。どういうことですか。

F：はじめにお渡ししたパンフレットにも書いてありますとおり、一泊二日の場合は二泊分の料金が発生いたします。鈴木様は**全部で二泊三日なので、三泊として計算する**ことになります。

M：え、そんなこと書いてありましたっけ？

F：はい、こちらをご覧ください。**あと、料金の異なる病室への移動日は、移動した方の料金をお支払いいただくことになっております。**

M：あれ？**一日目は個室Bで、二日目に個室Aに移ったから…。5,000円多くないですか。**

F：少々お待ちください。確認します。…**大変申し訳ございませんでした。こちらの間違いでした。**

男の人はいくら払わなければなりませんか。

「あと」のあとには追加の話が来るので、注意して聞くこと。

一日目が個室B（10,000円）、

二日目が個室A（5,000円）、
10,000円＋5,000円×2＝20,000円。

「こちらの間違いでした」と会計係が言っているので、3が正解。

文字・語彙

文法

読解

聴解

授賞式で女の人が話しています。女の人の会社は何を開発しましたか。

F：えー、この度はこのような名誉ある賞をいただき、誠にありがとうございます。当社はベビーカーなど、赤ちゃんとご家族がお出かけするのに便利なグッズを開発・展開しているベビー用品メーカーなのですが、<u>商品だけでなく、ITを活用して外出を支援することもできるのではないかと考えた結果、このようなシステムを開発するに至りました</u>。実際にご利用いただいているママたちから、<u>気楽に出かけられるようになった、駅構内のエレベーターやトイレの位置を事前に調べられるのが本当に便利</u>、とのお声を多数いただきました。これからもより多くの赤ちゃんとご家族の皆様に、もっともっと役立つサービスを提供していける企業となるよう、励んでまいりたいと思っております。

女の人の会社は何を開発しましたか。

「ITを活用して外出を支援」「システムを開発」「駅構内のエレベーターやトイレの位置を事前に調べられる」と言っているので、3が正解。

⭐️覚えよう！
- □授賞式：award ceremony ／颁奖仪式／ lễ trao giải thưởng
- □名誉：honor ／名誉，荣誉／ vinh dự, danh dự
- □誠に：truly ／诚然／ chân thành, thành thật
- □当社：this company ／本公司／ công ty chúng tôi
- □支援する：to support ／支援，援助／ hỗ trợ
- □構内：premises, grounds ／区域内／ bên trong
- □事前に：in advance ／事前，事先／ trước, sẵn
- □多数：large number, many ／多数，许多／ nhiều
- □励む：to endeavor ／努力，奋勉／ động viên, khích lệ

電話で農園の人と購入者の女の人が話しています。女の人はどうして電話をしましたか。

M：もしもし、ふじ農園です。

F：あのー、先日アロエを購入した者なんですが。

M：はい。

F：昨日三つ届いたんですが、どれも傷がついている上に、写真よりも小さかったんです。

M：それは大変失礼いたしました。実は先日の台風の被害を受けておりまして、写真はそれより前のものなんです。

F：それならその旨、正直にサイトに載せるべきなんじゃないですか。それで、返品したいんですが、**返品した場合、アロエ本体の分だけじゃなくて、購入時に私のほうで支払った送料の分も返金してもらえるのかどうか知りたくてお電話しました。**

M：はい、もちろん全額返金いたします。お手数ですが、銀行口座の情報をホームページに書いてあるEメールアドレスに送っていただけますか。

F：わかりました。では、明日返品します。

M：お詫びといっては何ですが、もっと大きいものがとれた時点で、こちらからお送りしてもよろしいでしょうか。もちろん代金はいただきませんので。

F：あ、それはご親切にどうも。では、お願いします。

女の人はどうして電話をしましたか。

この部分から4が正解。
1、2は言っていない。
3は農園の人が、もっと大きいアロエがとれたら送ってもいいか聞いているので間違い。

⭐覚えよう!

□農園：plantation ／园艺农场／ nông trại, nhà vườn
□購入者：purchaser ／购买者／ người mua
□本体：main unit; real form ／主体／ bản thân, chính (vật đang nói đến)
□お手数ですが：Sorry for the trouble, but ／麻烦您了／ phiền anh/chị
□銀行口座：bank account ／银行账户／ tài khoản ngân hàng
□〜宛：to ~ ／发给…, 寄给…／ đến ~
□〜時点：at the time of ~ ／…的时候／ thời điểm ~

テレビのインタビュアーが地域の住民に野鳥の大量繁殖の被害についてインタビューしています。地域の住民は何に一番困っていますか。

F：えー、こちら、野鳥が大量繁殖しているという住宅街に来ています。被害に遭われている住民の方にお話を伺ってみましょう。

M：まあ、においですよね、困ってるのは。あと鳴き声。時々ならいいんだけど、24時間ずーっと鳴いてる。

F：確かに今も聞こえていますね。

M：まったく、気味の悪い鳴き声だよね。あ、気をつけないと。こういうふうにフンとか羽が空から落ちてくるんだよ。ほら、地面一面真っ白だろ。**体に害を及ぼすんじゃないかって、不安で…。やっぱり衛生問題が一番困るよね。**友達なんか魚の養殖してるのに毎日鳥に食べられちゃって。年間被害総額100万円。まったくひどいもんだよ。

F：野鳥保護の法律があることから、住民の皆さんは手を出せずにいます。被害が拡大する中、一刻も早い対応が求められます。現場からは以上です。

地域の住民は何に一番困っていますか。

「やっぱり」は「結局・最終的に」という意味。「体に害を及ぼすこと（＝健康被害）」「衛生問題」が一番問題だと言っているので、2が正解。

⭐覚えよう！

☐インタビュアー：interview ／采访记者／người phỏng vấn
☐野鳥：wild bird ／野鸟／chim hoang dã
☐大量繁殖：mass propagation ／大量繁殖／nuôi số lượng lớn
☐フン：feces ／粪便／phân
☐養殖する：to breed ／养殖／nuôi
☐被害総額：total amount of damage ／损失总额／tổng số tiền thiệt hại
☐保護：protection; custody ／保护／bảo vệ
☐手を出す：to get involved in ／干涉，插手／ra tay
☐一刻も早い対応：responding as quickly as possible ／刻不容缓的应对／xử lý càng nhanh càng tốt

問題3

例　4

テレビで専門家が話しています。

M：今回の新型肺炎は感染が拡大しつつあり、死亡者も出始めています。世界中の医療機関が特効薬やワクチンの開発に取り組んではいますが、残念ながら、今のところ成功の目処が立っていません。ですので、感染を最大限に予防しないといけないのです。マスクをして頻繁に手を洗うことで、ある程度予防はできますが、人から人への感染が見られるため、他人との接触を避けるのが得策でしょう。かといって、在宅勤務に切り替えている企業はごく一部しかありません。命に関わる一大事なので、ビジネスより人命を優先するべきではないでしょうか。リーダーとしての器は、こういう時にこそ見えてくるものです。

専門家が言いたいことは何ですか。

1　薬やワクチンを開発するべきだ

2　医療機関をもっと増やすべきだ

3　新型肺炎の予防方法を身につけるべきだ

4　ビジネスを優先する考え方を正すべきだ

テレビで野菜ソムリエが話しています。

F：身近な野菜で、栄養満点のトマト。**実は毒があるって、皆さんご存知でしたか。**ただ、それはトマトが緑の段階の話で、熟して赤くなるとなくなるので問題ありません。**では、なぜこのような性質があるのでしょうか。**実はトマトの子孫の残し方と関係があるんです。トマトは実の中に種があるので、実を動物に食べてもらい、違う場所でフンをしてもらうことによって、種を拡散して子孫を残してきました。だから種の準備がまだできていない緑の段階で食べられてしまっては困るんです。それで、毒によって実を守っていたんですね。

野菜ソムリエは何について話していますか。

1　トマトが赤い理由

2　トマトに毒がある理由

3　トマトの種の特徴

4　トマトを食べる動物の特徴

何について話しているかは、話の最初に言うことが多い。

「では、なぜ～のでしょうか」は問題を投げかけるときによく使われる表現。「このような性質」とは、直前にある「実に毒がある」ことを指しているので、2が正解。

⭐️覚えよう!

□ソムリエ：sommelier ／泛指高级餐厅的料理或酒水总管／chuyên gia

□身近な：familiar ／身边的／gần gũi

□熟す：to break down ／成熟／chín

□拡散する：to diffuse ／扩散，传播／phát tán

テレビで男の人が話しています。

M：1955年に日本で発売が開始され、今や世界中で愛されている自動炊飯器。主婦の家事労働を大幅に減らし、女性の社会進出にも影響を及ぼしましたが、**その開発には苦労がありました。**以前からご飯をおいしく炊くためには、沸騰してから強火で20分加熱すればよいことはわかっていました。しかし、外の気温などにより、沸騰するまでの時間は毎回異なるので、単純にタイマーで時間を設定することができません。**何年にもわたる実験の末に生まれたのが、「二重釜間接炊き」という方法です。**二重になっている鍋の外釜に水を入れて加熱します。その水が蒸発してなくなると急激に内釜の温度が上昇します。ここで温度検出スイッチにより、電源をオフにするようにしたのです。

男の人は何について話していますか。

1　女性の社会進出の要因

2　自動炊飯器の開発者

3　自動炊飯器の誕生の経緯

4　おいしいご飯の炊き方

「その開発」とは「自動炊飯器の開発」のこと。開発にはどんな苦労があったかについて話しているので、3が正解。

⭐覚えよう！

□自動炊飯器：automatic rice cooker ／全自动电饭锅／ nồi cơm điện
□大幅に：thoroughly ／大幅度地／ nhiều
□進出：expanding ／进入，参与／ ra ngoài
□開発：development ／开发／ sự phát triển
□沸騰する：to boil ／沸腾／ sôi
□タイマー：timer ／定时器／ đồng hồ hẹn giờ
□設定する：to set, to establish ／设定，设置／ thiết lập
□外釜：outer pot of a rice cooker ／外胆／ nồi ngoài
□内釜：inner pot of a rice cooker ／内胆／ nồi trong
□上昇する：to rise ／上升／ tăng lên
□検出：detection ／测出／ kiểm soát
□要因：main cause ／主要原因／ nguyên nhân
□経緯：details, sequence of event ／经过，原委／ quá trình

第1回

文字・語彙

文法

読解

聴解

大学の講義で先生が話しています。

F：ヨーグルトのふた、最近、全然ヨーグルトがつかないもの、ありますよね。あれ、実はハスの葉を応用して作られているんです。ハスの葉って、水をはじきますよね。他にも、例えば競泳用水着はサメの皮膚を応用して作られています。サメの皮膚は摩擦抵抗を受けにくいので、速く泳げるというわけです。<u>このように、生物が持つ優れた機能を人工的に再現することによって、工学や材料科学、医学などの様々な分野に取り入れていく技術を「生物模倣」と言います。</u>これが、みなさんがこれから学んでいく分野です。生物って、地球の変動に耐えながら長い間進化し続けてきたんですよね。その歴史的産物を模倣して、活用していこうというわけです。

「このように」は、前に述べたことをまとめるときによく使われる表現。この部分から3が正解。

先生は何について話していますか。

1　ヨーグルトとハスの関係

2　サメが速く泳げる理由

3　生物模倣の概要

4　生物の進化の過程

⭐覚えよう!

☐ハス：lotus ／蓮，荷／ sen

☐水をはじく：to flick water ／不沾水／ không thấm nước

☐競泳：competitive swimming ／游泳比赛／ thi đấu bơi lội

☐再現する：to reproduce ／复现／ tái hiện

☐工学：engineering ／工学／ khoa học kỹ thuật công nghiệp

☐模倣：imitation ／模仿／ mô phỏng

☐変動：fluctuation, change ／变动，变化／ biến động

☐進化する：to evolve ／进化／ tiến hóa

☐歴史的産物：historical product ／历史产物／ sản vật mang tính lịch sử

☐概要：summary ／概要／ khái quát

☐過程：process ／过程／ quá trình

テレビで男の人が話しています。

M：(♪ドレミファソラシド) このドレミファソラシドの7つの音階は、実は明治以降に海外から入ってきたものです。**じゃあ次に、こちらを聞いてください。**(♪ドレミソラ) こちらはファとシが抜けた、ドレミソラという5つの音階なのですが、なんとなく懐かしい、日本の古きよき風景が浮かんでくる気がしませんか。**実はこれ、「ヨナ抜き音階」という日本固有の音階なんです。**昔から日本には5つぐらいの音階しかなかったので、ドレミファソラシドの7つの音の流れは日本人には難しいだろうということで、政府がヨナ抜き音階を奨励したんだそうです。それで、この音階は明治以降、数々の童謡に使われるようになり、今でも、演歌やJポップの様々な歌に使われています。

男の人は何について話していますか。

1　昔から日本にある音階

2　日本の歌の特徴

3　日本人の好きな音

4　明治以降の音階

「じゃあ次に」以降は、「日本固有の(＝日本に昔からある)音階」について話しているので、1が正解。

⭐**覚**えよう!

□音階：music scale／音阶／âm giai, thang âm, gam
□明治：明治時代(1868～1912年) Meiji Period (1868-1912)／明治时代(1868～1912年)／chỉ thời Meiji (1868～1912)
□固有：characteristic／固有／cố hữu
□奨励する：to encourage／奖励，鼓励／khuyến khích
□数々の：diverseness／很多，多种多样／nhiều
□童謡：nursery song／童谣／đồng dao
□演歌：enka, traditional-style Japanese popular ballad／演歌(日本特有的一种歌曲)／enka (một thể loại nhạc trữ tình của Nhật)

講演会で司会者が話しています。

F：訪れたすべての人が笑顔で幸せな気分になる、夢の遊園地、さくらランド。その裏側には、スタッフのすさまじい努力と究極のサービス精神があった…。

　5回目を迎える今回の講演会では、さくらランドで人材育成のリーダーを務める木村氏をお迎えしました。木村氏には、**顧客の心をつかむためのコミュニケーションのコツや、スタッフのモチベーション維持の秘訣など、実体験のエピソードを交えてお話しいただきます。**

　少子高齢化による人材不足が叫ばれる現代において、**人材の確保及び育成は企業の最重要課題**となっています。この講演会が、経営者の皆様に何らかのインスピレーションをもたらすことができれば幸いです。

講演者はこれから何について話しますか。

1　さくらランドの経営方法

2　苦労したエピソード

3　企業が抱える問題点

4　人材育成のやり方

これらの部分から4が正解。

実体験のエピソードは「交えて（＝含めて）話す」と言っているので、話の中心ではない。

★覚えよう!

☐ すさまじい：tremendous ／（気勢、程度）惊人，猛烈／ mạnh mẽ, khủng khiếp

☐ 究極：ultimate ／究极／ tận cùng

☐ 人材：human resources ／人才／ nhân lực

☐ 育成：cultivation ／培养，培育／ đào tạo

☐ 顧客：customer, client ／顾客／ khách hàng

☐ コツ：knack, trick ／诀窍，技巧／ mẹo, bí quyết

☐ モチベーション：motivation ／积极性，动力／ động lực

☐ 秘訣：secret, key (method, trick) ／秘诀／ bí quyết

☐ 実体験：real experience ／实际体验／ trải nghiệm thực tế

☐ エピソードを交える：to throw in an anecdote ／穿插小故事／ chen thêm các câu chuyện

☐ 少子高齢化：declining birthrate and aging population ／少子老龄化／ tỉ lệ sinh thấp và dân số lão hóa

☐ 確保：ensuring ／确保／ đảm bảo

☐ 及び：as well as ／以及／ và, cũng như

☐ 課題：subject ／课题／ vấn đề

☐ インスピレーションをもたらす：to inspire ／带来灵感／ tạo cảm hứng

文字・語彙

文法

読解

聴解

セミナーで男の人が話しています。

M：私が昔、取引先の方によく言われたのはこんな言葉です。「お前
じゃ話にならない。上司を出せ」。こんなふうに言われたらどう
するのか。私の体験談をお話しします。まず、謝ります。そして
すぐに取引先の方に「個人的にお食事をご一緒させてほしい」
とお願いするんです。もちろん「そんな暇はない」と怒られます。
そのあとです。「15分でもいいからお時間をください」と言うんで
す。15分という具体的な時間を出すからいいんです。こう言う
と、大概、「お前の熱心さには負けた」と言って、お時間をくだ
さいます。お食事を共にして、若い時の苦労話や仕事の哲学な
どを話していただく。そうすると、相手の方も失敗していた新人
時代を思い出して、結局は許してくださるんです。こうやって関
係を深めるのが、成功の秘訣です。

男の人は何について話していますか。

1　若い時に最もつらかった話

2　仕事で失敗した時の切り抜け方

3　取引先の相手の秘密を聞き出す方法

4　有効な時間の使い方

――「お前じゃ話にならない
（＝話し合いにならな
い）。上司を出せ」と
言われたらどうするのか
が述べられている。

――これまで述べてきたよ
うなことをすると、「結
局は許してくれる」「こ
うやって関係を深める
のが成功の秘訣（＝成
功するためのうまい方
法）」と言っているので、
2が正解。

⭐覚えよう！

□話にならない：話し合いにならない not worth talking about ／谈不拢，
无法交谈／ không đáng để nói chuyện

□体験談：recounting of one's experiences ／经验之谈／ câu chuyện
kinh nghiệm

□大概：たいてい　generally ／大都／ hầu như

□秘訣：secret, key (method, trick) ／秘诀／ bí quyết

□切り抜ける：to struggle through ／克服，脱离／ vượt qua

□有効な：valid ／有效的／ hữu hiệu, có ích

問題4

例　1　　　　　　　　　　🔊 N1_1_28

> M：先月出した企画だけど、通ったかどうか結局わからずじまいだよ。
>
> F：1　結果くらいは教えてほしいものだね。
>
> 　　2　企画を出すべきだったよね。
>
> 　　3　結局通らなかったんだよね。

1番　3　　　　　　　　　　🔊 N1_1_29

> F：あれ？ 鈴木さん、もしかしてもう帰っちゃったなんてことないよね。
>
> M：1　え、そんなに大したことないはずだよ。
>
> 　　2　え、大丈夫なわけないよ。
>
> 　　3　え、もう帰っちゃったんじゃない？

鈴木さんがいないことに対して、「もう帰っちゃったなんてことないよね（＝まだいるよね）」と確認しているので、3が正解。

📎　**1 大したことない**：trivial ／没什么大不了的／ không có gì to tát

2番　1　　　　　　　　　　🔊 N1_1_30

> M：資料はお読みになり次第、こちらへお戻しください。
>
> F：1　あ、ここに置けばいいんですね。
>
> 　　2　あ、こちらに戻るんですね。
>
> 　　3　あ、お読みになりますか。

「お読みになり次第、こちらへお戻しください（＝読み終わったら、ここへ戻してください）」と言っているので、1が正解。

3番　2　　　　　　　　　　🔊 N1_1_31

> M：これ、3時までに30部コピーお願いできる？
>
> F：1　ええ、できるくらいならやってます。
>
> 　　2　ええ、できないことはないですが。
>
> 　　3　ええ、30部でお願いします。

「できないことはないですが」は「がんばればできるかもしれないが、難しい」という意味。遠回しに断るときに使われる表現。1「できるくらいならやってます」はけんか口調で、ビジネスには向かない表現。

4番　2　　　　　　　　　　🔊 N1_1_32

> F：あの人、今月いっぱいで退職するんじゃなかった？
>
> M：1　そのつもりでしたが、やめました。
>
> 　　2　お辞めになるのは来月のようですよ。
>
> 　　3　いいえ、先月就職しましたよ。

「あの人」とあるので、第三者（third party ／第三者／người thứ ba）のことを話している。「退職するんじゃなかった？（＝退職すると思っていたけど違うの？）」と聞いているので、2が正解。

5番　2

> M：こんなにミスばっかりじゃシャレになんないよ。
>
> F：1　申し訳ありません。確認するには当たりません。
>
> 　　2　申し訳ありません。ちゃんと確認すべきでした。
>
> 　　3　申し訳ありません。確認するつもりはなかったんですが。

「こんなにミスばかりじゃシャレにならない（＝ミスが多すぎる）」と注意されているので、「確認すべきでした（＝確認する必要があったのにしなかった）」と反省の言葉を述べている2が正解。「確認するつもりはなかった」は確認してしまっているので、3は間違い。

⭐覚えよう！

□シャレにならない：冗談として受け取れない not a laughing matter ／不是闹着玩的／ không đùa được

6番　1

> F：恐れ入りますが、折り返しお電話くださいとお伝えいだたけますか。
>
> M：1　はい、橋本が承りました。
>
> 　　2　はい、恐縮です。
>
> 　　3　はい、ちょうだいします。

「承りました」は「聞く・受ける」の謙譲語（humble speech ／谦让语／ từ khiêm tốn）。ビジネスなどで電話で伝言を頼まれたときによく使う表現。

⭐覚えよう！

□恐れ入りますが：申し訳ありませんが I'm sorry, but ／实在不好意思／ thật làm phiền anh / chị

□折り返し：going back; folding ／折回／ (gọi điện thoại) lại

□恐縮：feeling obliged ／惶恐，过意不去／ thật ngại

7番　2

> M：警察官ともあろう人が、なんてことを。
>
> F：1　本当なもんですか。困りましたね。
>
> 　　2　本当ですね。信じがたいですね。
>
> 　　3　警察官と一緒だったんですか。

「〜ともあろう人」は「〜のような立場にある人」という意味で、その人が行った悪い行為に対する非難を述べるときに使う表現。「信じがたい（＝信じられない）」と言っているので、2が正解。

🔖 1　〜なもんですか：「〜であるはずがない」という強い否定を表す。

8番　3

> F：贈り物はしないまでも、お礼の手紙ぐらい送っといたほうがいいんじゃない？
>
> M：1　昨日、かろうじて届いたよ。
>
> 　　2　おちおちしてらんないね。
>
> 　　3　送ったところで読まないと思うよ。

「お礼の手紙ぐらい送っておいたほうがいい」という意見に対し、「送ったところで（＝送っても）読まない」と言っている。

覚えよう!

□かろうじて：やっと・ようやく finally ／好不容易才…／ khó khăn lắm mới

□おちおちしてらんない：安心していられない unable to remain idle ／安不下心来／ nhấp nha nhấp nhổm

9番 1

◀))N1_1_37

> F: そちらにこのかばん置かせていただけますか。
>
> M: 1 ちょっとそれはご遠慮いただいています。
>
> 2 ええ、どうぞご覧になってください。
>
> 3 ちょっとそちらにはおかけにならないほうがよろしいかと。

かばんを置いてもいいか聞いているので、「ご覧になってください（＝見てください）」や「おかけにならないほうが（＝座らないほうが）」は間違い。

10番 3

◀))N1_1_38

> M: この服、袖についてるの、模様だと思いきや、シミだったよ。
>
> F: 1 え、いつ切れちゃったのかな。
>
> 2 え、ちょっと地味すぎるかな。
>
> 3 え、クリーニングに出さないと。

「シミ」と言っているので、3が正解。

覚えよう!

□シミ：wrinkle ／褶皺／ vét ố

11番 2

◀))N1_1_39

> F: カップラーメン食べたそばからおにぎり食べるなんて、そりゃ太るわよ。
>
> M: 1 とりあえず、おにぎり食べる？
>
> 2 そんなに太ったかなあ。
>
> 3 じゃあ、そばはやめとこうかな。

「～たそばから」は「～たあとすぐに」という意味。「太る」と言われて、「太ったかなあ」と返している。

12番 3

◀))N1_1_40

> M: ビジネスでは、一度信頼を失えば、もうそれまでだよ。
>
> F: 1 そうだよね。それまででいいよね。
>
> 2 そうだよね。信頼されるといいね。
>
> 3 そうだよね。気をつけるよ。

「一度信頼を失えば、もうそれまでだ（＝それで終わりだ）」とアドバイスを受けているので、3が正解。

13番　1　N1_1_41

> F：まったくこの会社ときたら。社員あっての会社でしょう。
>
> M：1　ほんと、もっと社員に優しくすべきだよね。
>
> 　　2　そうそう、社員もっと増やすべきだよね。
>
> 　　3　その通り！ 待遇よすぎだよね。

「まったく〜ときたら」は不満を言うときに使う表現。「AあってのB」は「AがあるからBが成り立つ」という意味。「社員がいるから会社が成り立つ」つまり「社員がいなければ会社が成り立たない」と言っているので、1が正解。

覚えよう!

□待遇：treatment, reception ／待遇／ đãi ngộ

14番　3　N1_1_42

> M：2丁目にできた新しいパン屋、気になるなあ。
>
> F：1　そうそう、目に余るよね。
>
> 　　2　できっこないよ！
>
> 　　3　散歩がてら見てくれば？

「AがてらB」は「AのついでにBする」という意味。

覚えよう!

□目に余る：to be intolerable ／看不下去／ đập vào mắt

 2 〜っこない：〜はずがない

問題5

会議で男の人と課長が話しています。

M：課長、こちらが最終候補に残った四つです。

F：なるほど。どれもさすが最終候補に残っただけあるね。うーん、駅を行きかう人たちに見てもらうために一番必要なのはインパクトだから、それにしてはAはちょっと背景が暗すぎるかなあ。

M：僕もそう思います。この海の色がもっと明るければパッとするんでしょうけど。Bはどうでしょう。手書きは最近珍しいですし、このカエルのキャラクターもかわいいですが。

F：手書きねえ。確かに目にはつくけど、学園祭のポスターじゃないんだし、一企業として、素朴さよりも洗練された感じを出したいかな。そういう点でいうとCがいいかなあ。

M：Cは確かにプロが作った感じが出てますけど、注意喚起のポスターというよりは何かの商品の広告のように見えなくもないかなと思います。

F：それもそうだね。Dはどうかな。この熊だか犬だかわからないキャラクターは何なの？

M：あ、これはハリネズミだそうです。

F：ああ、ハリネズミ！　なんでハリネズミなのかなあ。

M：こちらは文字が全部立て看板の中に書かれていますし、「再利用しよう！」という文字も大きくてはっきりしているので、リサイクルのポスターとしてはわかりやすいと思います。

F：あ、ほんとだ。他のは全部英語かカタカナでリサイクルしようって書いてあるだけだから、再利用しようっていう文句は確かにいいね。でもハリネズミ。なんかひっかかるなあ。

M：Aで背景の色だけ変えるっていうのは可能なんでしょうか。

F：いやいや、やっぱりそのままのを選ばないと。うーん、**わかんないからこそ目を引く**っていうのもあるから、やっぱりこれにしよう。

課長はどのポスターを選びましたか。

課長の意見が重要。
Aは背景が暗すぎる。
Bは素朴。
Cはプロが作った感じ。
Dはキャラクターがわからない。

これらの部分からDが正解。

⭐覚えよう！

□インパクト：impact ／冲击力／ấn tượng
□背景：background ／背景／bối cảnh
□パッとする：to do in a flash ／眼前一亮／sáng lên
□学園祭：school festival ／学园祭，校庆／lễ hội trường học
□素朴さ：simplicity ／朴素／thô sơ, mộc mạc
□洗練：refinement ／讲究，精炼／tinh tế, tao nhã
□注意喚起：heads-up ／唤起注意／kêu gọi sự chú ý
□ハリネズミ：porcupine ／刺猬／con nhím

2番　2　　　　🔊 N1_1_45

家で母、娘、父の三人が話しています。

F1：ハンバーグ、どこに食べに行こっか。いつも「キッチンたぬき」ばっかりだから、たまには違うお店で食べてみたいな。

F2：そう思って、昨日の夜インターネットで調べといたよ。この辺だと「さくらカフェ」が一番人気みたい。普通のハンバーグなんだけど、サイズが普通のお店より大きいんだって。ライスも大盛り。肉汁があふれて玉ねぎの旨味も広がるって書いてある。

M：肉汁があふれるって、いいなあ。俺のよだれもあふれてくる。

F1：ちょっと、お父さん、汚いなあ。で、他のお店は？

F2：「ふじ食堂」は、大根おろしの和風ソースが有名だって。あ、でも狭いからちょっと待つかも。「レストランまつ」はデミグラスとトマトの2種類のソースがあって、サラダバーもついてるって。チーズ入りハンバーグがおいしいらしいよ。私はここがいいな。

F1：サラダバーがついてるっていいわねえ。野菜はいっぱいとらないと。でも、大根おろしでさっぱりっていうのも捨てがたいわねえ。

話の内容

・「キッチンたぬき」はいつも行っている。たまには違うところがいい

・「さくらカフェ」は一番人気

・「ふじ食堂」は和風ソースが有名。狭いからちょっと待つ

・「レストランまつ」は娘がいいと言っている

M：俺は普通のが一番だ。ん？ 待てよ？ さっき言ってた一番人気の「さくらカフェ」って、もしかしてあのデパート行く途中の右側にあるやつか。

F2：そう、あれ。

M：あんまりお客さん入ってるようには見えないぞ。インターネットの評判なんて当てにならん。お店の人が自分で書いてるかもしれないじゃないか。

F2：インターネットの評判って、300も400も書いてあるんだよ。お店の人もそんなに暇じゃないよ。

M：なんだかんだ言って、行きつけのところが一番信用できるんじゃないか？ まあ俺は何でもいいよ。どうせ何か言ったって二人の意見が通るんだろうし。

F1：あら、よくわかってるじゃない。じゃあ、ゆきちゃんがせっかく調べてくれたんだから、ゆきちゃんが行きたいところにしましょう。

F2：ありがとう、ママ！

三人はどこに行きますか。

1　ふじ食堂

2　レストランまつ

3　キッチンたぬき

4　さくらカフェ

父は「二人の意見が通るんだから何でもいい」と言っていて、母は「ゆきちゃん（＝娘）が行きたいところにしよう」と言っているので、2 が正解。

⭐覚えよう！

□大盛り：large serving ／大份／ xới nhiều, phần cơm cỡ lớn
□肉汁：bouillon, juices (from grilled meat) ／肉汁／ súp thịt
□旨味：umami, savory taste ／美味／ hương vị thơm ngon
□俺：わたし（大人の男性が同僚や年下の人に話すときに使う）

A term meaning "I" or "me" that is primarily used by men when talking to their colleagues or people of a lower social status. ／我。男性对同事或者比自己年纪小的人说话时使用的第一人称。／ tớ, tao

□大根おろし：grated daikon radish ／萝卜泥／ củ cải trắng bào nhuyễn
□サラダバー：salad bar ／自助沙拉／ quầy rau ăn kèm tự chọn
□当てにならない：unreliable ／靠不住／ không trông mong được

□なんだかんだ言う：あれこれ言う regardless of what is said ／说这个说那个，说来说去／ nói qua nói lại
□行きつけ：preferred ／经常去的／ thường đi, (quán) quen

3番　質問1　1、　質問2　4　　　🔊 N1_1_47

博物館で係員がアナウンスをしています。

F1：（ピンポンパンポーン）本日はご来場いただき、誠にありがとうございます。本日の催し物を4点お知らせいたします。まず、午前11時半より、園内のきのこ案内がございます。中央広場にご集合いただいた後、係員が園内のきのこをご案内いたします。日本各地のきのこを実際に触ったり、においをかいだりすることにより、きのこの魅力を体感していただけます。次に、ギャラリートークですが、同じく午前11時半より、講師の先生による、きのこアート作品の解説がございます。きのこをモチーフにした水彩画、木版画、切り絵などの作品についての解説です。会場は展示館の3階となっております。午後2時からは、2階のホールにて「日本人ときのこ」と題する講演がございます。日本と欧米で好まれるきのこを比較した上で、日本人に好まれているきのこの特徴についてお話しいただきます。最後に、体験コーナーでは、きのこの写真立てをお作りいただけます。午後1時からで、先着60名となっております。

F2：わー、催し物いっぱいあるんだね。<u>展示の作品見ただけじゃよくわからなかったから、説明聞きに行きたいな。</u>あと、午後からの日本と他の国のきのこの好みの違いも気になる。

M：うん、それ、僕も興味ある。講演開始は2時みたいだから、早めに行って席取っとかないとね。それまでは別行動でいいかな。<u>僕、山にきのこ狩りに行く時の参考になるように、実物に触れときたいんだ。</u>

F2：うん、わかった。じゃあ、終わったら連絡してね。

質問1：女の人はまず何に参加しますか。

質問2：男の人はまず何に参加しますか。

催し物4点
午前11時半より
・きのこ案内：実際に触ったりにおいをかいだりできる
・ギャラリートーク：きのこアート作品の解説
午後1時から
・体験コーナー：きのこの写真立てを作る
午後2時から
・講演：「日本人ときのこ」

「まず何をしますか」なので、午前中のイベントに注目。

女の人は「展示の作品見ただけじゃよくわからなかった」「説明聞きに行きたい」と言っているので、1「ギャラリートーク」が正解。

男の人は「実物に触れときたい」と言っているので、4「きのこ案内」が正解。

いずれも午後は講演を聞きに行く。それまでは別行動と言っている。

覚えよう!

☐ 来場：会場に来ること attendance, coming to a venue ／来场，到场／ đến đây

☐ 誠に：「本当に」の丁寧な言い方

☐ 催し物：amusements, attractions ／文娱活动／ tiết mục, chương trình

☐ きのこ：mushroom ／蘑菇／ nấm

☐ 体感する：to experience ／体感／ cảm nhận bằng cơ thể, cảm nhận thực tế

☐ ギャラリートーク：gallery talk ／专家座谈会／ nói chuyện triển lãm

☐ モチーフ：motif ／艺术作品的主题／ mô-típ

☐ 水彩画：watercolor painting ／水彩画／ tranh màu nước

☐ 木版画：woodblock print ／木版画，木刻／ tranh khắc gỗ

☐ 切り絵：papercutting ／剪贴画／ tranh cắt giấy

☐ 展示館：pavilion ／展览馆／ tòa nhà triển lãm

☐ 題する：to give a title to ／命题，以…为题／ tiêu đề

☐ 先着：arriving first ／先到／ đến trước

☐ きのこ狩り：hunting for mushrooms ／采蘑菇／ hái nấm

第 1 回

文字・語彙

文法

読解

聴解

第2回 解答・解説

Answers・Explanations／解答・解说／Đáp án・giải thích

合格模試　解答用紙

N1 言語知識（文字・語彙・文法）・読解

受験番号
Examinee Registration Number

名前
Name

〈ちゅうい Notes〉

1. 〈ろいえんぴつ (HB、No.2) でかいてください。
Use a black medium soft (HB or No.2) pencil.
（ペンやボールペンではかかないでください。）
(Do not use any kind of pen.)

2. かきなおすときは、けしゴムできれいにけしてください。
Erase any unintended marks completely.

3. きたなくしたり、おったりしないでください。
Do not soil or bend this sheet.

4. マークれい Marking Examples

よいれい Correct Example	わるいれい Incorrect Examples

問題1　問題2　問題3　問題4
問題5　問題6　問題7　問題8
問題9　問題10　問題11　問題12　問題13

合格模試　解答用紙

N1　聴解

受験番号
Examinee Registration Number

名前
Name

〈ちゅうい　Notes〉

1. 〈ろいえんぴつ (HB、No.2) でかいて
   ください。
   Use a black medium soft (HB or No.2)
   pencil.
   (ペンやボールペンではかかないでくだ
   さい。)
   (Do not use any kind of pen.)

2. かきなおすときは、けしゴムできれい
   にけしてください。
   Erase any unintended marks completely.

3. きたなくしたり、おったりしないでくだ
   さい。
   Do not soil or bend this sheet.

4. マークれい Marking Examples

よいれい Correct Example	わるいれい Incorrect Examples
●	⊗ ◌ ○ ⊖ ⊕ ◑

問題1

例	①	②	●	④
1	①	①	●	④
2	●	②	③	④
3	①	②	●	④
4	①	②	●	④
5	●	②	③	④
6	①	②	③	●

問題2

例	①	●	③	④
1	①	②	●	④
2	①	②	●	④
3	①	②	③	●
4	①	●	③	④
5	①	②	③	●
6	①	②	③	●
7	①	②	③	●

問題3

例	①	②	③	●
1	①	②	③	●
2	①	●	③	④
3	①	●	③	④
4	①	②	③	●
5	①	②	●	④
6	①	②	●	④

問題4

例	①	②	●
1	●	②	③
2	①	●	③
3	●	②	③
4	①	●	③
5	①	●	③
6	●	②	③
7	①	●	③
8	●	②	③
9	①	●	③
10	①	●	③
11	●	②	③
12	●	②	③
13	①	●	③
14	①	●	③

問題5

1	①	●	③	④
2	●	②	③	④
3 (1)	●	②	③	④
(2)	①	②	●	④

第2回　採点表と分析

		配点	正答数	点数
文字・語彙・文法	問題1	1点×6問	／6	／6
	問題2	1点×7問	／7	／7
	問題3	1点×6問	／6	／6
	問題4	2点×6問	／6	／12
	問題5	1点×10問	／10	／10
	問題6	1点×5問	／5	／5
	問題7	2点×5問	／5	／10
	合　計	56点		ⓐ ／56

60点になるように計算してみましょう。　ⓐ □　点÷56×60＝ Ⓐ □ 点

		配点	正答数	点数
読解	問題8	2点×4問	／4	／8
	問題9	2点×9問	／9	／18
	問題10	3点×4問	／4	／12
	問題11	3点×2問	／2	／6
	問題12	3点×4問	／4	／12
	問題13	3点×2問	／2	／6
	合　計	62点		ⓑ ／62

ⓑ □ 点÷62×60＝ Ⓑ □ 点

		配点	正答数	点数
聴解	問題1	2点×6問	／6	／12
	問題2	1点×7問	／7	／7
	問題3	2点×6問	／6	／12
	問題4	1点×14問	／14	／14
	問題5	3点×4問	／4	／12
	合　計	57点		ⓒ ／57

ⓒ □ 点÷57×60＝ Ⓒ □ 点

Ⓐ Ⓑ Ⓒ のうち、48点以下の科目があれば
解説や対策を読んでもう一度チャレンジしましょう（48点はこの本の基準です）。

※この採点表の得点は、アスク出版編集部が問題の難易度を判断して配点しました。

言語知識（文字・語彙・文法）・読解

◆ 文字・語彙・文法

問題1

1 3 ただよって
漂　ヒョウ／ただよ-う
漂う：to float ／充満；漂浮／ tràn ngập, dạt dào

　1　潤う：to be moist; to profit by ／润, 湿润／ ẩm ướt

　2　みなぎる：to be filled with ／涨满；充满／ (nước, sức mạnh) tràn trề

　4　とどまる：to abide ／逗留；停止／ dừng, chựng lại

2 2 なごやかな
和　ワ／やわら-げる・やわら-ぐ・なご-む・なご-やか
和やかな：amicable ／和睦, 舒心／ thân mật, thân thiện

　1　穏やかな：calm ／温和；平静／ ôn hòa, yên bình

　3　にぎやかな：lively ／热闹／ nhộn nhịp, huyên náo

　4　緩やかな：loose; lenient ／缓慢；宽松／ nhẹ nhàng, thoai thoải

3 1 こわいろ
声　セイ・ショウ／こえ・こわ
色　ショク・シキ／いろ
声色：tone of voice ／语调／ tông giọng, giọng điệu

4 4 げんせん
厳　ゲン・ゴン／きび-しい・おごそ-か
選　セン／えら-ぶ

厳選する：to select carefully ／严格挑选／ tuyển chọn nghiêm khắc

5 3 にょじつ
如　ジョ・ニョ／ごと-し
実　ジツ／み・みの-る
如実に：truly ／如实／ chân thực

6 4 くろうと
玄　ゲン　※玄人
玄人：professional ／行家, 专家／ chuyên gia, chuyên nghiệp ⇔ 素人：amateur ／外行, 门外汉／ (người) nghiệp dư

問題2

7 1 不備
不備がある：there are defects ／有所缺漏／ thiếu sót, không hoàn chỉnh

　2　不当：unfair ／不正当, 不合理法／ không thỏa đáng, không hợp lý

　3　不意：unexpected ／突然, 冷不防／ bất giác, bỗng dưng

　4　不順：irregularity ／不顺, 异常／ không đều, không thuận lợi

8 4 気が乗らない
気が乗らない：reluctant ／不感兴趣／ không có hứng thú

　1　気が立つ：to be on edge ／兴奋, 激动／ hào hứng, phấn khích

　2　気が抜けない：to keep ～ on one's toes ／不能掉以轻心／ không được chủ quan, không được lơ là

　3　気がおけない：仲がいい

9 1 きっぱり

きっぱり断る：to flatly refuse ／断然拒絶／ từ chối dứt khoát (thẳng thừng)

 2 じっくり：deliberately ／慢慢而仔細地／ kỹ lưỡng, thong thả
例 じっくり話す

3 てっきり：surely ／肯定是／đinh ninh, chắc chắn
例 てっきり晴れると思った

4 うっかり：carelessly ／糊涂，马虎／vô ý, lỡ, đãng trí
例 うっかり忘れた

10 3 復職

復職する：to return to one's former position ／复职／trở lại làm việc

 1 副業する：side job ／副业／làm nghề phụ, nghề tay trái
2 回復する：to recover ／恢复／hồi phục
4 複写する：to copy ／誊写；复印／sao chép, in sao

11 2 値する

尊敬に値する：to deserve respect ／值得尊敬／đáng tôn trọng

 1 即する：to conform to ／切合，依照／theo, đúng theo
3 有する：to possess ／有／có, sở hữu
4 要する：to need ／需要／cần thiết

12 3 成果

努力の成果が出る：to fruits of one's labor appear ／努力有了成果／có được kết quả từ những nỗ lực

 1 成功：success ／成功／thành công
2 評価：evaluation; appraisal ／评价／ đánh giá
4 効果：result; effect ／效果／hiệu quả

13 1 デビュー

華々しいデビューを飾る：to make a brilliant debut ／华丽出道／tạo nên một sự ra mắt rực rỡ

 2 エリート：elite ／精英／giới tinh hoa
3 インテリ：intelligentsia ／知识分子／giới trí thức
4 エンド：end ／结局，尾声／dấu chấm hết, sự kết thúc

問題3

14 2 はっきりと

顕著に ＝ はっきりと

15 4 全部

一律 ＝ 全部

16 3 ひどく疲れて

くたびれる ＝ ひどく疲れる

17 4 関係する

まつわる ＝ 関係する

18 3 みじめな

情けない ＝ みじめな

19 3 現実的に

シビアに ＝ 現実的に

 1 楽観的に：optimistic ／乐观的／một cách lạc quan
2 悲観的に：pessimistic ／悲观的／một cách bi quan
4 多角的に：many-sided ／多方面的／một cách đa chiều, nhiều góc độ

問題4

20 3 そろそろこの仕事に着手しないと、締め切りに間に合わないよ。
仕事に着手する：to start working at a job ／开始工作／ bắt tay vào việc, bắt đầu công việc
 1 好きな俳優に握手してもらっただけでなく、…
2 この飛行機は空港に着陸する準備を始めますので、…

21 4 地球上には、まだ数多くの未知の生物が存在する。
未知の生物：unknown animal ／未知生物／ sinh vật chưa được biết đến
 1 …、自分はなんて無知なのかと…
無知：ignorance ／无知／ vô tri, không có kiến thức về lĩnh vực nào đó

22 4 このゴルフ教室は、初心者でも気兼ねなく練習できる。
気兼ねなく：without hesitation ／无需顾虑／ không gò bó, không ngại ngùng

23 4 彼は貧しい子供たちの生活を支える活動をするために、この団体を発足した。
団体を発足する：to create a group ／成立某团体／ lập ra / thành lập đoàn thể

24 2 これまでの実績と君の実力を見込んで、ぜひお願いしたい仕事がある。
実力を見込んで：taking into account someone's actual ability ／看中某人的实力／ nhìn thấy khả năng từ thực lực
 1 高いところから下をのぞき込んで、…
3 …、まだ小さい子供だったので見逃してあげた。

25 1 松田さんはチームをまとめるのが上手で、リーダーとしての素質がある。
リーダーとしての素質がある：to have the makings of a leader ／有当领导人的资质／ có tố chất của người lãnh đạo
 2 小林さんは素朴な性格で、…
素朴な：plain ／朴实／ mộc mạc, ngây thơ
4 …、数多くの素材を集めるのが大変だった。
素材：raw material ／素材／ chất liệu, vật liệu thô

問題5

26 4 すら
〜ですら ＝ 〜でさえ
※「〜もそうだからそれ以外のものもなおさら」という意味。「〜」には名詞が入る。
 2 AはおろかB：Aはもちろんも

27 1 ところで
AたところでB：いくらAてもB（〜ない・無駄だ）
 4 AたところB：Aた結果B・Aた感じではB

28 4 と相まって
〜と相まって：〜と結びついて・〜と一緒になって
 1 〜に反して：〜とは反対に ※「〜」には「予想・期待」などの名詞が入る。
2 〜を伴って：〜を一緒に連れて
3 〜とかかわって：〜とつながりを持って

29 2 たりとも
〜たりとも（〜ない）：〜であっても（〜できない・〜わけにはいかない）
※「〜」には「1日・1分・1円」など最小の単位が入り、そのくらいでも軽く見ることはできないという意味を表す。

3 〜たらず：〜には足りない・〜程度で十分ではない　※「〜」には日時や数量が入る。
例 入社して1週間足らずだ。

4 〜限り：〜だけ　※「〜」には日時や数量が入る。例 お一人様1点限り

30 4 着き次第

A次第B：AたらすぐB
※Bには依頼や希望などの意志表現が入る。

1 Aや否やB：Aと同時にB　※A、Bともに現実に起きたことが入る。

2 AたとたんB：Aらその瞬間B　※A、Bともに現実に起きたことが入る。

3 Aが早いかB：Aと同時にB　※A、Bともに現実に起きたことが入る。

31 1 にも増して

以前にも増して：more than before ／比以前更… ／còn hơn lúc trước

32 4 吸わずにはいられない

〜ずにはいられない：（気持ちが抑えられず）どうしても〜してしまう

1 〜ずにはおかない：必ず〜てみせる・〜ないのは許せない

2 〜ないではおかない：必ず〜てみせる・〜ないのは許せない

3 〜てはいられない：〜ている場合ではない・〜ている状態でいるのは難しい

33 2 必要とされている

「〜とされている」は「〜としている」の受身形

34 3 そばから

AそばからB：AしてもすぐB

1 A上にB：Aに加えてさらにB

2 AにつれてB：AするとだんだんB

4 AとともにB：Aと一緒にB

35 1 辞退させていただきます

「辞退させていただく」は「辞退させてもらう」の謙譲語（humble speech ／谦让语／từ khiêm tốn）

2 「ご辞退になります」は「辞退する」の尊敬語

3 「辞退していらっしゃいます」、4「辞退しておられます」は「辞退している」の尊敬語

問題6

36 1

彼女と結婚したいという気持ちは　4誰が　3何と　1言おうと　2決して　変わりません。
誰が何と言おうと：no matter what anyone says ／不管别人说什么／dù ai nói gì đi nữa
決して〜ない：is surely not 〜／决不…／nhất định không 〜

37 2

竹内さんは、部下の満足度や他部署の予定よりも　3自分の都合ばかりを　4優先する　2きらいがあるので　1部下の信頼を　得ることができない。
〜するきらいがある：〜というよくない性質・傾向がある
信頼を得る：to gain someone's confidence ／取得信任／có được lòng tin

38 4

ゆうべ、友人からのメールで　3大学時代の指導教官であり　1私が尊敬して　4やまない　2平野先生が　昨日お亡くなりになったと知り、なかなか眠りにつくことができなかった。
〜てやまない：すごく〜ている

39 1

社内の不祥事が明るみに　4出るに　2至って　1ようやく　3経営陣は社内での　調査を始めた。

文字・語彙

文法

読解

聴解

明るみに出る：to come to light ／（被）公开，水落石出／được phơi bày ra ánh sáng, được công khai

40 3
学校の成績が 4優秀で 2あれば 3あるに 1越したことはない のですが、それだけを見ることはしません。特に弊社のようなベンチャー企業では新しい発想が求められます。
〜であればあるに越したことはない：if it is ~, then that is best ／如果…，就再好不过了／nếu có ~ thì vẫn hơn

問題7

41 1 に即して
Aに即してB：Aを基準・根拠にしてB
B based on A as a standard/foundation ／以A为基准或根据，进行B ／lấy A làm tiêu chuẩn / căn cứ để B
 2 〜にとって：〜の立場・視点から言うと
3 〜に先立って：〜する前に
4 〜に限って：〜の場合に特別に

42 4 呼ばれるものだ
AがBと呼ばれるものだ。
 1 AをBと名付ける
3 〜と言ったところだ：だいたい〜という程度・状況だ

43 4 ちなみに
ちなみに：incidentally ／顺便，顺带／nhân tiện, tiện đây
 2 いわゆる：so-called ／所谓的，通常说的／cái gọi là, nói là

44 1 使っているわけだ
ふむふむ〜わけだ：なるほど〜なら当然だ
「ふむふむ」は「なるほど」の意味。話し言葉では使わない。

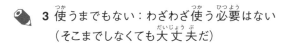 3 使うまでもない：わざわざ使う必要はない（そこまでしなくても大丈夫だ）

45 4 言えるかもしれない
「一目瞭然」は「一目見てはっきりわかる」という意味。コーパスがあると、「どんな言葉を、どんな場面で実際に使っているのか」がすぐわかる。言い換えると「ある言葉に、どんなニュアンスをこめているのかがわかる」とも言える、と述べている。
 1 言わずにはおかない：必ず言う
2 言えるものではない：一般的には言えない
3 言うわけにはいかない：理由があって言えない

◆ 読解

問題8

(1) ⌷46⌷ **4**

4【担当者変更のお知らせ】

株式会社ＡＢＣ

佐藤様

いつもお世話になっております。

株式会社さくらの鈴木です。

この度、弊社の人事異動に伴い、４月１日より営業部小林が貴社を担当させていただくことになりました。在任中、佐藤様には大変お世話になり、感謝しております。

小林は入社10年のベテラン社員で、長らく営業業務に携わってまいりました。

4今後も変わらぬご指導のほど、何卒よろしくお願い申し上げます。

後日改めまして、小林と共にご挨拶に伺う所存ではございますが、取り急ぎメールにてご連絡申し上げます。

上記につきまして、どうぞよろしくお願いいたします。

---

4 「最も伝えたいことは何か」はよく出る質問。「お知らせ」の場合は、まずタイトルに注目する。タイトルが「担当者変更のお知らせ」であることと、今後もよろしくと書いてあるので、4が正解。

⭐**覚えよう!**

□弊社：自分の会社
□人事異動：personnel change ／人事调动／ điều động nhân sự
□貴社：相手の会社
□在任中：while being in office ／在职中／ trong quá trình làm việc
□長らく：長い間 for a long while ／长期，长时间／ thời gian dài
□携わる：to be involved in ／从事／ tham gia làm
□所存：intention ／想法，打算／ mong muốn, suy nghĩ

(2) 47 2

私はパソコンもスマートフォンも持っていないが、**2ネット上には、作家やその作品に対する全否定、罵倒が溢れている**らしい。プリントアウトしたものを私も見せてもらったことがある。やはり編集者が気を遣ってかなりましな感想を選んでくれたのだろうが、それでも**2そうとうなもので、最後まで読む勇気が自分にあったのは驚き**だった。

「ネット上の罵倒（＝非難）がそうとうなものだった」とある。あまりにもひどくて、最後まで読む勇気が自分にあったのは驚きだったと言っているので、2が正解。

⭐覚えよう！
□全否定：完全な否定 complete refusal ／完全否定／ phủ nhận hoàn toàn
□溢れる：to overflow ／充満，溢出／ tràn ngập
□ましな：preferable ／胜过，强于／ khá hơn, đỡ hơn

(3) 48 4

私は一見社交的に見えるようだが、初対面の人と話すのは苦手だ。（中略）という話を、先頃、あるサラリーマンにした。

彼は小さな広告代理店の営業担当役員である。**1新しい人と知り合うのが仕事のような職種だ。**

彼曰く、**4話題につまった時は、ゴルフか病気の話をすれば何とかなる**そうだ。3・**4四十も過ぎれば、体の不調は誰でも抱えている。**自分自身は元気でも、親はある程度の年齢だから、病気に関わる心配事を抱えていない大人はいない。なるほどである。

あるサラリーマンが話したことの中で、「なるほど」と筆者が納得したところを探す。

1　サラリーマンが話したことではない。

2　そうは言っていない。

3　サラリーマンが話した内容だが、そこで納得したわけではない。

4　四十歳を過ぎると、自分や自分の親が病気である可能性が高いから、話題につまったときには病気の話をすればいいと言っているので、4が正解。

⭐覚えよう！
□一見：a glimpse ／乍一看／ thoạt nhìn
□社交的：sociable ／善于社交的／ có tính xã giao
□初対面：first meeting ／初次见面／ gặp lần đầu
□先頃：この間 recently, the other day ／前些天／ mới đây
□広告代理店：advertising agency ／广告代理商／ đại lý quảng cáo
□職種：type of occupation ／职种，工种／ ngành nghề
□曰く：according to ... ／所言，所说／ như lời nói

(4) 49 3

2強いとか弱いとかいうのとはちょっと別に、3その選手に異様な熱を感じる時期というのがあって、世界戦やタイトルマッチじゃなくても、その熱は会場中に伝播する。その熱の渦中にいると「ボクシングってこんなにすごいのか!」と素直に納得する。たったひとりの人間が発する熱が源なのだから。それはもしかしたら、その選手の旬というものなのかもしれない。年齢とは関係ない。また、4旬の長さも一定ではないし、一度きりということでもないのだろう。だけれど、永遠ではない。

1 そうは言っていない。

2 強さとは関係ない。

3 この部分から3が正解。

4 「一度きりということでもない」は「一度だけではない」という意味。

⭐ 覚えよう!

□異様な：strange, bizarre ／异样的／ dị thường
□タイトルマッチ：title match ／锦标赛／ trận thách đấu
□伝播する：次々に伝わって広まる to propogate ／传播／ liên tục lan tỏa
□渦中：(in the middle of a) scandal ／旋涡之中／ vòng xoáy
□発する：to occur, to produce ／散发／ phát ra
□源：source, origin ／源泉／ nguồn năng lượng
□旬：(in) season, popular ／黄金时期／ giai đoạn chín mùi

第2回

文字・語彙

文法

読解

聴解

問題9

(1) 50 2　51 4　52 3

落語の世界では、マクラというものがあり、長い噺を本格的に語る前にちょっとした小咄とか、最近あった自分の身の回りの面白い話などをする。（中略）

落語家はマクラを振ることによって何をしているかといえば、観客の気持ちをほぐすだけではなくて、今日の客はどういうレベルなのか、どういうことが好きなのか、というのを感じとるといっている。

たとえば、**50 これぐらいのクスグリ（面白い話）で受けないとしたら**、「今日の客は粋じゃない」とか「団体客かな」などと、いろいろ見抜く。そして客のタイプに合わせた噺にもっていく。これはプロの熟達した技だ。

それと似たようなことが授業にもある。先生の立場からすると、自分の話がわかったときや知っているときは、生徒にうなずいたりして反応してほしいものだ。そのうなずく仕草によって、先生は安心して次の言葉を話すことができる。**51 反応によっては発問を変えたり予定を変更したりすることが必要だ。**

逆の場合についても、そのことはいえる。たとえば子どもが教壇に一人で立って、プレゼンテーションをやったとする。そのときも教師の励ましが必要なのだ。アイコンタクトをし、うなずきで励ますということだ。**52 先生と生徒が反応し合うことで**、密度は高まり、場の空気は生き生きしてくる。

50　長い噺をする前にクスグリをしてみて、どんな客かを探り、それに合わせた噺をすると言っているので、2が正解。

51　先生も生徒のうなずく仕草などの反応を見て、「発問を変えたり予定を変更したりすることが必要だ」とあるので、4が正解。

52　先生だけ、生徒だけではなく、「先生と生徒が反応し合うこと」とあるので、3が正解。

★覚えよう!

□落語：traditional Japanese comic storytelling ／落语（日本的单口相声）／nghệ thuật kể chuyện rakugo

□本格的に：genuinely ／正式地／thực thụ

□身の回り：one's daily life ／身边／xung quanh mình

□気持ちをほぐす：to relax ／放松心情／mua vui, tiêu khiển

□受ける：ここでは、面白がられること to find humorous ／文中是"觉得有趣"的意思／lấy làm thích thú

□粋：sophisticated, considerate ／风流潇洒，有时也指穿梭于花街柳巷的人／tinh tế

□見抜く：to perceive ／看透，看穿／nhìn ra, nhìn thấu

□熟達する：to become proficient in ／娴熟，精通／thành thạo

□仕草：あることをするときの態度や表情 behavior, mannerism ／挙止，态度，表情／cử chỉ, điệu bộ
□発問：質問すること to question ／发问，提问／đặt câu hỏi
□教壇：platform; podium ／讲坛，讲台／bục giảng
□密度：concentration ／文中指的是 "发表内容的充实程度"／mật độ

(2) 53 2　54 2　55 1

ペットショップで目が合って何か運命的なものを感じてしまい、家へ連れて帰ってきたシマリスのシマ君が、今朝、突然、攻撃的になってしまった。

53これまで、手のひらに入れてぐるぐるお団子にしたり、指を口の前に差し出しても一度も咬んだり人を攻撃したことがないのに、いきなり咬みつかれた。かごの中の餌からゴミを取ろうとしてふと指を入れたら、がぶっとやられたのである。

（中略）

「①タイガー化する」といって、冬眠に入る秋冬になるとものすごく攻撃的になるという。そんなことは知らなかった。あんなにひとなつこくて誰にでも甘えてくるリスが、目を三角にしてゲージにバンバン体当たりしてくる。同じ動物とは思えない。怖い。

獣医師によると、冬眠する前に体内にある物質が分泌されるらしい、という説や、冬眠前になるべく餌をたくさん食べて体脂肪を蓄えるためになわばり意識が強まる、という二つの説があるそうだが、**54医学的にはっきり解明されていない。**

その上、何と55「**春になると元のひとなつこい状態に戻る子もいるし、そのままの凶暴状態が続く子もいます**」というのである。

もう戻らないかもしれないなんて、②本当に悲しい。あんなに可愛かったうちのシマ君が、突然、野獣に変ってしまった。

53　手のひらで丸められたのを喜んでいたとは書いていないので、1は間違い。「一度も咬んだり人を攻撃したことがない」とあるので、2が正解。

54　「解明されていない（＝解き明かされていない）」ので、2が正解。

55　「本当に悲しい」の前の部分を見ると、「春になっても元のひとなつこい状態に戻らないかもしれない」ことが悲しいと書いてあるので、1が正解。

文字・語彙

文法

読解

聴解

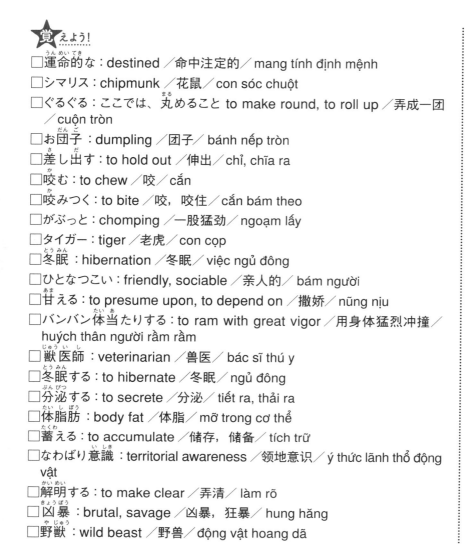

★覚えよう！

- □運命的な：destined ／命中注定的／ mang tính định mệnh
- □シマリス：chipmunk ／花鼠／ con sóc chuột
- □ぐるぐる：ここでは、丸めること to make round, to roll up ／弄成一団 ／ cuộn tròn
- □お団子：dumpling ／団子／ bánh nếp tròn
- □差し出す：to hold out ／伸出／ chỉ, chĩa ra
- □咬む：to chew ／咬／ cắn
- □咬みつく：to bite ／咬，咬住／ cắn bám theo
- □がぶっと：chomping ／一股猛劲／ ngoạm lấy
- □タイガー：tiger ／老虎／ con cọp
- □冬眠：hibernation ／冬眠／ việc ngủ đông
- □ひとなつこい：friendly, sociable ／亲人的／ bám người
- □甘える：to presume upon, to depend on ／撒娇／ nũng nịu
- □バンバン体当たりする：to ram with great vigor ／用身体猛烈冲撞／ huých thân người rầm rầm
- □獣医師：veterinarian ／兽医／ bác sĩ thú y
- □冬眠する：to hibernate ／冬眠／ ngủ đông
- □分泌する：to secrete ／分泌／ tiết ra, thải ra
- □体脂肪：body fat ／体脂／ mỡ trong cơ thể
- □蓄える：to accumulate ／储存，储备／ tích trữ
- □なわばり意識：territorial awareness ／领地意识／ ý thức lãnh thổ động vật
- □解明する：to make clear ／弄清／ làm rõ
- □凶暴：brutal, savage ／凶暴，狂暴／ hung hăng
- □野獣：wild beast ／野兽／ động vật hoang dã

(3) 56 1　57 2　58 4

かつての教員養成はきわめてすぐれていた。ことに小学校教員を育てた師範学校は、いまでは夢のような、ていねいな教育をしたものである。

（中略）

その師範学校の教員養成で、ひとつ大きな忘れものがあった。56外国の教員養成に見倣ったものだから、罪はそちらのほうにあるといってよい。

何かというと、声を出すことを忘れていたのである。読み、書き中心はいいが、声を出すことをバカにしたわけではないが、声の出し方を知らない教師ばかりになった。

（中略）

新卒の先生が赴任する。58小学校は全科担任制だが、朝から午後までしゃべりづめである。声の出し方の訓練を受けたことのない人が、そんな乱暴なことをすれば、タダではすまない。

早い人は秋口に、体調を崩す。戦前の国民病、結核にやられる。57運がわるいと年明けとともに発病、さらに不幸な人は春を待たずに亡くなる、という例がけっして少なくなかった。

もちろん、みんなが首をかしげた。大した重労働でもない先生たちが肺病で亡くなるなんて信じがたい。日本中でそう思った。

知恵（？）のある人が解説した。先生たちは白墨で板書をする。その粉が病気を起こすというのである。この珍説、またたくまに、ひろがり、日本中で信じるようになった。神経質な先生は、ハンカチで口をおおい、粉を吸わないようにした。それでも先生たちの発病はすこしもへらなかった。

58大声を出したのが過労であったということは、とうとうわからずじまいだったらしい。

56 「外国（＝海外）の教員養成に見倣った（＝参考にした）」とあるので、1が正解。

57 「年明け（＝お正月）とともに発病（＝病気になること）」とあるので、2が正解。「春を待たずに亡くなる、という例がけっして少なくなかった（＝多かった）」とあるので、3は間違い。

58 白墨の粉を吸うことが病気を起こすというのは、「この珍説、またたくまに、ひろがり、日本中で信じるようになった」とあるので、2、3は間違い。「朝から午後までしゃべりづめである。声の出し方の訓練を受けたことのない人が、そんな乱暴なことをすれば、タダではすまない」とある。「タダではすまない」つまり「過労を起こす」と言っているので、4が正解。

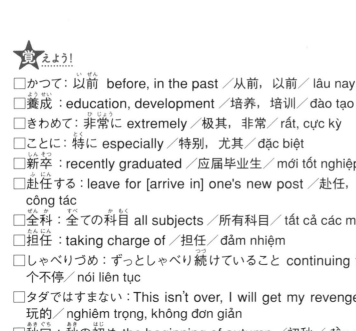

■ かつて：以前 before, in the past ／从前，以前／ lâu nay

■ 養成：education, development ／培养，培训／ đào tạo

■ きわめて：非常に extremely ／极其，非常／ rất, cực kỳ

■ ことに：特に especially ／特别，尤其／ đặc biệt

■ 新卒：recently graduated ／应届毕业生／ mới tốt nghiệp

■ 赴任する：leave for [arrive in] one's new post ／赴任，上任／ nhận công tác

■ 全科：全ての科目 all subjects ／所有科目／ tất cả các môn

■ 担任：taking charge of ／担任／ đảm nhiệm

■ しゃべりづめ：ずっとしゃべり続けていること continuing to chat ／说个不停／ nói liên tục

■ タダではすまない：This isn't over, I will get my revenge ／不是闹着玩的／ nghiêm trọng, không đơn giản

■ 秋口：秋の初め the beginning of autumn ／初秋／ đầu mùa thu

■ 戦前：戦争の起こる前 before the war occurred ／战前／ trước chiến tranh

■ 年明け：新年になった初めのころ around the beginning of a new year ／年初／ đầu năm mới

■ 発病：outbreak, occurrence (of a disease) ／发病／ phát bệnh

■ 首をかしげる：疑問に思う to doubt; to be puzzled ／歪着头，意为 "疑惑不解"／ thắc mắc

■ 重労働：heavy labor ／重度劳动／ lao động nặng

■ 肺病：lung disease ／肺病／ bệnh phổi

■ 板書：黒板に字を書くこと writing things on a blackboard ／在黑板上写字／ viết bảng

■ 珍説：珍しい話・ばかばかしい話 novel idea, strange story ／奇谈怪论／ chuyện lạ lùng

■ またたくまに：in the blink of an eye ／眨眼间，瞬间／ chẳng mấy chốc

■ 神経質な：nervous, highly strung ／神经质的／ lo xa

■ 過労：働きすぎて疲れること overwork ／过劳／ mệt mỏi vì làm việc quá sức

■ わからずじまい：知りたかったことがわからないままになること an unsuccessful attempt at understanding ／结果还是没能弄明白／ mãi vẫn không hiểu được

問題10

59 4　60 1　61 3　62 3

　「住まいの中の君の居場所はどこか?」と問われて「自分の部屋」と、自覚的に答えられるのは、五、六歳になってからでしょうか。

　しかしその時期をすぎても、実際には自室をもっている子でさえ、宿題はダイニングテーブルやリビングでやるという場合が、とても多いとききます。59玩具やゲーム機で遊ぶのもリビングで、けっきょく自室に入るのは眠るときだけ。こんな子が少なくありません。

　その理由の一つは子供も親も、家にいる時間がどんどんへっていることにあります。今、60共働きの世帯は専業主婦世帯のほぼ二倍にあたる約1100万世帯で、これからも増加するとみられています。しかも労働時間はいっこうにへらず長いまま。親が家にいない時間が長くなるにつれて、子供もやはり家にいない時間が増えていきました。60起きている時間のうちの大半を、自宅ではなく保育園などで過ごす子も多い。こんな状況ですから、60親子のふれあう時間そのものが少ないのです。

　①こうしたなかで、親子のコミュニケーション、ふれあいの機会を空間的にどうにか捻出しようという働きかけが、ハウスメーカーから出ています。

　たとえば三井ホームは「学寝分離」、ミサワホームは「寝学分離」をテーマにした住まいを広めようとしています。

　「寝」というのは睡眠の場所、「学」というのは遊びを含む学びの場所のことです。これを分離するというのはどういうことでしょうか。

　「61家族のコミュニケーションを高めるために、子供室はあくまで"寝る部屋"と位置づけ、"学ぶ部屋""くつろげる場所"を共有空間などの別の場所に設けるという考え方」(三井ホーム・シュシュ)

　62これまでの子供部屋はしっかり集中して勉強ができる空間、ゆっくりと安眠できる空間、また読書や音楽鑑賞といった個人の趣味や息抜きをする空間として考えられていました。いわばそこは子供にとってのオールマイティな場所でした。

　しかし、それでは親と子供がふれあう時間がなくなる。そこで、②子供部屋がほんらい発揮すべき役割を、家の中の他の場所にもつ

59　「自室(=自分の部屋)は眠るときだけ。こんな子が少なくありません(=多い)」とあるので、2は間違い。「遊ぶのもリビング」とあるので、4が正解。

60　指示語の内容は、直前の文に書かれていることが多い。「親子のふれあう時間そのものが少ない」とあり、その理由が「共働きが増加」し、「保育園で過ごす子も多い」とあるので、1が正解。
「子供が寝る時間が増えた」とは言っていないので、2は間違い。

61　「子供部屋は寝る部屋」で、「家族のコミュニケーションを高めるために、"学ぶ部屋""くつろげる場所"を共有空間などの別の場所に設ける」とあるので、3が正解。

62　「いわば」は前の内容をわかりやすくまとめて言うときに使う。「子供にとってのオールマイティな(=何でもできる)場所」と言っているので、3が正解。

くって、そこをコミュニケーションの場_ばとしても活用_{かつよう}しようというわけです。

□居場所_{いばしょ}：whereabouts, location ／居所，归宿／ nơi thuộc về

□自覚的_{じかくてき}に：subjectively ／自觉地／ một cách có ý thức

□自室_{じしつ}：自分_{じぶん}の部屋_{へや} one's own room ／自己的房间／ phòng riêng

□ダイニングテーブル：食卓_{しょくたく} dining table ／饭桌／ bàn ăn

□リビング：居間_{いま} living room ／客厅，起居室／ phòng khách

□玩具_{がんぐ}：おもちゃ toy ／玩具／ đồ chơi

□共働_{ともばたら}き：dual income ／夫妇双方都工作／ vợ chồng đều đi làm

□世帯_{せたい}：generation ／家庭／ hộ gia đình

□専業_{せんぎょう}主婦_{しゅふ}：housewife ／专职主妇／ nội trợ

□いっこうに：まったく completely ／完全／ hoàn toàn

□ふれあう：to come into contact with ／互动，互相接触／ tiếp xúc

□捻出_{ねんしゅつ}する：to devise ／挤出／ tạo ra

□働_{はたら}きかけ：encouragement, urging ／推动，影响／ phong trào

□分離_{ぶんり}する：to separate ／分离／ tách rời

□共有_{きょうゆう}空間_{くうかん}：shared space ／共享空间／ không gian chung

□～に設_{もう}ける：to profit from ～ ／设置在…／ đặt, thiết lập

□安眠_{あんみん}する：to sleep soundly ／安眠／ ngủ ngon

□息抜_{いきぬ}き：taking a breather ／小憩／ thư giãn

□いわば：言_いってみれば now that you mention it ／可以说／ nói cách khác

□オールマイティ：almighty ／全能的，万能的／ toàn năng

□発揮_{はっき}する：to show ／发挥／ phát huy

問題11

63 4 **64** 3

A

　　私は幼稚園での運動会の写真撮影禁止に賛成です。写真には、子供も先生も他の親たちもみんな写ってしまうのです。それが嫌な人もいるわけですよ。それに、写真に残さないといけないという脅迫観念の中で生きている人が多いのですが、**63**撮って満足しているだけじゃないんですか。撮影のための場所取りに必死になって、他の人の邪魔になったり、運動会を見に来ているのか撮影だけに来ているのか、わからなくなったりしている人が多いです。**64**幼稚園側も、肉眼でしっかり子供を見て、成長を目に焼き付けてもらいたいんじゃないでしょうか。私は写真撮影しても、後日見返したことがないです。実際の目で見たほうが、終わってからの満足感を得られると思います。

B

　　運動会の写真撮影を禁止する幼稚園があるそうですが、それは仕方のないことだと思います。最近はモラルのない親が多いので、撮影の場所取りなどで保護者同士のトラブルになったら、幼稚園にクレームが殺到しますよね。**64**幼稚園側からすれば、そのようなクレームに対応できないというのが本音でしょう。また、保護者の方たちは、撮影していると自分の子供ばかりに目が行きがちですが、**64**幼稚園側としては、先生方の声かけや他の子供たちとのかかわり方などにも目を向けてもらいたいのではないでしょうか。それと、**63**親が撮影に熱心になりすぎて、拍手や声援がまばらになるので、子供たちのやる気にも影響してしまうのではないかと思います。子供と目を合わせて、見てるよ、応援してるよ、とアイコンタクトする。そういった温かいやり取りが忘れられているように思います。

63 Aは「撮って満足しているだけじゃないか」と言っており、Bは「子供たちのやる気にも影響してしまうのではないか」と言っているので、4が正解。

64 質問が「幼稚園側の意見について、AとBはどのように推測しているか」なので、「幼稚園側も～てもらいたいんじゃないでしょうか」「幼稚園側からすれば～というのが本音（＝本当の気持ち）でしょう」「幼稚園側としては～てもらいたいのではないでしょうか」の部分に注目する。これらの部分から3が正解。

□ 脅迫観念：obsession ／强迫观念／ nỗi ám ảnh

□ 肉眼：the naked eye ／肉眼／ mắt thường

□ 目に焼き付ける：to burn into one's memory ／印在眼里，留下深刻印象／ thu hết vào tầm mắt, khắc sâu trong tim

□ 後日：another day, in the future ／日后／ sau đó, ngày sau

□ 見返す：to look back at ／重看，回顾／ xem lại

□ 保護者：guardian, parent ／监护人／ phụ huynh

□ トラブル：trouble ／纠纷／ rắc rối

□ クレーム：complaint ／投诉／ phàn nàn

□ 殺到する：to rush, to flood ／蜂拥而至／ ập đến

□ 対応する：to answer, to correspond ／应对, 应付／ xử lý

□ 本音：real intention ／真心话／ suy nghĩ thật lòng

□ かかわり方：relationship, how something relates ／互动方式／ cách tiếp xúc

□ 目を向ける：to shift one's focus to ／注目，关心／ quan tâm

□ 声援：cheering ／声援／ tiếng cổ vũ

□ まばら：sparse ／稀疏，零散／ thưa thớt

□ やる気：willingness, motivation ／干劲／ động lực

□ アイコンタクトする：to wear eye contacts ／眼神交流／ giao tiếp bằng mắt

問題12

65 3　**66** 2　**67** 1　**68** 4

　少子化と、超高齢化で、将来的に労働力が不足し、生産力が激減するということで、移民の受け入れと並んで、高齢者の雇用延長、再雇用が奨励されるようになった。定年も1970年代には55歳だったものが、その後60歳、さらに、改正高年齢者雇用安定法により、65歳までの雇用確保が定着しつつある。

　（中略）

　アメリカのように定年制がない国もあるが、日本の定年がどうやって決められているのか、わたしにはよくわからない。おそらく平均寿命から算出されているのかも知れない。長く続いた「55歳定年制」だが、日本人の平均寿命が40歳代前半だった二十世紀初頭に、日本郵船が設けた社員休職規則が起源という説が有力だ。**65**今や、**平均寿命は80歳を超えているわけだから、65歳まではもちろん、ひょっとしたら70歳、いや75歳までは働けるのではないか、といったムードがあるように思う。**そしてメディアは、「いくつになっても働きたい、現役でいたい」という人々を好んで取り上げる。**65**働いてこそ幸福、という世論が醸成されつつある感じもする。

　だが、果たして、①歳を取っても働くべきという考え方は正しいのだろうか。「村上さんは会社勤めじゃないから定年なんかなくていいですね」と言われることがあり、「まあ、そうですけどね」とか曖昧に対応するが、内心「ほっといてくれ」と思う。

　パワーが落ちてきたのを実感し、「もう働きたくない」という人だって大勢いるに違いない。「ゆっくり、のんびりしたい」と思っていて、**66**経済的余裕があれば、無理して働く必要はないと個人的にはそう思う。さらに②不可解なのは、**67**冒険的な行為に挑む年寄りを称賛する傾向だ。歳を取ったら無理をしてはいけないという常識は間違っていない。冒険なんかされると、元気づけられるどころか、あの人に比べると自分はダメなのではないかと、気分が沈む。勘違いしないで欲しいが、年寄りは冒険をするなと言っているわけではない。冒険するのも、自重するのも、個人の自由であって、一方を賛美すべきではないということだ。

65 「働いてこそ幸福」つまり働くことは幸せなことで、「75歳まで働けるかもしれない」と書いてあるので、3が正解。

66 「だが、果たして（＝本当に）〜だろうか」は疑問を投げかける言い方。この部分から2が正解。

67 「不可解なのは」と言っているので、その後ろに答えがある。「称賛する（＝ほめる）」とあるので、1が正解。

第2回

文字・語彙

文法

読解

聴解

わたしは、60歳を過ぎた今でも小説を書いていることに対し、別に何とも思わない。伝えたいことがあり、物語を構成していく知力がとりあえずまだ残っていて、かつ経済面でも効率的なので、書いているだけで、幸福だとか、恵まれているとか、まったく思ったことはない。68「避ける」「逃げる」「休む」「サボる」そういった行為が全否定されているような社会は、息苦しい。

68　筆者の主張は、最後の段落に書かれていることが多い。「避ける」「逃げる」「休む」「サボる」そういった行為、つまり頑張らないことが全否定される社会は苦しいと言っているので、4が正解。

⭐覚えよう!

□ 少子化：declining birthrates ／少子化／ tỉ lệ sinh giảm
□ 超高齢化：super-aging population ／超老齢化／ siêu già hóa
□ 激減する：to dramatically decrease ／锐减／ giảm mạnh
□ 雇用：employment ／雇用／ lao động
□ 奨励する：to encourage, to promote ／奖励／ khích lệ
□ 定着する：to become establish, to secure ／固定，落实／ định hình
□ 定年：retiring age ／退休年龄／ về hưu
□ 算出する：to calculate ／计算出／ tính, tính toán
□ 初頭：beginning ／初期／ (giai đoạn) đầu
□ 設ける：to establish, to set up ／设立，制定／ thiết lập
□ 起源：origin ／起源／ nguồn gốc, khởi đầu
□ 有力：prominent ／有力，权威／ có sức thuyết phục
□ ひょっとしたら：もしかしたら
□ ムード：mood ／情绪，氛围／ bầu không khí
□ メディア：media ／媒体／ truyền thông
□ 現役：active service ／现役，在职／ đương chức, đương nhiệm
□ 世論：public opinion ／舆论／ dư luận
□ 内心：inner thoughts ／内心／ nội tâm
□ 不可解 な：incomprehensible; mysterious ／无法理解的／ không thể hiểu
□ 挑む：to challenge ／挑战／ thử thách
□ 称賛する：to praise, to commend ／称赞／ tán thưởng
□ 自重する：to take care of oneself ／自重，自爱／ tự trọng
□ 賛美する：to admire; to exhalt ／赞美／ ca ngợi
□ 知力：intellectual power, mental capacity ／智力／ trí lực
□ 効率的：efficient ／有效率的／ mang tính hiệu quả
□ サボる：to skip, to be truant ／偷懒／ trốn việc
□ 恵まれる：to be blessed ／幸福，幸运／ may mắn
□ 息苦しい：oppressive, suffocating ／压抑，令人窒息／ ngột ngạt

問題13

69 3 **70** 4

♨ 7/30〜8/31　夏の宿泊キャンペーン！
ホテルABC鬼怒川

鬼怒川温泉駅から徒歩6分。四季折々に姿を変える山々に囲まれ、露天風呂からは鬼怒川を一望できる、伝統ある温泉宿です。源泉100％の天然温泉で、効果を肌で実感できます。お食事は郷土料理を含む和洋中の朝食及び夕食をご堪能いただけます。お客様を心からおもてなしいたします。

【客室】　月の館　バス・トイレ付和室（2〜6名）　　　光の館　バス・トイレ付和室（2〜5名）

【基本代金（お一人様／単位：円）】

［宿泊プランA］　1泊夕食・朝食付（夕食は90分飲み放題付き）

区分（1室利用人員）	宿泊プランA
おとな（中学生以上）	10,000
こども（小学生）	7,000
こども（4歳以上の未就学児）	5,000

※0〜3歳児のお子様は代金不要でご利用いただけます。
1室利用人員には含めません。

※光の館はリニューアル一周年となりました。光の館にご宿泊の場合、上記基本代金に各1名様につき、おとな（中学生以上）2,000円、こども（小学生）1,500円、こども（4歳以上の未就学児）1,000円が加算されます。

キャンペーン特典

①お一人様一杯の**ウェルカムドリンク**付き！

②ご夫婦どちらかが50歳以上の場合、**光の館5000円引き宿泊券**（次回宿泊時から利用可）をプレゼント！

③お得な**往復特急券付きプランB**をご用意！
宿泊プランAに特急きぬ号往復券（普通車指定一般席／東武浅草⇔鬼怒川温泉）付き。上記基本代金に各1名様につき、おとな5,000円、こども（小学生）3,000円が加算されます。

【設備】温泉大浴場、貸切風呂、室内温泉プール（期間限定）、アロマセラピー、リフレクソロジー、卓球、カラオケ、宴会場、会議室

---

69 特急列車の通常の値段は一人片道3,000円なので、往復で6,000円かかる。お得な往復特急券付きプランBだと、プランAに一人5,000円加算（＝追加で足すこと）すればいい。「光の館5,000円引き宿泊券」は次回宿泊時からしか使えないので、一番安いプランは「月の館」に宿泊で往復特急券付きのプランB。

70 光の館に大人二人、中学生一人、小学生一人が一泊する。中学生は大人の料金なので、12,000円×3人＋8,500円＝44,500円となる。

第2回

文字・語彙

文法

読解

聴解

覚えよう!

□キャンペーン：campaign ／宣伝活动／ chương trình (khuyến mãi)
□徒歩：going on foot ／徒歩／ đi bộ
□四季折々：season by season, each season ／四季应时／ bốn mùa thay đổi
□露天風呂：open air bath ／露天温泉／ bồn tắm lộ thiên
□一望する：to have a full view of ／一览无遗，尽收眼底／ ngắm nhìn toàn cảnh
□温泉宿：hot spring inn ／温泉旅馆／ nhà trọ có suối nước nóng
□源泉：source (of a spring) ／源泉／ suối nguồn
□天然：nature, spontaneity ／天然／ thiên nhiên
□実感する：to realize ／实感／ cảm nhận thực tế
□郷土料理：local cuisine ／地方菜／ món ăn truyền thống địa phương
□和洋中：Japanese, Western and Chinese ／日式西式中式／ Nhật – Tây - Hoa
□及び：and, as well as ／和，以及／ và
□堪能する：to be satisfied with ／心满意足／ thưởng thức trọn vẹn
□おもてなしする：to show hospitality ／招待，款待／ đón tiếp bằng cả tấm lòng
□リニューアル：renovation ／翻新，整修一新／ làm mới, tu sửa
□一周年：one full year ／一周年／ tròn 1 năm
□加算する：to add, to do addition ／加算／ cộng thêm
□特典：advantage, special favor ／优惠／ ưu đãi
□ウェルカムドリンク：free drink served to hotel guests upon arrival ／迎宾饮料／ thức uống chào đón
□設備：equipment ／设备／ thiết bị
□大浴場：large public bath ／大浴场／ nhà tắm công cộng lớn
□宴会場：banquet hall ／宴会厅／ phòng tiệc

聴解

問題1

例　3

イベント会場で女のスタッフと男のスタッフが話しています。男のスタッフはこのあと何をしなければなりませんか。

F：桜井さん、開演まであと一日なんだけど、グッズの件はもう解決した？

M：はい。なかなか届かないので、業者さんに電話しようと思っていたら、さっき届きました。一通りチェックをして、内容物も数も注文通りでした。

F：そう、間に合ってよかった。ありがとう。あとは客席の確認だけかな。

M：客席の確認？

F：うん。客席にゴミが落ちていたら、お客さんが嫌な思いをするでしょう。だから開演前にもう一回確認しないと。

M：そうですか。じゃあ、今すぐ確認してきます。

F：それは私がやるから、桜井さんは飲み物とお菓子の用意をしてくれる？

M：控え室に置くやつですね。わかりました。

F：あ、そうだ。ポスターはもう貼った？　いろんなところに貼るから、それを先にやっといてね。

M：ポスターなら、今朝、富岡さんが貼ってくれました。

F：そう、わかった。じゃあ、よろしく。

男のスタッフはこのあと何をしなければなりませんか。

1番　2

会社の会議で課長が話しています。社員たちはメールが届いたらまず何をしますか。

F：みなさんに毎日利用していただいているタイムカードですけれども、来月から廃止することになりました。代わりにオンライン上でやっていただくことになります。今月中に手続きを済ませておかないと、来月から出社と退社の時刻が記録されなくなってしまいますので、必ず手続きを済ませておいてください。手続きの仕方は後ほどメールでお送りします。メールに仮パスワードが書いてありますので、<u>まずその仮パスワードで出勤管理システムにログインしてから、新しいパスワードを設定してください</u>。そして、新しいパスワードで必ず一度テストを行ってください。新しいパスワードでログインしてから退出ボタンをクリックして、退出時刻が出てくれば、手続き完了となります。

社員たちはメールが届いたらまず何をしますか。

「まず」「～てから」「そして」などの順番を表す言葉を聞き逃さないこと。

質問が「メールが届いたらまず何をしますか」なので、「まず」のあとに述べている2「出勤管理システムにログインする」が正解。

⭐覚えよう!

□タイムカード：time card ／考勤卡，打卡表／ thẻ chấm công
□廃止する：to abolish ／废止，废除／ bãi bỏ, bỏ
□オンライン：online ／联网，在线／ trực tuyến
□仮パスワード：temporary password ／初始密码，临时密码／ mật khẩu tạm
□ログインする：to log in ／登录／ đăng nhập
□設定する：to set ／设置，设定／ thiết lập
□退出ボタン：leave button ／退出按钮／ nút ra về
□クリックする：to click ／点击，单击／ nhấp chuột
□退出時刻：leaving time ／退出时间／ giờ ra về

電話でチケット販売サイトの人と女の人が話しています。女の人は
このあとどんなメールを待ちますか。

M：はい。こちら、格安航空券販売サイト、ＡＢＣチケットでございま
す。ご用件をお伺いします。

F：あのー、三日前にネットでチケットを購入したんですけど、航空券
が送られてこないんです。本当に買えているのか心配で。

M：さようですか。確認いたしますので、6桁の予約管理番号を教え
ていただけますか。

F：928457です。

M：はい、少々お待ちください。（カタカタカタ）お待たせいたしまし
た。小林花子さまでいらっしゃいますね。

F：はい、そうです。

M：予約と決済は完了しておりまして、ただ今発券処理をしていると
ころでございます。**決済完了のメールが届いているかと思います**
が、そちらはご覧になりましたか。

F：あ、はい。見ました。

M：航空券は空港で受け取っていただくことになります。**最終のご案**
内というメールを購入日から三日以降、つまり本日以降、出
発の一週間前までにお送りしますので、そちらに記載されており
ます航空券引換番号をフライト当日に空港のカウンターでお伝え
いただいて、航空券をお受け取りいただくという形になります。

F：あ、そうですか。そのメールを印刷して見せればいいんでしょうか。

M：印刷していただかなくても、番号を控えていただきまして、その
番号をお見せいただくだけでかまいません。

F：あ、はい。わかりました。

女の人はこのあとどんなメールを待ちますか。

メールは2種類送られ
てくる。

「決済完了のメール」
はもう届いている。

「最終のご案内という
メール」は「本日以降、
出発の一週間前まで
にお送りします」と言
っているので、1が正
解。

□ 格安航空券(かくやすこうくうけん)：discount airline ticket ／廉价机票／ vé máy bay giá rẻ

□ ご用件(ようけん)：affair, business ／要事／ nội dung trao đổi

□ 購入(こうにゅう)する：to purchase ／购入，购买／ mua

□ さようですか：「そうですか」の丁寧(ていねい)な言(い)い方(かた)

□ 決済(けっさい)：settlement, payment of account ／结账，支付／ thanh toán

□ 発券(はっけん)：issueing (a ticket) ／出票／ xuất vé

□ 記載(きさい)する：to mention (in an article) ／记载／ ghi

□ 引換番号(ひきかえばんごう)：exchange number ／兑换号码／ mã số trao đổi

□ フライト：flight ／飞行／ chuyến bay

□ カウンター：counter ／柜台／ quầy

□ 番号(ばんごう)を控(ひか)える：to jot down a number ／记下号码／ lưu mã số

3番　3

🔊 N1_2_06

電話(でんわ)で保険会社(ほけんがいしゃ)の人(ひと)と女(おんな)の人(ひと)が話(はな)しています。女(おんな)の人(ひと)はこのあと何(なに)をしますか。

M：はい、こちら、さくら自動車保険(じどうしゃほけん)です。

F：あのー、駐車場(ちゅうしゃじょう)で車(くるま)の左前(ひだりまえ)が木(き)にぶつかっちゃって、バンパーがへこんでしまったんですけど…。

M：さようですか。そうしましたら、まずご本人様確認(ほんにんさまかくにん)のため、お名前(なまえ)と生年月日(せいねんがっぴ)を教(おし)えていただけますか。

F：はい。鈴木(すずき)みちこ、1985年(ねん)6月(がつ)20日(はつか)です。

M：はい、確認(かくにん)が取(と)れました。では、お車(くるま)のナンバーと保険(ほけん)の契約番号(けいやくばんごう)を教(おし)えていただけますか。

F：あ、すみません。契約番号(けいやくばんごう)が書(か)いてあるファイル、車(くるま)の中(なか)に置(お)いてきちゃいました。

M：それでは、後(のち)ほどお知(し)らせください。今回(こんかい)のような場合(ばあい)、修理代(しゅうりだい)は全額保険(ぜんがくほけん)で賄(まかな)うことができます。

F：あ、そうですか。よかった。

M：鈴木様(すずきさま)のほうで修理工場(しゅうりこうじょう)を選(えら)んでいただき、そちらの会社名(かいしゃめい)と電話番号(でんわばんごう)を教(おし)えていただければ、こちらからお支払(しはら)いいたします。

F：はい。

M：ただ、保険で修理代を補償される場合は、今後5年間の保険料が一年に2万円ずつプラスされます。

F：そうすると、修理代が安い場合は自分で払ったほうが結果的にいいかもしれないってことですね。

M：そうですね。修理代のお見積もり次第で、保険で補償されるかどうかはご契約者様ご本人で決めていただければと思います。

F：そうですか。じゃあ、ちょっと調べてみます。

女の人はこのあと何をしますか。

これらの部分から、まず見積もりを取って、保険を使うかどうか決めることがわかる。

★覚えよう!

□保険：insurance ／保险／ bảo hiểm
□バンパー：bumper ／保险杠／ bộ giảm xóc
□さようですか：「そうですか」の丁寧な言い方
□ファイル：file ／文件夹，档案袋／ tập hồ sơ
□発生する：to occur ／发生／ phát sinh
□賄う：to pay, to cover (the cost of) ／筹措／ chi trả
□補償する：to compensate ／补偿，赔偿／ bồi thường
□見積もる：to estimate ／估算／ báo giá

4番　3　　　　　　　　　　🔊 N1_2_07

電話で施設の人と男の人が話しています。男の人はこのあと何をしますか。

F：はい、さくらプラザでございます。

M：あのー、施設の予約をしようと思って、ホームページを見たんですが、よくわからないんです。

F：そうですか。ご予約ですと、ホームページの予約システムのほうから予約申し込みをしていただくことになります。

M：はい、見てます。

F：予約システムというところをクリックしていただくと、施設一覧という青い字が出てきますので、そちらをクリックして、お部屋を選択していただくか、もしくは、空き状況を見るというところから空いているお部屋を選択していただくことになります。

第2回

文字・語彙

文法

読解

聴解

M：はい、そこまではわかったんです。で、三日分までは予約できたんですけど、四日目の分だけなぜか選択できなくなったんです。

F：さようですか。実はこちらの施設は連続してご使用いただける日が三日間までと決まっておりまして。

M：そうなんですか。なら<u>一日分はキャンセルして、別の日に予約したいんですが</u>。

F：それでは、<u>まず会員登録をしていただき、マイページから予約をし直していただくことになります</u>。会員登録はお済みですか。

M：<u>はい、してあります</u>。わかりました。ありがとうございました。

男の人はこのあと何をしますか。

男の人は「一日分キャンセルして、別の日の予約したい」。それをするためには、①会員登録、②マイページから予約し直す。①はもうしてあるので、3が正解。

⭐ 覚えよう！

□施設：institution, facility ／设施／ cơ sở

□システム：system ／系统／ hệ thống

□クリックする：to click ／点击，单击／ nhấp chuột

□一覧：summary ／一览／ danh sách

□もしくは：perhaps ／或者／ hoặc là

□さようですか：「そうですか」の丁寧な言い方

□キャンセルする：to cancel ／取消／ hủy

□会員登録：member registration ／注册会员／ đăng ký hội viên

大学で先生と女の学生が話しています。女の学生はこのあとまず何をしますか。

M：発表の練習、よかったですけど、**先行研究の部分がちょっと弱いので、本番の前にもうちょっと文献を増やしたほうがいい**と思いますね。

F：はい。**このあと図書館に行って調べてみます。**

M：それから、方法のところですけど、調査方法は書いてあるけど**分析方法は書いてないですよね。そういうところ、しっかり書いてください。**

F：はい。最初は書いていたんですけど、ちょっと字数がオーバーしてしまって、削除したんです。

M：そうですか。レジュメって枚数制限はありますけど、フォーマットは自由なので、そういうときは余白を削ればいいんですよ。

F：なるほど、わかりました。すぐ直します。

M：それから、**出典が五十音順になってない**ですね。ほら、佐々木が高橋よりもあとになってる。

F：はい。

M：こういう細かいところを一つひとつきちんと整えることは研究をする上で非常に大事なことなんです。

F：はい、わかりました。

M：じゃあ、**すぐ直せることは後回しにしていいから、先行研究の部分をまずがんばってください。**

女の学生はこのあとまず何をしますか。

先生からのアドバイス

① 先行研究の部分が弱いので、文献を増やしたほうがいい → 図書館に行って調べる

② 分析方法をしっかり書く → すぐに直す

③ 出典が50音順になっていない → すぐに直す

④ 字数調整のため、フォーマットを修正 → すぐに直す

この部分から、②③④のすぐに直せることはあとでするため、1「図書館に行く」が正解。

 えよう！

☐ 先行研究：previous research ／先行研究，文献／các nghiên cứu trước

☐ 本番：actual performance ／正式（発表）／ hôm báo cáo thật

☐ レジュメ：resume ／提纲，摘要／ bản tóm tắt

☐ フォーマット：format ／书写格式／ định dạng

☐ 出典：source ／出典，文献出处／ nguồn trích dẫn

第2回

文字・語彙

文法

読解

聴解

家で男の人と女の人が話しています。男の人はこのあと何をします
か。

M：あー、今年も大そうじの季節が来たか。

F：一年経つのって本当に早いね。ちゃんと大そうじのコツ、ネット
で調べといたよ。

M：お、ありがとう。なになに？ 持ち物の整理、不用品の処分、そ
うじ場所のリスト作り、そうじ道具をそろえる、の順番にやると
いいのか。

F：そう。まずはいらないものといるものに分けるところからね。

M：それが意外に難しいんだよね。いらないと思って捨てたら、あと
で必要になっちゃったり。そう考えると、何も捨てらんないよ。

F：時間かかりそうだから、とりあえず必要なさそうなのは全部段ボー
ルに入れちゃって。あとからゆっくり整理して。

M：はいはい。それで、そうじ場所のリストは作ったの？

F：まだだけど、いつも通りでいいかな。

M：うん。じゃあ、リストはいいよ。あとは、そうじ道具か。足りない
ものある？

F：あ、ゴム手袋切らしてるんだった。ちょっと買ってきて。

M：うん。でも、そうじ始めたら足りないものもっと出てきそうだか
ら、ちょっと始めてからにしたほうがいいんじゃない？

F：そうね。じゃあ、とりあえず始めよう。

男の人はこのあと何をしますか。

⭐🈁えよう！

☐コツ：knack ／诀窍，技巧／ bí quyết
☐不用品：uwanted article ／废品，不用的物品／ vật dụng không cần
thiết
☐処分：disposal ／处理／ thải bỏ
☐切らす：to run out of ／用完／ hết, cạn

「とりあえず」は「やる
ことはたくさんあるけど、
それらを後回しにして
まず第一に」という意
味。「とりあえず」のあと
は注意して聞くこと。

大そうじの準備・する
こと

・大そうじのコツ → も
う調べておいた

・いらないものといるも
のに分ける → 必要な
さそうなのは全部段ボ
ールに入れる

・そうじ場所のリストを
作る → いつも通りだ
から作らない

・ゴム手袋などを買って
くる → そうじを始めて
から買いに行く

以上のことから4が正
解。

例 2

> 女の人と男の人が演劇について話しています。女の人は演劇にとって一番大事なことは何だと言っていますか。
>
> F：ねえ、今話題になっている「六人の物語」っていう演劇、見に行った？
>
> M：行ってないけど、大人気らしいね。
>
> F：私、昨日見に行ったんだけど、想像以上にすばらしかったよ。
>
> M：そうなんだ。原作は確かゲームだったよね。
>
> F：そう。普通、ゲームやアニメが演劇になったとき、道具とかいろいろ使うでしょう、日本刀とか。でも今回は道具がほとんど使われてなかったよ。みんな演技力で勝負してるんだよ。すごいと思わない？主役の富田さんもめちゃくちゃかっこ良かったし。
>
> M：へー、君は顔さえよければそれでいいんだろう？
>
> F：違うよ。確かに役者の顔も大事だけど、原作の世界観やキャラクターの性格をありのままに再現できないと演劇とは言えないでしょう。
>
> M：うーん、原作の質がもっとも大切だと僕は思うけどね。演劇のシナリオにも影響するから。
>
> F：そうだけど、演じているのは人だから、役者の演技力こそが演劇の命なんじゃない？
>
> 女の人は演劇にとって一番大事なことは何だと言っていますか。

病院で窓口の人と女の人が話しています。面会者が必ずしなければならないことは何ですか。

M：それでは、こちらの入院のしおりについて、ご説明します。まず、用意していただくものですが、パジャマや下着などの着替えは夏で汗をかくこともあるので多めにお願いします。

F：パジャマ2着しか持っていないんですけど、買い足したほうがいいんでしょうか。

M：そうですね。入院が長引くかどうかにもよりますが、様子を見て、洗濯が間に合わなそうなら買い足してはどうでしょうか。

F：はい、わかりました。

M：続きまして、病棟の出入りについてですが、面会時間は、月曜から金曜の午後3時から午後7時までと、土日祝日の午後1時から午後7時までとなっております。それ以外の時間帯に病棟にお入りになる際は、自動ドア右側にあるインターホンを押してください。**面会される際は、入口の自動ドア前で面会申込書に必要事項をご記入の上、受付の人に渡してください。**面会者用カードが渡されますので、そちらを首から下げて、中に入ってください。

面会者が必ずしなければならないことは何ですか。

病院の人（男の人）の説明をよく聞くこと。

質問は「面会者がしなければならないこと」なので、この部分から3が正解。

インターホンを押すのは面会時間外の時だけ。

面会者用カードを渡すのは病院の受付の人。

⭐**覚えよう！**

□面会：meeting; interview ／会面，见面／ thăm bệnh

□しおり：manual; bookmark ／指南；书签／ sổ tay hướng dẫn

□パジャマ：pajama ／睡衣／ đồ bộ

□多めに：in a larger portion ／多一些／ hơi nhiều một chút

□病棟：(hospital) ward ／住院大楼／ tòa nhà bệnh viện, dãy phòng bệnh

□必要事項：necessary items ／必要事项／ các mục cần thiết

温泉旅館で旅館の人が宿泊客に説明しています。宿泊客がしなければならないことは何ですか。

F：お部屋は14階の34号室でございます。ご夕食は地下一階のバイキング会場をご利用ください。A会場、B会場、C会場の3か所ご利用になれますが、**本日は混雑が予想されるため、一番広いC会場がよろしいかと思います。**ご夕食会場は6時半から9時までご利用可能です。こちらの券をお持ちください。なお、お食事会場では浴衣の着用をご遠慮いただいておりますので、お気をつけください。スリッパは飲食施設を含む全館でご利用になれます。**大浴場をご利用の際は、タオルをお部屋からお持ちください。**防犯上、夜9時以降は正面玄関の自動扉を閉めておりますので、ルームキーをかざしてお開けください。質問はございますか。

宿泊客がしなければならないことは何ですか。

質問は「宿泊客がしなければならないこと」なので、「ご利用ください」「お持ちください」「お開けください」など、旅館からの要望を聞き逃さないこと。

「よろしいかと思います」とすすめているだけなので、1は間違い。

この部分から3が正解。

★覚えよう！
- □予想する：to predict／预想，预测／dự đoán
- □着用：having (something) on／穿（衣服）／mặc
- □飲食施設：dining establishment／饮食设施／cơ sở ăn uống
- □全館：whole building／全馆／toàn bộ tòa nhà
- □大浴場：large public bath／大浴场／phòng tắm công cộng lớn
- □自動扉：automatic door／自动门／cửa tự động
- □ルームキー：room key／房间卡，房间钥匙／chìa khóa phòng
- □かざす：to hold over something／罩上，蒙上／chạm vào

第2回

文字・語彙

文法

読解

聴解

家で女の人と男の人が話しています。田中さんはどうして夫に怒っていますか。

F：ねえ、聞いて。**田中さんの旦那さん、特殊詐欺に引っかかった**んだって。

M：え、うそだろう。本当に引っかかる人いるんだ。

F：それがね、誰でも引っかかっちゃうだろうってぐらい巧妙な手口なの。

M：ほう。

F：医療費の還付金が5万円もらえるって言って、口座情報を教えたんだけど、5万円もらえないどころか口座に入ってた200万円全部引き落とされちゃったんだって。

M：そりゃひどいな。

F：わざと田中さんが留守の時間狙ったみたいなの。旦那さん一人のほうがだましやすいと思ったのかな。

M：俺も一人じゃ危ないな。

F：それでね、**田中さん、ものすごく怒っちゃって。その口座、旦那さんが田中さんに内緒で持ってた口座なの。**

M：ほう、隠し財産ってやつか。

F：そんなお金あるなら、孫にでもあげたかったって、田中さん言ってたよ。

田中さんはどうして夫に怒っていますか。

この部分から、田中さんが夫に怒っている理由は4「秘密の口座を持っていたから」だとわかる。

⭐覚えよう！
□旦那さん：他人の夫を呼ぶときに使われる
□詐欺に引っかかる：to fall for a scam ／上当受骗／ mắc lừa
□巧妙な：skillful, deft ／巧妙的／ tinh vi
□手口：trick, criminal technique ／（违法犯罪的）方法，手段／ thủ đoạn
□還付金：refund ／返还金／ tiền hoàn trả
□口座：account ／账户／ tài khoản
□引き落とす：debit, withdrawal ／提款／ rút

□そりゃ：「それは」のカジュアルな言い方
□わざと：intentional ／故意／cố tình
□内緒で：in secret ／私底下／bí mật
□隠し財産：secret resources ／私房钱／quỹ đen

4番　1

電話で女の人と男の人が話しています。男の人が一番知りたかった
ことは何ですか。

F：こちら、ＡＢＣ事務所です。ご用件をどうぞ。

M：もしもし。ふじ事務所の佐藤と申しますが、山本さんをお願いで
きますか。

F：ふじ事務所の佐藤様でいらっしゃいますね。山本はただ今会議
中で席を外しておりまして、伝言を預かっております。**佐藤様が
必要だとおっしゃっていた書類は、今朝そちらの事務所宛てに
郵送したので、今日か明日には届くはずだということです。**木曜
日までに届かなければお電話くださいとのことです。

M：今日か明日ですか。迅速にご対応くださり、ありがとうございま
したとお伝えください。**まさにその件でお電話したんです。**では、
お待ちしております。失礼いたします。

男の人が一番知りたかったことは何ですか。

男の人は「まさにその件でお電話した」と言っている。「その件」とは伝言の部分なので、1が正解。

⭐覚えよう!

□ご用件：business matter, thing to be done ／要事／nội dung trao đổi

□席を外す：to be away from one's desk ／离席中，不在座位上／vắng mặt

□伝言を預かる：to take a message (over the phone) ／为某人捎口信／giữ lời nhắn

□〜宛て：address to 〜 ／寄给…／gửi đến 〜

□迅速に：rapidly, expiditiousy ／迅速地／nhanh chóng

□対応する：to answer, to correspond ／应对，应付／xử lý, đáp ứng

不動産屋で社員が女の人と話しています。女の人がこの街について一番気に入った点は何ですか。

M：私はこの街、本当におすすめです。まず、3路線が通っている。これは便利ですよね。さらに、そのうちの一つは始発駅ですから、朝の混雑時にも座って通勤できる。これ、お勤めの方はうれしいですよね。それから、将来お子さんができたとしても、この街、待機児童が5年連続でいないんです。つまり、保育園がいっぱいで子供を入園させられないなんてことがない。なので、安心して出産後お仕事に復帰できますよ。あと、将来お子さんが大きくなったら、夜一人で歩かせるの、心配ですよね。この街は駅前に居酒屋が全然ない、珍しい街なんです。なので、夜も安心です。始発駅なのに夜酔っ払いが歩いていない駅なんて他にないですよ。

F：わー、**本当にいい街ですね。毎朝座って行けるなんて。私、毎朝電車の中で長時間立ちっぱなしで、それが一番嫌だったんですよ。**もう、この街に決めます。

女の人がこの街について一番気に入った点は何ですか。

質問は「女の人がこの街について一番気に入った点」なので女の人の話をよく聞くこと。

不動産屋がこの街をすすめる理由
・3路線が通っている
・始発駅だから座って通勤できる
・待機児童がいない
・居酒屋が全然ない

この部分から、毎朝座って行ける「始発駅であること」が一番気に入った点だとわかる。

⭐覚えよう!

□路線：route (train, bus) ／交通线／tuyến đường
□始発駅：starting station ／始发站／ga đầu tiên
□お勤め：task, job ／工作／nơi làm việc
□待機児童：child on waiting list (kindergarten, school) ／指由于托儿所数量少或人手不足等客观原因而无法进入托儿所的婴幼儿／trẻ đang chờ vào nhà trẻ
□入園する：to enter kindergarten ／进入托儿所，进入幼儿园／đi nhà trẻ
□出産する：to give birth ／生育／sinh con
□復帰する：to return to ／复职，重回岗位／quay trở lại
□立ちっぱなし：standing on one's feet for a long time ／一直站着／đứng suốt

会社で男の人がみんなの前で話しています。男の人はどうしてみんなの前で話していますか。

M：**本日は、私のためにこのような会を開いてくださいまして、本当にありがとうございます。** 11月13日付で大阪支社へ異動になりました。本田部長をはじめ、皆様には大変お世話になりました。5年間こちらで仕事を続けてこられたのは、皆様のサポートがあったからこそです。特に企画営業部の皆様と大きなプロジェクトを進められたことは、私の最大の誇りです。時には励まし合い、切磋琢磨しながら仕事を成功させたことは、新天地においても強みになるでしょう。皆様、これからも健康に留意して、良い仕事をしてください。今後の皆様のご健闘をお祈り申し上げます。

男の人はどうしてみんなの前で話していますか。

この部分から、大阪支社へ異動になったために壮行会（farewell party／壮行会，饯别会／tiệc chia tay）のようなものを開いてもらっていることがわかる。

⭐覚えよう!

□〜付：dated ~ ／（接在年月日后）日期／ vào (ngày) ~
□異動：transfer ／调动／ chuyển nhiệm sở
□サポート：support ／支援，支持／ hỗ trợ
□プロジェクト：project ／企划，项目／ dự án
□励まし合う：to encourage each other ／相互鼓励／ khích lệ nhau
□切磋琢磨する：to apply oneself closely to ／切磋琢磨／ cùng nhau thi đua
□新天地：new world, new sphere of activity ／新天地／ môi trường mới
□健康に留意する：to pay attention to one's health ／留意身体健康／ lưu ý giữ sức khỏe
□健闘を祈る：to wish someone good luck ／祝愿（大家）奋斗到底／ chúc sức khỏe

文字・語彙

文法

読解

聴解

テレビショッピングで女の人が話しています。今回改良された点は何ですか。

F: 今回ご紹介するのは、便利な「ツイン羽毛ぶとん」。それぞれ単独で使えるふとん2枚を、ホックで留めることで、なんとボリュームのあるふとんに早変わりさせることができるんです。寒い冬には2枚重ねて、その他のシーズンは1枚で、一年を通して快適にお使いいただけます。春や秋の、暑くも寒くもない季節に、どんな寝具を使えば良いかお悩みのあなた。こちらのふとんでしたら、日々の気温変化が大きい時でも使い分けできますので、日によってご自身で最適な環境を調節できます。羽毛は「天然のエアコン」と呼ばれているのをご存知ですか。羽毛は気温が高くなると羽が閉じるんです。それで通気性が良くなるので、夏の寝具としてもおすすめなんです。来客用としてお使いいただいても便利な一品ですね。2枚合わせてお使いいただくからこそ、生地の軽量化にはこだわりました。また、ふとんは洗濯機でお手入れできるので、大変便利です。以前はホックが4か所で、ずり落ちることがあるという声もありましたが、**今回6か所にして、ずれにくく**しました。ホックはふとんの周囲に付いているので、取り付けと取り外しも簡単です。

今回改良された点は何ですか。

「今回改良された点は何か」と言っているので、この部分から3が正解。

★覚えよう！

□改良する：to improve ／改良／ cải thiện

□単独：single ／单独／ riêng lẻ

□ホック：hook ／摁扣儿／ khoen, móc

□ボリュームがある：voluminous ／有分量／ có độ dày

□早変わりする：to make a quick change ／摇身一变／ thay đổi nhanh chóng, biến hóa

□ツイン：twin ／一双，一对／ (mền) đôi

□羽毛：feather, down ／羽毛／ lông vũ

□寝具：bedding ／寝具，床上用品／ đồ ngủ (chăn, gối, đệm v.v.)

□使い分け：using different things for different purposes ／分开使用 ／ chia ra sử dụng

□通気性が良い：having good breathability ／透气性良好／ tính thoáng khí tốt

□一品：(one) item, article ／一件物品／ một sản phẩm

□軽量化：weight reduction ／轻量化／ làm nhẹ

□こだわる：to be particular about ／讲究，精心制作／ cầu kỳ

□ずり落ちる：to slip down ／脱落，滑落／ bị trượt xuống, tụt xuống

□取り付け：instalation ／安装，装上／ gắn

□取り外し：removal ／拆卸，卸下／ tháo

問題3

例　4

テレビで専門家が話しています。

M：今回の新型肺炎は感染が拡大しつつあり、死亡者も出始めています。世界中の医療機関が特効薬やワクチンの開発に取り組んではいますが、残念ながら、今のところ成功の目処が立っていません。ですので、感染を最大限に予防しないといけないのです。マスクをして頻繁に手を洗うことで、ある程度予防はできますが、人から人への感染が見られるため、他人との接触を避けるのが得策でしょう。かといって、在宅勤務に切り替えている企業はごく一部しかありません。命に関わる一大事なので、ビジネスより人命を優先するべきではないでしょうか。リーダーとしての器は、こういう時にこそ見えてくるものです。

専門家が言いたいことは何ですか。

1　薬やワクチンを開発するべきだ

2　医療機関をもっと増やすべきだ

3　新型肺炎の予防方法を身につけるべきだ

4　ビジネスを優先する考え方を正すべきだ

セミナーで女の人が話しています。

F：日本では年間600万トン以上の食品ロスが発生していると言われています。**食品ロスとは、まだ食べられる食品が捨てられることです。その食品ロスの削減方法として最近話題になっているのが、フードドライブという活動です。**ご家庭に眠っている食品の中で、賞味期限が1か月以上ある食品、いくつかあるんじゃないでしょうか。そのような余っている食品を職場などに持ち寄って、まとめて地域の福祉団体や施設に寄贈しようというものです。対象となる食品は、常温保存が可能な未開封のもので、お米や乾麺、缶詰、レトルト食品などを寄贈される方が多いです。生鮮食品やお酒類はご遠慮いただいていますので、ご注意ください。この街では、毎月第三土曜日に中央公園で開催されていますので、ぜひお立ち寄りください。

女の人は何について話していますか。

1　福祉団体の活動

2　生鮮食品の保存方法

3　食品の賞味期限

4　食品ロスを減らす活動

> 「何について話しているか」は最初に話されることが多い。
>
> ここでは食品ロスの削減方法として「フードドライブ」という活動を紹介しているので、4が正解。

⭐覚えよう!

□削減：reduction ／削减／ giảm

□賞味期限：sell-by date ／保质期／ hạn sử dụng (hạn thưởng thức)

□持ち寄る：to gather ／带来／ đem đến

□福祉団体：welfare organiation ／福利团体／ đoàn thể phúc lợi

□施設：establishment, institution ／设施／ cơ sở

□寄贈する：to donate ／捐赠，赠送／ quyên góp

□常温保存：storing at room temperature ／常温保存／ bảo quản ở nhiệt độ thường

□未開封：with an unbroken seal ／未开封／ chưa khui

□乾麺：dried noodles ／干面，挂面／ mì khô

□レトルト食品：retort food, boil-in-the-bag food ／可以连同包装袋一起加热的食品／ thực phẩm túi retort

□生鮮食品：perishable foodstuff ／生鲜食品／ thực phẩm tươi sống

□開催する：to hold (an event) ／举办，举行／ tổ chức

□立ち寄る：to stop by ／顺便到，顺路去／ ghé qua

セミナーで男の人が話しています

M：仕事上のトラブルで案外多いのが、細かい連絡ミスです。例えば、上司から「これ、だれだれさんに明日までに送っておいてね」と言われたとします。てっきりメールだと思ってメールで送ってしまったら、実は郵送だったなんてこと、ありますよね。**あなたならこのミスを上司にどう報告しますか**。私はこういう場合、必ず事実と解釈を分けて上司に伝えるようにしています。つまり、これまでのやり取り、という事実を伝えた上で、メールで送るものだと思った、という解釈を伝えるのです。大切なのは、事実が何なのかということです。**まず事実ベースで話を振り返って、そこからどういう解釈があったためにミスやトラブルが生じたのか。そういう視点で話を進めると、冷静に事を運ぶことができます。**

男の人は何について話していますか。

1 連絡ミスの回避方法

2 トラブル後の報告の仕方

3 事実と解釈の違い

4 コミュニケーションの難しさ

「ミスを上司にどう報告するか」と投げかけ、自分の報告の仕方を話しているので、2が正解。

⭐えよう!

☐トラブル：trouble ／纠纷，麻烦／rắc rối

☐だれだれさん：××さん（特定の名前を言わない時に使う）

☐てっきり：surely ／满以为是／đinh ninh

☐やり取り：giving and taking, exchange ／交谈，一问一答／trao đổi

☐事実ベース：fact base ／事实基础／dựa trên sự thật

☐視点：point of view ／观点／quan điểm

☐事を運ぶ：to go ahead, to carry on ／（按计划）办事／tiến hành công việc

☐回避：evasion ／回避／tránh

ラジオで女の人が話しています。

F: 子供が自由に走り回れるリビング、バーベキューができる人工芝の屋上、料理も洗濯もスムーズにできる間取り、たっぷりな収納など、理想を確実に実現できるのが、自分たちで建てる一戸建て。まずはご自身の予算でどのような家が建てられるのか、知りたくはありませんか。お金や段取り、土地探しに関して丁寧に教えてくれる「はじめての注文住宅講座」、1,000万円台でどんな家が建つのか教えてくれる「注文住宅価格まるわかり講座」、ほかに、「ハウスメーカー・工務店選び方講座」や、要望をもとに建築会社を絞り込む「個別相談会」など、当住宅センターでは、**家づくりに関するさまざまな悩みを無料でサポートしております。**当日参加も可能ですが、電話でご予約いただいたほうがスムーズです。また、通話料無料の電話相談サービスもぜひご利用ください。

女の人は何について話していますか。

1　家を建てたい人のための無料サービス

2　家を売りたい人のための無料講座

3　住宅センターのしくみ

4　通話料無料の悩み相談サービス

第2回

話の内容

「家づくりに関するさまざまな悩みを無料でサポート」

・はじめての注文住宅講座

・注文住宅価格まるわかり講座

・ハウスメーカー・工務店選び方講座

・個別相談会

以上のことから1が正解。

文字・語彙

文法

読解

聴解

⭐ **覚えよう!**

□走り回る：to run around ／跑来跑去／chạy quanh

□リビング：living room ／客厅，起居室／phòng khách

□人工芝：artificial grass ／人工草坪／bãi cỏ nhân tạo

□スムーズに：smoothly ／顺利地／suôn sẻ

□間取り：layout (of a house or apartment) ／房间布局／thiết kế

□収納：storage ／收纳／tủ đựng

□一戸建て：detached house, stand-alone house ／私人住宅，独幢楼房／nhà biệt lập

□段取り：program ／步骤，方法／các bước kế hoạch, trình tự

□講座：course ／讲座／buổi học

□まるわかり：understanding completely ／完全明白，一清二楚／hiểu trọn vẹn

□工務店：egineering firm ／建筑公司／cửa hàng xây dựng

□要望：demand, request ／希望，要求／nguyện vọng

□絞り込む：to squeeze, to wring out ／缩小范围进行精确查找／thu gọn

□個別：individual, separate ／个别／cá nhân, riêng biệt

□通話：speaking over the telephone ／通话／(nói) điện thoại

□しくみ：plan, plot ／结构，构成／hệ thống

4番　4

セミナーで男の人が話しています。

M：大雨や台風の度に、道路の脇の溝に落ちてしまった人のニュース、耳にしますよね。どうしてそんなところに落ちるんだろうって思っていませんか。実は私、同じような体験をしたことがあるんです。5年前、台風の中、家に帰る途中のことでした。道は50センチぐらい水に浸かっていたと思います。泥水なので、下のほうはまるっきり見えないんですよ。ここらへんが道だったかなという感じで歩いていたのですが、急に首の辺りまで水に浸かってしまったんです。あの時は本当に、死ぬかと思いました。下がよく見えなかったので、溝だと気づかなかったんです。普段、道路の凹凸って全然意識しませんよね。記憶がちょっと違っただけで、それが命取りになるんだなっていうのを実感しました。

男の人は何について話していますか。

1　車道を歩く危険性

2　道路を注意深く見て歩く重要性

3　台風の時に川に落ちた経験

4　災害時に道路の脇の溝に落ちる理由

「どうしてそんなところ（＝道路の脇の溝）に落ちるんだろうと思っていないか」と問いかけ、同じような体験（＝大雨や台風などで道路の脇の溝に落ちた体験）やその理由について話している。

⭐覚えよう!

□耳にする：to hear by chance ／听到，听闻／nghe

□溝：groove, drain ／沟，水沟／cống, rãnh thoát nước

□浸かる：to be submerged in ／浸，泡／ngập

□泥水：muddy water ／泥水／nước bùn

□まるっきり：completely ／完全，根本／hoàn toàn

□凹凸：でこぼこ uneveness, bumpiness ／凹凸／lồi lõm

□命取りになる：to prove fatal ／致命，造成生命危险／nguy hiểm đến tính mạng

テレビでレポーターが話しています。

F：最近よく聞く「魔法びん住宅」って何でしょうか。中に温かい飲み物を入れて保温しておく魔法びんは、皆さんご存知ですよね。あれはなぜ熱が逃げにくいのかというと、二重構造になっていて、内側と外側の間の空間が真空状態になっているからなんです。この性質を利用した家が魔法びん住宅と呼ばれるものです。冷暖房で快適な温度になった空気を外に逃がさず、外からも空気が入ってこないので、快適な温度をキープできます。ですから、冷暖房の電気代を大幅に減らせます。それから、家全体が一定の温度に保てるので、お風呂場だけが寒いといったことが起きません。さらに、空気だけでなく音も遮断するので、家の中は極めて静かです。

レポーターは何について話していますか。

1　魔法びんが人気がある理由

2　電気代を節約する方法

3　魔法びん住宅のしくみと利点

4　魔法びんと魔法びん住宅の違い

★覚えよう!

□魔法びん： thermos flask ／魔法瓶／ bình phép thuật

□保温する：keep warm ／保温／ giữ ấm

□二重構造：dual structure, double structure ／双重构造／ cấu trúc 2 lớp

□空間：space, room ／空间／ không gian

□真空状態：vacuum state ／真空状态／ trạng thái chân không

□キープする: to keep, to maintain ／维持，保持／ giữ

□大幅に：drastically ／大幅度地／ (phạm vi) rộng, nhiều

□一定の温度に保つ: to maintain a set temperature ／保持恒温／ duy trì ở nhiệt độ nhất định

□遮断する：to cut off, to intercept ／遮断，隔断／ cắt đứt

□極めて：exceedingly ／非常，极其／ cực kỳ

□しくみ：plan, plot ／结构，构造／ hệ thống

□利点：advantage, point in favor ／优点，长处／ lợi điểm

最初に「〜って何でしょうか」と問いかけて、その説明をしている。魔法びん住宅は、魔法びんと同じで、二重構造になっていて、内側と外側の間の空間が真空状態になっている。そのため、

・快適な温度をキープできる

・冷暖房の電気代を大幅に減らせる

・家全体が一定の温度に保てる

・家の中は極めて静か

以上のように、しくみと利点を述べているので、3が正解。

イベントで博物館の人が話しています。

M：ヤモリとイモリはよく似ていますが、大きな違いとしては、肢の形状の違いが挙げられます。ヤモリとイモリとでは、前肢の指の本数が異なります。ヤモリは5本指なのに対して、イモリは4本指であることが特徴です。またヤモリだけにある大きな特徴として、ヤモリは壁を自由にはって回ることが可能です。他に、大きな違いとして挙げられるのは、生物学的な種類です。ヤモリがトカゲなどと同じ爬虫類に属している一方で、イモリは、カエルなどと同じ両生類に属しています。爬虫類は皮膚に鱗があり、両生類は皮膚が鱗で覆われてはいないので、ヤモリはイモリよりも乾燥に強いという特徴があります。また、両生類であるイモリの大きな特徴としては、幼いころに水中で生活し、エラを使って呼吸するという点が挙げられます。

男の人は何について話していますか。

1　ヤモリとイモリがエラ呼吸する理由

2　ヤモリよりイモリが乾燥に強い理由

3　ヤモリとイモリの性質の違い

4　ヤモリとイモリの性格の違い

ヤモリとイモリの性質・違いについて下記のように話している。

話の内容

＜ヤモリ＞
・前肢の指の本数5本

・壁を自由にはって回れる

・爬虫類

・皮膚に鱗がある

＜イモリ＞
・前肢の指の本数4本

・両生類

・幼いころに水中で生活し、エラを使って呼吸する

⭐**覚**えよう!

□ヤモリ：gecko ／壁虎／ con thằn lằn

□イモリ：newt ／蝾螈／ con sa giông

□形状：shape, form ／形状／ hình dạng

□トカゲ：lizard ／蜥蜴／ con tắc kè

□爬虫類：reptile ／爬虫类／ loài bò sát

□〜に属する：to belong to 〜／属于…／ thuộc 〜

□両生類：amphibian ／两栖类／ loài lưỡng sinh

□鱗：scale ／鳞／ vảy

□エラ：gill ／鳃／ mang

例　1

> M：先月出した企画だけど、通ったかどう
> か結局わからずじまいだよ。
>
> F：1　結果くらいは教えてほしいものだ
> 　　　ね。
>
> 　　2　企画を出すべきだったよね。
>
> 　　3　結局通らなかったんだよね。

1番　3

> F：もう、ポロポロこぼして。汚いったら
> ありゃしない。
>
> M：1　このぐらいでいいかな？
>
> 　　2　もう汚さないでね。
>
> 　　3　そんなにガミガミ言わないで。

「～ったらありゃしない」は「ものすごく～だ」という意味。ここでは食べ物をいっぱいこぼしていることを「すごく汚い」と強く非難しているので、3が正解。

⭐えよう!

□ポロポロこぼす：to spill in large drops ／啪嗒啪嗒洒一地／làm đổ tung tóe
□ガミガミ言う：to say naggingly ／唠唠叨叨，发牢骚／cằn nhằn

2番　3

> M：高木さん、たかが叱られたぐらいであ
> んなに落ち込むなんて。
>
> F：1　そうそう、あれはしょうがないよ
> 　　　ね。
>
> 　　2　タカも大変だよね。
>
> 　　3　本当、打たれ弱いよね。

「たかが～くらいで」は「～程度のことで」という意味。「叱られた程度で落ち込むなんて情けない」という意見に対し、「打たれ弱いよね（＝注意されたり叱られたりしたときにすぐ傷つく）」と同意している。

⭐えよう!

□たかが：only, merely ／充其量，顶多／chỉ bấy nhiêu
□打たれ弱い：unable to take a lot of punishment/criticism ／经不起打击，内心脆弱／yếu đuối

3番　1

> F：あの人、見かけによらず大食いなんだ
> って。
>
> M：1　えー、全然そうは見えないな。
>
> 　　2　うちには寄らないと思うよ。
>
> 　　3　あはははは、食べちゃったんだ。

「見かけによらず大食い（＝見かけと違ってたくさん食べる人）」という意見に対し、「全然そうは見えない」と返している。

⭐えよう!

□見かけによらず：in contrast to (one's, its) appearance ／人不可貌相／khác với vẻ bề ngoài
□大食い：たくさん食べること・人　big eater ／食量大，大胃王／ăn nhiều

4番　2

> F： あの方、知ってる？
>
> M：1　ご存知ないよ。
>
> 　　2　知ってるも何も、うちの社長だよ。
>
> 　　3　知ってるに違いないよ。

「知ってるも何も」は「知っているのは当然だから聞く必要もない」という意味。

　1　ご存知ない：「知らない」の尊敬語。相手が知らないときに使う。

　　3　〜に違いない：きっと〜だ・〜はずだ

5番　2

> F： そちらの資料、ちょっと読ませていただきたいのですが。
>
> M：1　はい、じゃあ読み上げますね。
>
> 　　2　あ、今使ってるので、あとでお渡ししますね。
>
> 　　3　あとで読むので、そこに置いといてください。

「読ませていただきたい（＝読みたい）」と言っているので、2が正解。

⭐ えよう！
□読み上げる：to read out loud ／朗読，宣読／đọc ra tiếng

6番　3

> F： あのお店、一年でつぶれちゃうとはね。
>
> M：1　本当、景気がよくなってきたよね。
>
> 　　2　何が落ちてきたんだろう。
>
> 　　3　最近、閉店する店多いよね。

「〜とは」は驚きの気持ちを表す。
「一年でつぶれちゃうとは（＝閉店するなんて）驚きだ」という意見に対し、「最近、閉店する店多いよね」と返している。

⭐ えよう！
□つぶれる：ここでは「閉店する」という意味
□景気がいい：the economy is good ／景気好／ kinh tế phát triển

7番　2

> M：転職したい気はなくもないかな。
>
> F：1　私も全然ない。
>
> 　　2　私は100％あるよ。
>
> 　　3　私もない気がする。

「なくもない」は「少しはある」という意味。
「転職したい気持ちが少しはある」と言っているのに対し、「私は100％ある（＝すごくある）」と返している。

 えよう！
□気：気持ち

8番　3

M：山田くん、また交渉しくじったんだって。

F：1　それは食べたくないなあ。

　　2　そんなつもりはないよ。

　　3　彼は彼なりにがんばったはずだよ。

「山田くんがまた交渉をしくじった（＝失敗した）」と言っているのに対し、「彼なりにがんばった（＝彼の力から考えれば十分にがんばった）」と返している。

「つもり」は話す人の意志を表すので、2は間違い。

えよう！

□交渉：negotiations ／交渉／đàm phán

□しくじる：to fail, to blunder ／失敗, 搞砸／thất bại

9番　3

F：部長、帰れって言わんばかりの顔だったよね。

M：1　うん、すごくうれしそうだったよね。

　　2　うん、あんなに怒鳴ったの、久しぶりだよね。

　　3　うん、あそこまで嫌な顔しなくてもいいのにね。

「言わんばかり」は「今にも言いそうな」という意味。「帰れ」と声に出して言っていないので、3が正解。

10番　1

M：あの人にお金貸したら最後だよ。

F：1　うん、絶対貸さないよ。

　　2　うん、もう借りないよ。

　　3　うん、早く返すよ。

「お金を貸したら最後（＝お金を貸したらもう戻ってこない）」と忠告しているので、1が正解。

11番　2

F：お時間のあるときでかまいませんので、目を通していただけませんか。

M：1　え、さっき通りましたよ。

　　2　あ、資料出来上がったんですね。

　　3　え、もらってもいいんですか。

「目を通す」は「ざっと見る」という意味なので、2が正解。

えよう！

□目を通す：to look over, to thumb through ／浏览, 过目／xem qua

□出来上がる：完成する

12番　3

M：そんなこと、課長に確かめるまでもないよ。

F：1　じゃあ、そんなに大事なことなんですね。

　　2　じゃあ、部長に確かめたほうがよさそうですね。

　　3　じゃあ、今回は伺わなくてもいいですね。

「課長に確かめるまでもない（＝確かめる必要がない・確かめなくてもわかる）」と言っているので、3「伺わなくてもいい（＝聞かなくてもいい）」が正解。

13番　1　🔊 N1_2_41

> F：　あの人、1円たりとも出さない気だよ。
>
> M：1　ケチな人だね。
>
> 　　2　1円じゃ何も買えないよ。
>
> 　　3　ごちそうしてくれるんだ。

「1円たりとも出さない（＝1円さえも出さない）」と言っているので、1「ケチな人」が正解。

えよう!

□ケチな：stingy ／小气的，吝啬的／ keo kiệt

14番　1　🔊 N1_2_42

> F：　泊まりならまだしも、日帰りで片道3時間はきつくない?
>
> M：1　うん、泊まりにしたほうがいいね。
>
> 　　2　うん、日帰りはきつくないね。
>
> 　　3　そうかな、きついと思うよ。

「～ならまだしも」は「～なら少しはいいが」という意味。「日帰りで片道3時間はきつくない?」は「きつい」と思って同意を求めているので、1が正解。

問題5

1番　3

家で妻と夫が話しています。

F：明日の動物園、どこから見ようか。

M：前回は広すぎて見切れなかったからね。今回はちゃんと計画立てて行こう。

F：ゆかちゃん、トラ見たいって言ってたから、トラ見るの忘れないようにしないとね。えっとー、まずはキッズ向けのイベントの時間チェックしないと。馬に乗れるのが12時と3時。乗馬体験希望の方は入園してすぐにふれあい広場に行って予約をしましょうって。あ、あとラクダにも乗れるんだ。**ラクダはえっとー、あ、一番遠いAゾーンだ。12時半と3時だって。**

M：**ゆかちゃんは馬よりラクダ**だろうね。

F：そうだよね。ちょっと遠いけど乗りに行こう。あとは、**サルのエサやりが11時、キリンのエサやりが2時**だって。

M：お、**サルのエサやり、見たいなあ。**

F：じゃあ、それも見に行こう。サルはCゾーンだから入口から近いね。**キリンはトラと同じBゾーンか。トラ見てついでにキリンのエサやりも見ようか。**あ、ふれあい広場で小動物のふれあい体験もできるって。10時、12時、4時か。

M：**ふれあうのは最後でいいんじゃない？**

F：うん、そうだね。そうしよう。

二人はまずどこに行きますか。

1　Aゾーン

2　Bゾーン

3　Cゾーン

4　ふれあい広場

質問は「二人はまずどこへ行くか」なので、イベントの時間やどの動物がどのゾーンにいるのか注意して聞くこと。

Aゾーン：ラクダ

ラクダに乗る（12時半、3時）

Bゾーン：キリン、トラ
キリンのえさやり（2時）

Cゾーン：サル

サルのエサやり（11時）

ふれあい広場

小動物のふれあい体験（10時、12時、4時）→最後でいい

乗馬以外のすべてのイベントに参加することにしたので、まず行くのは11時にサルのエサやりがあるCゾーン。

C → A → B → ふれあい広場の順に回る。

□見切る：全部見る to see everything ／全部看完／ xem trọn
□乗馬：馬に乗ること horseback riding ／骑马／ cưỡi ngựa
□入園する： to enter kindergarten ／入园／ vào cổng (sở thú)
□エサやり： feeding ／喂食／ cho thú ăn
□ゾーン： zone ／区域，地帯／ khu vực
□小動物： small animal ／小动物／ động vật nhỏ
□ふれあう： to come in contact with, to touch ／互动，相互接触／ tiếp xúc

2番　2

🔊 N1_2_45

会社で同じ部署の三人が子供向けの冬のイベントについて話しています。

F1：さて、子供向けの冬のイベント、今年は何にしましょうか。

F2：去年はお弁当袋に絵を描いたんですよね。好評だったみたいなので、今年も同じでいいんじゃないでしょうか。

M：うーん、こちらとしては楽だけど、去年いらした方にとってはあんまり魅力的じゃないかもしれないですね。

F1：去年はちょっと小さめだったので、例えば今年はもうちょっと大きく、トートバッグにするというのはいかがでしょうか。

F2：うーん、大きくするとちょっと予算がかさみますね。去年は予算ぎりぎりだったので、なるべく去年と同じに抑えたいですけど。

F1：うーん、他に何かいい案ないでしょうか。

M：あ、カレンダーに絵を描くっていうのはどうでしょうか。これだったら、毎年同じことできますし。

F2：あ、それ、いいですね。大きい紙の下半分に12か月分の暦を貼っておいて、上半分に絵を描いてもらう、と。

F1：でもそうすると、暦の部分を貼る手間が必要になってきますね…。あ！ お正月なので、だるまの絵付けなんてどうでしょう。

F2：だるまですか！ いいですね。

M：それ、5年ぐらい前にやってましたけど、だるまって小さいお子さんにとっては小さすぎるので、結構難しかったみたいですよ。

質問は「冬のイベントで何をするか」なので、どんな内容が話題に上がっているのか注意して聞くこと。

・お弁当袋に絵を描く → 去年と同じだと魅力的じゃない

・トートバッグに絵を描く → 大きいと予算がかさむ

・カレンダーに絵を描く → 毎年同じことができる、暦を貼るのが手間

・だるまの絵付け → 小さい子にとっては小さすぎる

F2：うーん。あ、今思いついたんですけど、<u>暦を各自で貼ってもら</u>えば、そんなに手間はかからないんじゃないでしょうか。

F1：なるほど！ <u>予算もあんまりかからなそうですし、一番いいかも</u>しれませんね。

これらの部分から2が正解。

冬のイベントで何をしますか。

1 お弁当袋に絵を描く

2 カレンダーに絵を描く

3 だるまの絵付けをする

4 トートバッグに絵を描く

第2回

⭐覚えよう!

□部署：department ／部门／ phòng ban

□好評：favorable reception ／好评／ đánh giá cao

□トートバッグ：totebag ／帆布包／ túi tote

□予算がかさむ：budget increases ／预算增加／ ngân sách tăng

□ぎりぎり：barely ／所能容许的最大限度，极限／ vừa sát

□予算を抑える：to stay within budget, to control the budget ／控制预算／ hạn chế ngân sách

□暦：calendar ／日历／ lịch

□だるま：Bodhidharma, Bodhidharma doll ／不倒翁／ búp bê daruma

□絵付け：ceramics painting ／画彩画，DIY 彩画／ vẽ tranh, tô màu

文字・語彙

文法

読解

聴解

博物館の館内放送で係員が話しています。

F1：（ピンポンパンポーン）本日は、当博物館へおいでくださいまして、誠にありがとうございます。展示物のご案内をいたします。**本館2階では、特別展として、世界各地の様々なミイラを展示**しております。ミイラの文化的な背景や多様な死生観を知ることによって、人類への理解を深めてはいかがでしょうか。続きまして、常設展のご案内です。**本館3階では、日本人にとって最も身近なアメリカといえるハワイに移り住んだ日系人たちの歴史をたどる展示**をしております。太平洋戦争の影響を強く受けたハワイの社会において、様々なルーツを持った人々がそれぞれの立場から、いかに戦争に立ち向かったのか。写真や資料などにより、当時の様子を知ることができます。A館では、日本の代表的なイメージの一つである**サムライの展示**を行っています。実物の資料を通じて、江戸に暮らしたサムライの実像に迫ります。**B館では、怪談・妖怪コレクションと題して、江戸時代に書かれた妖怪や幽霊に関する200点以上の資料を紹介**しております。

M：どこから見ようか。

F2：私、お化けは怖いからパス。

M：江戸時代のなら怖くないと思うけどなあ。ま、とりあえず込みそうな特別展から見ようか。

F2：ちょっと待って。**私、次のレポートで移民について書こうと思ってるから、そっち優先したい**んだけど。

M：うん、わかった。**俺は江戸時代の暮らしに興味あるから、そっち行ってくる。**そのあと一緒に特別展行こう。で、時間があればお化けも見よう。

F2：怖いのはいいって、もう。

質問1：女の人はまずどこに行きますか。

質問2：男の人はまずどこに行きますか。

女の人は「レポートで移民について書こうと思ってるから、そっち優先したい」と言っており、「ハワイに移り住んだ日系人たちの歴史をたどる展示」に行くことがわかるので、4「本館3階」が正解。

男の人は「江戸時代の暮らしに興味あるから、そっち行ってくる」と言っており、「サムライの展示」に行くことがわかるので、1「A館」が正解。

★覚えよう！

□館内放送：internal broadcast ／馆内广播／ loa thông báo trong bảo tàng

□誠に：「本当に」の丁寧な言い方

□本館：main hall, main building ／主楼／ bảo tàng chúng tôi

□ミイラ：mummy ／木乃伊／ xác ướp

□展示する：to display, to exhibit ／展示，展出／ trưng bày

□多様な：diverse, varied ／多种多样的，各式各样的／ đa dạng

□死生観：one's view on life and death ／生死观／ quan niệm sinh tử

□理解を深める：to deepen one's understanding ／加深理解／ hiểu biết sâu sắc hơn

□常設展：permanent exhibition ／常设展览／ triển lãm thường xuyên

□移り住む：to change one's place of residence ／移居／ di cư

□歴史をたどる：to trace history ／追溯历史／ lần về lịch sử

□ルーツ：roots, origin ／起源／ nguồn gốc

□立ち向かう：to confront ／对抗／ đối mặt

□実像：real image ／真实样貌／ hình ảnh thực

□怪談：ghost story ／怪谈，鬼故事／ truyện ma

□妖怪：ghost, monster ／妖怪／ yêu quái

□～と題する：to title something ～ ／以…为题／ lấy ~ làm chủ đế

□幽霊：ghost, specter ／幽灵／ ma quái

□お化け：monster, ghost ／鬼怪／ ông kẹ

□パス：to pass, to skip ／跳过，放弃／ bỏ qua

□移民：immigrant; immigration ／移民／ nhập cư, di dân

□優先する：to prioritize, to take priority ／优先／ ưu tiên

第3回　解答・解説

Answers・Explanations／解答・解说／Đáp án・giải thích

合格模試　解答用紙

N1　言語知識（文字・語彙・文法）・読解

第3回

受験番号　Examinee Registration Number

名前　Name

問題1

No.	1	2	3	4
1	○	○	○	●
2	○	●	○	○
3	○	○	●	○
4	○	○	●	○
5	○	●	○	○
6	○	●	○	○

問題2

No.	1	2	3	4
7	○	○	○	●
8	○	○	○	●
9	●	○	○	○
10	○	○	○	●
11	○	○	●	○
12	○	●	○	○
13	○	○	○	●

問題3

No.	1	2	3	4
14	○	○	●	○
15	●	○	○	○
16	●	○	○	○
17	○	○	●	○
18	○	○	●	○
19	○	○	○	●

問題4

No.	1	2	3	4
20	●	○	○	○
21	○	○	●	○
22	○	○	○	●
23	○	○	○	●
24	○	○	○	●
25	○	○	●	○

問題5

No.	1	2	3	4
26	○	○	●	○
27	●	○	○	○
28	○	●	○	○
29	○	○	●	○
30	●	○	○	○
31	○	○	●	○
32	●	○	○	○
33	○	●	○	○
34	○	○	●	○
35	○	●	○	○

問題6

No.	1	2	3	4
36	●	○	○	○
37	○	○	●	○
38	○	●	○	○
39	●	○	○	○
40	○	○	○	●

問題7

No.	1	2	3	4
41	○	○	●	○
42	○	●	○	○
43	●	○	○	○
44	○	●	○	○
45	○	○	○	●

問題8

No.	1	2	3	4
46	○	●	○	○
47	●	○	○	○
48	○	○	●	○
49	○	○	○	●

問題9

No.	1	2	3	4
50	●	○	○	○
51	○	○	●	○
52	○	○	●	○
53	○	●	○	●
54	○	○	○	●
55	○	●	○	●
56	○	○	●	○
57	○	○	●	○
58	○	○	●	○

問題10

No.	1	2	3	4
59	●	○	○	○
60	○	●	○	○
61	○	○	○	●
62	●	○	○	○

問題11

No.	1	2	3	4
63	○	○	●	○
64	○	○	●	○

問題12

No.	1	2	3	4
65	○	●	○	○
66	○	○	○	●
67	○	●	○	●
68	●	○	○	●

問題13

No.	1	2	3	4
69	○	○	●	○
70	○	●	○	○

合格模試　解答用紙

N1 聴解

受験番号
Examinee Registration Number

名前
Name

〈ちゅうい　Notes〉

1. くろいえんぴつ (HB、No.2) でかいて ください。
Use a black medium soft (HB or No.2) pencil.
（ペンやボールペンではかかないでください。）
(Do not use any kind of pen.)

2. かきなおすときは、けしゴムできれいにけしてください。
Erase any unintended marks completely.

3. きたなくしたり、おったりしないでください。
Do not soil or bend this sheet.

4. マークれい Marking Examples

よいれい Correct Example	わるいれい Incorrect Examples
●	⊗ ○ ◑ ◍ ◯ ⊘ ◉

問題1

	①	②	③	④
例	①	②	●	④
1	①	●	③	④
2	①	●	③	④
3	①	②	③	●
4	①	●	③	④
5	①	●	③	④
6	●	②	③	④

問題2

	①	②	③	④
例	①	●	③	④
1	①	●	③	④
2	●	②	③	④
3	①	●	③	④
4	●	②	③	④
5	●	②	③	④
6	●	②	③	④
7	①	②	●	④

問題3

	①	②	③	④
例	①	②	③	●
1	①	●	③	④
2	①	②	●	④
3	●	②	③	④
4	①	②	●	④
5	●	②	③	④
6	●	②	③	④

問題4

	①	②	③
例	●	②	③
1	●	②	③
2	①	●	③
3	●	②	③
4	●	②	③
5	●	②	③
6	●	②	③
7	①	●	③
8	●	②	③
9	●	②	③
10	①	●	③
11	●	②	③
12	●	②	③
13	●	②	③
14	①	②	●

問題5

	①	②	③	④
1	①	②	●	④
2	①	●	③	④
3 (1)	①	●	③	④
3 (2)	●	②	③	④

第3回　採点表と分析

		配点	正答数	点数
文字・語彙・文法	問題1	1点×6問	／6	／6
	問題2	1点×7問	／7	／7
	問題3	1点×6問	／6	／6
	問題4	2点×6問	／6	／12
	問題5	1点×10問	／10	／10
	問題6	1点×5問	／5	／5
	問題7	2点×5問	／5	／10
合　計		56点		[a] ／56

60点になるように計算してみましょう。　[a]□□□　点÷56×60＝[A]□□□　点

		配点	正答数	点数
読解	問題8	2点×4問	／4	／8
	問題9	2点×9問	／9	／18
	問題10	3点×4問	／4	／12
	問題11	3点×2問	／2	／6
	問題12	3点×4問	／4	／12
	問題13	3点×2問	／2	／6
合　計		62点		[b] ／62

[b]□□□　点÷62×60＝[B]□□□　点

		配点	正答数	点数
聴解	問題1	2点×6問	／6	／12
	問題2	1点×7問	／7	／7
	問題3	2点×6問	／6	／12
	問題4	1点×14問	／14	／14
	問題5	3点×4問	／4	／12
合　計		57点		[c] ／57

[c]□□□　点÷57×60＝[C]□□□　点

[A][B][C] のうち、48点以下の科目があれば
解説や対策を読んでもう一度チャレンジしましょう（48点はこの本の基準です）。

※この採点表の得点は、アスク出版編集部が問題の難易度を判断して配点しました。

言語知識（文字・語彙・文法）・読解

◆ 文字・語彙・文法

問題1

1 2 こばみ
拒　キョ／こば-む
拒み続ける：to continue to refuse ／不断拒絶／ liên tục từ chối
 1 頼む：to request ／委托，请求／ nhờ cậy
3 絡む：to entangle; to be involved with ／缠住；扯上关系／ liên quan, dính dáng
4 せがむ：to pester ／央求／ quấy nhiễu, vòi vĩnh

2 4 けつじょ
欠　ケツ／か-ける・か-く・か-かす
如　ジョ・ニョ／ごと-し
欠如する：to lack ／缺乏，不足／ thiếu

3 3 いっけん
一　イチ・イツ（イッ）／ひと
見　ケン／み-る・み-える・み-せる
一見：look, glimpse ／乍一看／ thoạt nhìn

4 2 たくみ
巧　コウ／たく-み
巧みな：skillful ／灵巧，精湛／ khéo léo
 1 うまみ：flavor; savory taste ／美味／ hương vị ngon ngọt
4 しくみ：mechanism ／结构，构造／ cơ chế, tổ chức

5 3 さむけ
寒　カン／さむ-い
気　キ・ケ

寒気がする：to feel a chill ／身上发冷，恶寒／ cảm giác lạnh, thấy lạnh
 2 寒気：cold air ／寒气，寒冷／ khí lạnh

6 1 ふぜい
風　フウ・フ／かぜ・かざ
情　ジョウ・ゼイ／なさ-け
風情：appearance; the likes of ／风趣，情趣／ lãng mạn

問題2

7 3 エコ
エコ ＝ エコロジー：ecology ／环保／ sinh thái, sinh thái học
エコカー：eco-friendly vehicle ／环保车／ xe hơi thân thiện với môi trường
 1 コネ：connections ／关系，门路／ quen biết, mối quan hệ
2 ラフ：rough ／粗略；粗糙／ thô ráp
4 オフ：off ／关闭／ tắt, giảm

8 3 うなずいて
うなずく：to nod ／点头，颔首／ gật gù
 1 うつむく：to hang one's head ／低头，俯首／ cúi đầu, cúi gằm
2 よそ見する：to look away ／东张西望／ không tập trung, lơ đãng
4 さぼる：to play hooky ／偷懒／ trốn học, cúp cua

9 1 いちいち
いちいち：each and every ／全部；逐一／ mọi thứ, từng thứ
 2 さめざめ：sorrowfully ／潸然泪下／ sụt sùi

3 やすやす（と）＝ 簡単に

4 もぐもぐ：munching ／咕哝；闭着嘴咀嚼 ／ (ăn) nhồm nhoàm, (nói) càm ràm

10 2 差し替えて

差し替える：to replace ／更换，调换／ thay thế

 1 立て替える：to pay on someone's behalf ／垫付／ ứng trước, trả trước

3 立て直す：to rebuild ／修复，重建／ lập lại, dựng lại

11 2 採用

採用する：to employ ／录用／ tuyển dụng

 1 再開する：to resume ／再开，重开／ mở lại, tiếp tục sau thời gian gián đoạn

3 起用する：to appoint ／起用／ bổ nhiệm

4 就職する：to find employment ／就业／ tìm việc

12 4 後悔

後悔する：to regret ／后悔／ hối hận, ăn năn

 1 未遂になる：to be unaccomplished ／未遂／ không thành, chưa đạt được

2 失敗する：to make a mistake ／失败／ thất bại

3 未練がある：to still be attached to ／留恋／ lưu luyến, vương vấn

13 1 差別

差別化をはかる：to differentiate oneself ／谋求差异化／ tạo nên sự cách biệt

 2 隔離：isolation ／隔离／ cách ly

3 相違：difference ／差异／ sự khác nhau

4 誤差：error ／误差／ sai số

問題3

14 4 軽率な

軽はずみな ＝ 軽率な

 1 軽快な：light, jaunty ／轻快；心情舒畅／ nhẹ nhàng, thanh thoát

15 1 実現する

かなえる ＝ 実現する

 2 獲得する：to acquire ／获得／ giành được, đạt được

16 2 何度も

再三 ＝ 何度も

17 4 心配だ

懸念される ＝ 心配だ

18 4 賢い

頭が切れる ＝ 賢い

19 1 まったく

一切〜ない ＝ まったく〜ない

 4 あらかじめ：in advance ／事先，预先／ từ trước

問題4

20 1 今回のプロジェクトは、私が一人で手掛けた初めての仕事だった。

プロジェクトを手掛ける：to work on a project ／亲自参与某项目／ (tự mình) xử lý dự án

21 4 せっかくケーキを焼いたのに、うっかり落としてしまい、台無しになった。

台無しになる：to be a waste ／功亏一篑，告吹／ không còn gì, lãng phí

 1 一人暮らしを始めてから無理をしていたので、…

3 …、ついつい無駄づかいしてしまう。

第3回

文字・語彙

文法

読解

聴解

22 **3** 日本において、少子化はますます切実な問題になっている。
切実な問題：serious problem／切身的问题／vấn đề thiết thực
 1 そんなに<u>必死</u>に運動しないで、…
2 彼が<u>必死</u>に勉強している姿を見ると、…

23 **4** 気まずい雰囲気の中、<u>沈黙</u>を破ったのは彼の提案だった。
沈黙を破る：to break the silence／打破沈默／phá vỡ sự im lặng
 1 彼は普段は<u>寡黙</u>だが、…
寡黙：reticent／沉默寡言／trầm lặng, ít nói
2 …、誰が来ても<u>無視</u>してくださいね。
3 このことは絶対に<u>秘密</u>にしておいてと…

24 **3** 気持ちはわかりますが、そんなに興奮しないで、<u>冷静</u>になって話してください。
冷静になる：to become calm／冷静下来／bình tĩnh
 1 …、<u>冷凍</u>して保存してください。
2 …、店内は適度に<u>冷房</u>がきいていて過ごしやすい。
4 社長の<u>冷徹</u>な仕事の進め方のために、…
冷徹な：cool-headed／冷静而透彻／sáng suốt, thông suốt

25 **4** 見事な逆転勝利の末、<u>念願</u>の初優勝を果たした。
念願：wish, desire／心愿，夙愿／mong đợi bấy lâu
 1 …、いつも<u>念頭</u>において行動する。
念頭におく：to keep in mind／放在心上，常记于心／đặc biệt lưu ý, lưu tâm
3 …、経済の先行きを<u>懸念</u>している。
懸念する：to be concerned／担忧，惦念／quan ngại, đáng lo

問題5

26 **3** よそに
AをよそにB：Aとは関係なくB
※「A」には「心配・不安・反対・期待」などの言葉が入る。
 2 AはおろかB：AはもちろんBも
4 AなくしてB：AがなかったらB

27 **1** にして
～にして（ようやく・やっと）：～で（ようやく・やっと）
 2 ～にしても：仮に～としても
3 ～にしては：～から予想・期待されることと違って
4 ～にしたって ＝ ～にしても
※カジュアルな表現

28 **2** にひきかえ
AにひきかえB：Aと比べてB
 1 Aはもとより B（も）：AはもちろんB（も）
3 AとあってB：AなのでB
4 AといえどもB：たとえAでもB

29 **3** を余儀なくされた
～を余儀なくされる：～するしかない・仕方なく～する
 1 ～を前提とした：～を条件とした
2 ～を禁じ得ない：～（という気持ち）を抑えられない
4 ～をものともしない：～を少しも気にしない

30 **2** ことだし
～ことだし：～ことだから
 1 ～ことには：とても～ことだが
3 ～ことなく：～しないで
4 ～ことか：とても～した・とても～と感じる

31 **3** かたわら
AかたわらB：Aする一方でB

※「Ａ」に[名詞]が入るときには「Ａのかたわら」になる。

 1 ＡかたがたＢ：ＡをかねてＢ　※「Ａ」には「お礼・お見舞い・ご挨拶・ご報告」などの言葉が入り、手紙文や改まった会話で使われる。

　2 Ａかと思うとＢ：Ａたら、次の瞬間Ｂ

　4 ＡがてらＢ：ＡをかねてＢ・ＡのついでにＢ

32　**2** お過ごしください

「お過ごしください」は「過ごしてください」の敬語表現。「どうかお体に気をつけてお過ごしください」は相手の体調を気づかう表現で、メール・手紙などの最後によく使われる。

33　**1** 使ってこそ

～てこそ：まさに～て　※強調の表現

 2 ～ともなく：特に～ということではなく

　3 ～てまで：～てもかまわないと思うほど

　4 ～ことなしに：～しないで・そのまま～

34　**2** たる

～たるゆえんだ：～である理由だ

35　**1** あふれんばかり

あふれんばかり：overflowing ／几乎挤满（人）／ tràn ngập, đầy tràn

 2 ～たまま：～の状態がずっと続いている

　3 ～っぱなし：～のままにして放っておく

問題6

36　**3**

吉野さんは　**2**天才とは　**4**言えない　**3**までも　**1**世界的に有名な　科学者になるでしょう。
Ａとは言えないまでもＢ：Ａというレベルとは言えないがＢくらいは

37　**2**

非情にも　**1**まもなく　**3**収穫できる　**2**と喜んでいた　**4**矢先に、台風でりんごが全滅してしまった。
～た矢先に：just when ～／正当…之时，正要…的时候／ ngay trước khi ～

38　**1**

大型バスが山道を走行中にスリップし、あやうく　**4**大事故に　**3**なりかねない　**1**ところだったが　**2**奇跡的に　全員無事だった。
～になりかねないところだった：（もう少しで）～という好ましくない事態になるところだった（実際はならなかった）

39　**2**

火災の消火や救急によって　**4**人々の命を守る消防士は　**1**子どもたちにとって　**2**あこがれの職業だが　**3**実は常に危険と　背中合わせの職業だ。
Ａと背中合わせのＢ：Ｂ back-to-back with Ａ ／Ｂ伴随着Ａ／Ｂ gắn liền / đi đôi với Ａ

40　**4**

今回の新商品の開発にあたり、**3**御社が特に力を入れられた点と　**1**他社の商品との違いに関して　**4**差し支えない範囲で　**2**かまいません　ので、教えていただけますか。
ＡとＢとの違いに関して：ＡとＢの違いについて
差し支えない範囲でかまわない：not worried about the allowable range ／在不碍事的范围内也没关系；在您方便（透露）的范围内就好／ trong phạm vi không gây khó cũng được

問題7

41　**4** をきっかけに

～をきっかけに：～を転換点として with ～ as a turning point ／以…为契机，以…为转折点／ nhân dịp, nhân cơ hội

「関心を寄せる」は「興味を示す」と同じ意味。ホーキングは「何が存在するのか」ではなく「何が起きたのか」に関心を寄せると言っているので、「ホーキングの登場から、モノ的アプローチからコト的アプローチに移っていった」ことになる。

1 〜をはじめ：〜を代表としてその他も

2 〜に先立って：〜する前に

3 〜に基づいて：〜を基礎・根拠に

based on 〜／以…为基础，以…为依据／lấy 〜 làm cơ sở

42 2 やがて

やがて：soon ／不久／chẳng mấy chốc

1 例えば：for example ／例如／ví dụ

3 なぜなら：because ／因为／lý do là

4 あるいは：or ／或者／hoặc là

43 1 試みようものなら

もしも〜ようものなら：もし〜のようなことをしたら

44 3 しまいそうです

「もしも〜ようものなら、それこそ〜てしまいそうだ」は「もし〜のようなことをしたら、間違いなく〜てしまうかもしれない」という意味。

45 2 ようになった

このように〜ようになった状態を〜と呼んでいる

1 〜ことにした：〜ことに決めた

3 〜までもない：わざわざ〜する必要はない

◆ 読解

問題8

(1) 46　3

男の腕時計はだいたい大きい。というより**2女の腕時計が極端に小さい**。最近のはそうでもないが、戦前戦後のすべてが機械式だった時代には、婦人用時計というと極端に小さかった。もともと女性は男性より体が小さいものだが、その体積比を超えてなおぐっと小さかった。そんなに小さくしなくても、と思うほどで、指輪仕立てにした時計もあった。

あの時代は機械は大きくなるもの、という常識が強かったから、**4小さな時計はそれだけで高級**というイメージがあった。**3女性の時計は機能というより宝飾アクセサリーの面が強い**から、よけいにそうなったのだろう。

- **2**「少し小さく」ではなく「極端に小さい」と書いてあるので、間違い。
- **4**　小さな時計＝高級
- **3**　女性の腕時計が小さい理由として、「機能というより宝飾アクセサリーの面が強い」とあるので、3が正解。

⭐**覚えよう!**
- □極端に：extremely ／极端地／ cực kỳ
- □戦前戦後：before and after the war ／战前战后／ trước và sau chiến tranh
- □体積比：volume ratio ／体积比／ tỉ lệ thể tích
- □ぐっと：considerably ／更加／ rõ rệt, hẳn
- □〜仕立て：making ／制作／ chế tạo
- □宝飾：jewelry ／金银首饰／ nữ trang

(2) 47　1

3美食の楽しみで、一番必要なものは、実はお金ではなく、これがおいしい、と思える「舌」である。これは金だけで買えるものではない。**1自分が歩んできた人生によって培われるもの**で、お金ももちろんそれなりにかかっているかもしれないが、億万長者である必要もない。この**4「舌」つまり味覚は、万人に共通する基準もなく、絶対的なものでもない**。

- **3**　最も必要なものはお金ではなく、舌。
- **1**　この部分から1が正解。
- **2**　文章に書かれていない。
- **4**　味覚は人によって違う。

⭐**覚えよう!**
- □美食：gourmet food ／美食／ mỹ thực
- □歩む：to walk, to go on foot ／行走；经历／ bước đi

第3回

文字・語彙

文法

読解

聴解

165

(3) 48 2

1イタリアは、日本と同じ火山国ですから温泉はいっぱいあるけれど、その素晴らしい大浴場へは、全員が水着で入らなくてはなりません。（中略）だから彼らが日本に来ても、人前で裸になるくらいなら温泉などあきらめてしまいかねないのです。その彼らに日本の素晴らしい温泉、大浴場、山間の岩場の温泉を楽しんでもらうために、私はこうしたらどうかと思うんですね。

つまり、2三十分予約制にするのです。4彼らは日本のように男女別にしても、他の人たちがいると落ち着かない。だから三十分だけは彼らだけの専用とする。家族や恋人に対してならば、裸でも抵抗感がなくなるから。

1 イタリアでは水着を着なければいけないが、日本でもそうすればいいとは言っていない。

2 この部分から2が正解。

3 文章に書かれていない。

4 男女別にしても他の人たちがいると落ち着かない。

⭐覚えよう！
□大浴場：large public bath ／大浴场／ phòng tắm công cộng lớn
□人前：in front of other people ／人前／ trước mặt người khác
□山間：山の中 among the mountains ／山间／ giữa núi rừng
□岩場：rocky area ／岩石堆／ nơi vách đá
□専用：exclusive use ／专用／ chuyên dụng

(4) 49 4

知識を増やすことが、若い時には敵わないんだとすれば、4歳を取ってからやるべきは、人が言った事や書いた事じゃなくて、自分の頭で考えた事をまとめることで何かを産み出すこと。いわば創造的な知識です。自分で考えを作るんです。知識を得るのに忙しい若い人は考える時間もあまりないし、経験も乏しい。3歳を取ると、大きいエネルギーはないですが、経験や経済的な力で遠くまで行けるはずです。だからクリエイティブな仕事というのは、案外中年以降、出来るんじゃやないかと思いますね。

4 「何かを産み出す＝新しい何かを創ること」なので、4が正解。

3 「歳を取ると遠くまで行けるはずだ」と書いてあるが、やるべきことではないので、間違い。

問題9

(1) 50 1   51 3   52 3

　　「垂直思考」は、**50一つの問題を徹底的に深く掘り下げて考えてゆく能力**です。ある事象に対して考察を深めて一定の理解が得られたら、「その先に潜む原理は」と一層深い段階を問うてゆきます。**50ステップを踏んで段階的に進んでゆく論理的な思考**、これが垂直思考です。ここでは奥へ奥へと視点を移動させるプロセスが存在します。一つの理解を楔として、そこを新たな視点として、さらにその先を見通すようにして、思索の射程距離を一歩一歩伸ばしてゆくわけです。

　　52「水平思考」もやはり視点が動きますが、垂直思考とは異なり、論理的な展開はそれほど重視されません。むしろ、**51同じ現象を様々な角度から眺めたり、別々の問題に共通項を見出したり、手持ちの手段を発展的に応用する能力**が重要です。垂直思考が緻密な「詰め将棋」だとすれば、水平思考は自由で大胆な発想によって問題解決を図る「謎解き探偵」です。ここでは、一見難しそうな問題に対して見方を変えることで再解釈する「柔軟性」や、過去に得た経験を自在に転用する「機転」が問われます。つまり、推理力や応用力や創造力を生み出す「発想力」が水平思考です。

50 「段階的に（＝順を追って）」「一つの問題を徹底的に深く掘り下げて考える」ことなので、1が正解。

51 「水平思考」とは
・同じ現象を様々な角度から眺める
・別々の問題に共通項を見出す
・手持ちの手段を発展的に応用する
落とし物や指紋から犯人をつきとめるのは「水平思考」による解決とは言えない。

52 「視点が動く」ことが共通点なので、3が正解。

□潜む：to be hidden ／潜藏，隐藏／ ẩn

□ステップを踏む：段階を踏む to walk up steps ／循序渐进／ bước lên bậc thang

□論理的な：logically ／逻辑性的／ hợp lý

□視点：point of view ／观点／ quan điểm

□プロセス：手順 process ／过程，经过／ trình tự

□見通す：to look over, to thumb through ／看透，看穿／ nhìn thấu

□思索：thinking ／思索／ sự suy ngẫm

□射程距離：(firing) range ／射程距离／ phạm vi hữu hiệu

□共通項を見出す：共通している部分を見つける to find a common denominator ／找到共通点／ nhìn ra điểm chung

□手持ち：in hand, on hand ／手头上的／ có trong tay

□緻密な：detailed, fine ／缜密的／ chặt chẽ, chi tiết

□大胆な：bold, daring ／大胆的／ táo bạo

□探偵：detective, sleuth ／侦探／ trinh thám

□一見：glimpse, glance ／乍一看／ thoạt nhìn

□柔軟性：flexibility ／柔软性，灵活性／ tính mềm dẻo, linh hoạt

□自在に：freely, at will ／自如地／ tự do tự tại

□転用する：to divert ／转用／ chuyển đổi

□機転：quick-wittedness ／机智／ thời cơ

□推理力：deductive power ／推理能力／ năng lực suy luận

□創造力：creative power ／创造能力／ năng lực sáng tạo

□生み出す：to create, to bear ／产出，创造出／ sinh ra

(2) |53| 4　　|54| 2　　|55| 1

　ファンタジーはどうして、一般に①評判が悪いのだろう。それはアメリカの図書館員も言ったように、現実からの逃避として考えられるからであろう。あるいは、小・中学校の教師のなかには、子どもがファンタジー好きになると、53科学的な思考法ができなくなるとか、現実と空想がごっちゃになってしまうのではないかと心配する人もある。しかし、実際はそうではない。54子どもたちはファンタジーと現実の差をよく知っている。たとえば、子どもたちがウルトラマンに感激して、どれほどその真似をするにしても、実際に空を飛ぼうとして死傷したなどということは聞いたことがない。ファンタジーの中で動物が話すのを別に不思議がりはしない子どもたちが、実際に動物が人間の言葉を話すことを期待することがあるだろうか。②子どもたちは非常によく知っている。54彼らは現実とファンタジーを取り違えたりしない。それでは、子どもたちはどうして、ファンタジーをあれほど好むのだろう。それは現実からの逃避なのだろうか。

　55子どもたちがファンタジーを好むのは、それが彼らの心にぴったり来るからなのだ。あるいは、彼らの内的世界を表現している、と言ってもいいだろう。人間の内的世界においても、外的世界と同様に、戦いや破壊や救済などのドラマが生じているのである。それがファンタジーとして表現される。

53　「現実と空想がごっちゃになる（＝区別がつかなくなる）」と言っているので、4が正解。「科学的な考え方ができなくなる」とあるが、「科学が嫌いになる」とは言っていないので、3は間違い。

54　「差をよく知っている」「取り違えたりしない」と言っているので、2が正解。

55　子どもたちがファンタジーを好むのは、「彼らの内的世界を表現している」つまり「子どもの心の中を表している」からとあるので、1が正解。

⭐覚えよう!

□死傷する：to be killed or injured ／死伤／ thương vong
□取り違える：to mistake one thing for another ／弄错／ nhầm lẫn
□内的世界：inner world ／内心世界／ thế giới bên trong
□外的世界：outer world ／外在世界／ thế giới bên ngoài
□破壊：destruction ／破坏／ phá hủy
□救済：rescue, salvation ／救济，救助／ giải cứu

第3回

文字・語彙

文法

読解

聴解

(3) 56 　4 　　57 　3 　　58 　1

①ある人が社会人になって営業職についたのだが、**56発注する数を間違うというミスを連発してしまった。** 書類作成などでは大変高い能力を発揮する社員だったので、上司は「キミみたいな人がどうして**56こんな単純なミスをするのか**」と首をひねった。社員は「気をつけます」と謝ったが、その後もまた同じミスを繰り返す。

あるとき上司は、「キミのミスは、クライアントと直接、会って注文を受けたときに限って起きている。メールのやり取りでの発注では起きていない。もしかすると聴力に問題があるのではないか」と気づき、**57耳鼻科を受診するように勧めた。** その言葉に従って大学病院の耳鼻科を受診してみると、はたして特殊な音域に限定された聴力障害があり、低い声の人との会話は正確に聴き取れていないことがわかったのだ。

耳鼻科の医師は「この聴力障害は子どもの頃からあったものと考えられますね」と言ったが、②本人も今までそれに気づかずに来た。もちろん小学校の頃から健康診断で聴力検査は受けてきたのだが、検査員がスイッチを押すタイミングを見て「聴こえました」と答えてきた。また、授業や日常会話ではそれほど不自由も感じなかった、という。**58だいたいの雰囲気で話を合わせることもでき、学生時代は少しくらいアバウトな会話になったとしても、誰も気にしなかったの**だろう。

— **56** 「発注するときに単純なミス（＝簡単な間違い）を連発する（＝繰り返す）」とあるので、4が正解。

— **57** この部分から3が正解。
上司は部下のミスを不思議に思ってはいたが、腹を立ててはいないので、1は間違い。

— **58** アバウトな会話でも誰も気にしなかったということは、コミュニケーションに問題がなかったということなので、1が正解。

⭐覚えよう!

□発注する：to order ／订货，订购／ đặt hàng

□連発する：to fire in rapid succession ／接连发生／ liên tục xảy ra

□首をひねる：to tilt one's head in contemplation, to wrack one's brain ／纳闷／ thắc mắc

□聴力：hearing ability ／听力／ thính lực

□耳鼻科：otolaryngology, ear, nose and throat department ／耳鼻科／ khoa tai-mũi-họng

□受診する：to see a doctor ／看病，接受诊断／ đi khám bệnh

□限定する：to limit ／限定，限制／ hạn chế

□タイミング：timing ／时机／ thời điểm

問題10

59	2	60	4	61	1	62	2

①文章の本質は「ウソ」です。ウソという表現にびっくりした人は、それを演出という言葉に置きかえてみてください。

59いずれにしてもすべての文章は、それが文章の形になった瞬間に何らかの創作が含まれます。良い悪いではありません。好むと好まざるとにかかわらず、文章を書くという行為はそうした性質をもっています。

②動物園に遊びに行った感想を求められたとしましょう。「どんな様子だったのか話して」と頼まれたなら、おそらくたいていの子は**60何の苦もなく感想を述べることができる**はずです。ところが、「様子を文章に書いて」というと、途端に多くの子が困ってしまう。それはなぜか。同じ内容を同じ言葉で伝えるとしても、話し言葉と書き言葉は質が異なるからです。

巨大なゾウを見て、思わず「大きい」と口走ったとします。このように反射的に発せられた話し言葉は、まじり気のない素の言葉です。しかし、それを文字で表現しようとした瞬間、言葉は思考のフィルターをくぐりぬけて変質していきます。

「『大きい』より『でかい』のほうがふさわしいのではないか」

「『大きい!』というように、感嘆符をつけたらどうだろう」

「カバが隣にいたとあえてウソをついて、『カバの二倍はあった』と表現すれば伝わるかもしれない」

人は自分の見聞きした事柄や考えを文字に起こすプロセスで、言葉を選択したり何らかの修飾を考えます。**62言葉の選択や修飾は演出そのもの。**そうした積み重ねが文章になるのだから、原理的に「文章にはウソや演出が含まれる。あるいは隠されている」といえます。

ある文章術の本に、③「見たもの、感じたものを、ありのままに自然体で書けばいい」というアドバイスが載っていました。「ありのままに」といわれると、何だか気楽に取り組めるような気がします。

しかし、このアドバイスが実際に文章に悩む人の役に立つことはないでしょう。

61ありのままに描写した文章など存在しないのに、それを追い求めるのは無茶な話です。62文章の本質は創作であり、その本質から

59 「どんな文章でも必ず創作が含まれ、それは良いことでも悪いことでもない」とあるので、2が正解。

60 「何の苦もなく」とあるので、「すらすらと話せる」ということで、4が正解。

61 「無茶な話」つまり「できないこと」なので、1が正解。

62 これらの部分から2が正解。「文章の本質はウソ」つまり「何らかの創作が含まれる」と言っている。

目を背けて耳に心地よいアドバイスに飛びついても、文章はうまくはならない。

⭐覚えよう!

□本質：essence ／本质／ bản chất
□演出：(play, etc.) production ／演出，演戏／ trình diễn
□置きかえる：to replace ／替换／ thay thế
□行為：conduct, act ／行为／ hành vi
□何の苦もない：何の苦労もない
□口走る：to blurt out, to say inadvertently ／脱口而出／ buột miệng
□反射的に：reflexive ／反射性地／ mang tính phản xạ
□発する：to utter, to let out ／发出／ phát ra
□素の言葉：ありのままの言葉 plain words ／真实的话语／ từ ngữ thật
□変質する：to change in nature ／性质发生改变／ thay đổi tính chất
□ふさわしい：appropriate, fitting ／适合，相称／ phù hợp
□事柄：matter, thing ／事情，事态／ tính chất sự việc
□プロセス：process ／过程，经过／ tiến trình
□修飾：ornamentation ／修饰／ tô điểm
□積み重ね：accumulation ／积累／ tích lũy
□原理的に：in principle ／从原理上讲／ về nguyên lý
□隠す：to hide ／隐藏／ che giấu
□ありのまま：plain, as is ／真实，实事求是／ nguyên vẹn
□自然体：natural attitude ／自然的样态／ hình thức tự nhiên
□描写する：to portray, to describe ／描写／ miêu tả
□追い求める：to pursue ／追求／ theo đuổi
□無茶な：absurd, unreasonable ／乱来的，岂有此理的／ vô lý
□目を背ける：to look away ／移开视线／ lảng tránh ánh mắt
□心地いい：comfortable ／舒心／ êm ái, dễ chịu

問題11

63 3   64 4

A

　　男性の育児休暇の取得義務化について、私は慎重派です。日本の大半の夫婦は男性が主な稼ぎ手のため、育休を義務付けたら収入が減り、将来につながる重要な仕事のチャンスを失う恐れがあると思います。義務化するのではなく、**64男性の育児参加を増やすために、短時間勤務や残業免除などの制度を利用しやすくするほうが現実的**なのではないでしょうか。**63育児経験は仕事にも役立ち、人生をより豊かにしてくれる**という、育児の意外な効用もあると思います。まずは、社会、企業の意識改革が必要であると考えます。

B

　　私は、男性の育児休暇義務化には良い面と悪い面のどちらもあると思います。産まれたばかりの新生児という貴重な期間に、夫婦そろって赤ん坊と過ごせるのは幸せなことですし、その後の父子関係や家族のあり方に良い影響を与えてくれると思います。また、**63育児に積極的に関わり、家族の健康維持や効率のよい家事育児の仕方について考えることによって、ビジネススキルを磨くことにもつながる**と思います。ただ、家事育児への意識と能力が高い人であればいいのですが、お昼になったら平気で「ごはんは?」と言ってくるタイプの夫の場合は、仕事に行って稼いでくれたほうがましかもしれません。それに、出産前後だけ休暇を取ってもあまり意味はないかな、とも思います。義務化するより、**64普段から継続的に家事や育児ができる体制にしたほうがよっぽど意味がある**のではないでしょうか。

63 Aは「育児経験は仕事にも役立ち、人生をより豊かにしてくれる」と言っており、Bも「育児に積極的に関わることで、ビジネススキルを磨くことにもつながる」と言っているので、3が正解。

64 Aは「男性の育児参加を増やすために、短時間勤務や残業免除などの制度を利用しやすくするほうが現実的」と言っており、Bも「普段から継続的に家事や育児ができる体制にしたほうが意味がある」と言っているので、4が正解。

⭐覚えよう!

- □育児休暇:育休 childcare leave ／育儿假／nghỉ phép trông con
- □取得:acquisition ／取得／lấy (phép)
- □慎重派:prudent person ／谨慎派／trường phái thận trọng
- □稼ぎ手:breadwinner ／劳动力，维持一家人生计的人／người kiếm tiền
- □義務付ける:to obligate, to make compulsory ／义务化／có nghĩa vụ
- □勤務:duty, work ／工作，劳动／làm việc
- □免除:exemption ／免除／miễn

□効用：use, benefit ／効用，用処／công dụng

□改革：reformation ／改革／cải cách

□貴重な：valuable ／贵重的，宝贵的／quí giá

□維持：maintenance ／维持／duy trì

□効率がいい：efficient ／效率好，高效／hiệu suất tốt

□磨く：to polish, to sharpen ／磨炼／mài giũa

□稼ぐ：to earn money ／挣钱／kiếm tiền

□継続的に：continuous ／持续性地／tiếp tục

□体制：system ／体制／thể chế

□よっぽど：よほど very, greatly ／更，更加／hơn nhiều

□採用：employment ／录用／áp dụng

□充実する：to be fullfiled, to enrich ／充实／đầy đủ, trọn vẹn

□昇進：promotion ／升任，升官／thăng tiến

問題12

| 65 | 4 | 66 | 4 | 67 | 2 | 68 | 1 |

65①かつての遊びにおいては、子どもたちは一日に何度も息を切らし汗をかいた。自分の身体の全エネルギーを使い果たす毎日の過ごし方が、子どもの心身にとっては、測りがたい重大な意味を持っている。

この二十年ほどで、子どもの遊びの世界、②特に男の子の遊びは激変した。**66**外遊びが、極端に減ったのである。一日のうちで息を切らしたり、汗をかいたりすることが全くない過ごし方をする子どもが圧倒的に増えた。子ども同士が集まって野球をしたりすることも少なくなり、**66**遊びの中心は室内でのテレビゲームに完全に移行した。身体文化という視座から見たときに、男の子のこの遊びの変化は、看過できない重大な意味を持っている。

相撲やチャンバラ遊びや鬼ごっこといったものは、室町時代や江戸時代から連綿として続いてきた遊びである。明治維新や敗戦、昭和の高度経済成長といった生活様式の激変にもかかわらず、**66**子どもの世界では、数百年以上続いてきた伝統的な遊びが日常の遊びとして維持されてきたのである。

しかし、それが1980年代のテレビゲームの普及により、絶滅状態にまで追い込まれている。これは単なる流行の問題ではない。意識的に臨まなければ取り返すことの難しい身体文化の喪失である。

65 この部分から4が正解。

この二十年ほどで外遊びが減ったと言っているので、1は間違い。テレビゲームのほうがすでに人気があるので、2も間違い。

66 これらの部分から4が正解。

外遊びが「極端に減った」と言っているが「完全になくなった」とは言っていないので、1は間違い。

67 かつての遊びは、身体の中心感覚を鍛え、他者とのコミュニケーション力を鍛える機能を果たしていた。これらはひっくるめて自己形成のプロセスである。

コミュニケーションの基本は、身体と身体の触れ合いである。そこから他者に対する信頼感や距離感といったものを学んでいく。たとえば、相撲を何度も何度も取れば、他人の体と自分の体の触れ合う感覚が蓄積されていく。他者と肌を触れ合わすことが苦にならなくなるということは、他者への基本的信頼が増したということである。これが大人になってからの通常のコミュニケーション力の基礎、土台となる。**67** 自己と他者に対する信頼感を、かつての遊びは育てる機能を担っていたのである。

この身体を使った遊びの衰退に関しては、伝統工芸の保存といったものとは区別して考えられる必要がある。身体全体を使ったかつての遊びは、日常の大半を占めていた活動であり、なおかつ自己形成に大きく関わっていた問題だからである。**68** 歌舞伎や伝統工芸といったものは、もちろん保存継承がされるべきものである。しかし、現在、より重要なのは、自己形成に関わっていた日常的な身体文化のものの価値である。

67 これらの部分から2が正解。

「自己と他者に対する信頼感」とは言っているが、「誰のことも信じられる」とは言っていないので、4は間違い。

68 筆者の主張は最後の段落に書かれていることが多い。「より重要なのは、身体文化（＝かつての遊び）」とあるので、1が正解。

★覚えよう！

□かつて：once, formerly ／过去，曾经／ trong quá khứ

□息を切らす：to be out of breath ／气喘吁吁／ thở hổn hển

□使い果たす：to use up ／用尽／ dùng trọn

□激変する：to change drastically ／剧变／ thay đổi to lớn

□極端に：extreme ／极限；极端／ rõ rệt

□圧倒的に：overwhelming ／压倒性地／ một cách áp đảo

□〜同士：fellow 〜, mutual 〜 ／同伴，伙伴／ cùng là 〜

□移行する：to transfer ／过渡，转移／ chuyển sang

□敗戦：defeat, lost battle ／战败／ bại chiến

□生活様式：way of life ／生活方式／ hình thức đời sống

□激変：drastic change ／剧变／ thay đổi to lớn

□追い込まれる：to be forced ／被逼入，被撵进／ truy đuổi

□喪失：loss, forfeit ／丧失／ sự mất mát

□鍛える：to train ／锻炼／ rèn luyện

□自己形成：autoplasty, auto‐molding ／自我形成／ hình thành cái tôi

□プロセス：process ／过程，经过／ tiến trình

第3回

文字・語彙

文法

読解

聴解

175

□触れ合い：contact, mutual touching ／互動，相互接触／ giao lưu

□蓄積する：to accumulate ／積蓄，積累／ tích lũy

□苦になる：to weigh on one's mind ／犯愁／ khó khăn

□通常：usual, ordinary ／通常，一般／ thông thường

□土台：foundation, base ／基礎，根基／ nền tảng

□担う：to shoulder, to bear ／担負，肩負／ gánh vác

□衰退：decline ／衰退／ sụt giảm, suy thoái

□なおかつ：furthermore; nevertheless ／并且，而且／ hơn nữa

□継承：succession ／継承／ kế thừa

問題13

69 　2　　　**70** 　3

アルバイト募集！

職種	応募資格		給料	その他
	【必須スキル・資格】	【歓迎スキル・資格】		
①スニーカー店での接客販売	・日本語：中級レベル ・土日祝勤務可能な方	・接客が好きな方 ・ランニングや運動に興味がある方	時給 1,300円	職場は10名体制。20～30代の男女スタッフが一緒にワイワイと楽しくお仕事しています。残業ほぼなし。 詳細を見る
②空港内の免税店での接客販売	・日本語：中～上級レベル ・早朝の勤務、夜の勤務などに対応できる方	・英語ができれば尚可 ・未経験者歓迎！ ・ファッションが好きな方 ・人と話すことが好きな方	時給 1,200円	外国人が活躍しています！残業あり。正社員登用チャンスあり。 詳細を見る
③空港のWiFiレンタルカウンター	・日本語：中級レベル ・英語：中級レベル ・接客の経験がある方 ・PCスキル（パワーポイント、エクセル、メール） ・最低1年以上は勤務できる方	・明るくてコミュニケーション能力が高い方	時給 1,300円	一緒に働くスタッフは、幅広い年齢層の様々な背景を持った人たちで、みんなとても仲良し。正社員登用チャンスあり。残業ほぼなし。 詳細を見る
④ホテルスタッフ	・日本語：中級レベル ・韓国語・英語・タイ語のいずれかが堪能であること ・接客・サービス業の経験がある方（アルバイト経験もOK） ・土日祝勤務できる方	・笑顔で接客できる方 ・人と話すのが好きな方 ・お世話をするのが好きな方	時給 1,350円	正社員登用チャンスあり。深夜残業あり。 詳細を見る

69

マリさんの条件・スキル

・日本語と英語を生かした仕事希望
→ ②③④　○

・日本語と英語は上級レベル
→ ②③④　○

・アルバイト経験なし
→ ③④　×

・土日勤務は避けたい
→ ①④　×

「②空港内の免税店での接客販売」が正解。

70

イさんの条件・スキル

・日本のデパートで勤務経験あり → ③④　○

・日本語は上級レベル、英語は中級レベル
→ ①②③　○ ④　×

・将来正社員希望
→ ②③④　○

・残業はしたくない
→ ①③　○ ②④　×

「③空港のWiFiレンタルカウンター」が正解。

176

覚えよう！

□ 職種：type of occupation ／职种，工种／ loại hình nghề nghiệp
□ 応募：application ／应征，报名参加／ ứng tuyển
□ 必須：required ／必要，必需／ bắt buộc
□ スキル：skill ／技能／ kỹ năng
□ 資格：qualification ／资格／ tư cách, chứng chỉ
□ 接客：reception, serving customers ／接待客人／ tiếp khách
□ 時給：hourly wage ／时薪／ lương theo giờ
□ 詳細：details ／详细／ chi tiết, cụ thể
□ 免税店：duty-free store ／免税店／ cửa hàng miễn thuế
□ 早朝：early morning ／清晨，早晨／ sáng sớm
□ 登用：ここでは、正社員にすること
□ 堪能：proficient ／熟练，擅长／ thành thạo

文字・語彙

文法

読解

聴解

問題1

例　3

🔊)) N1_3_03

イベント会場で女のスタッフと男のスタッフが話しています。男のスタッフはこのあと何をしなければなりませんか。

F：桜井さん、開演まであと一日なんだけど、グッズの件はもう解決した？

M：はい。なかなか届かないので、業者さんに電話しようと思っていたら、さっき届きました。一通りチェックをして、内容物も数も注文通りでした。

F：そう、間に合ってよかった。ありがとう。あとは客席の確認だけかな。

M：客席の確認？

F：うん。客席にゴミが落ちていたら、お客さんが嫌な思いをするでしょう。だから開演前にもう一回確認しないと。

M：そうですか。じゃあ、今すぐ確認してきます。

F：それは私がやるから、桜井さんは飲み物とお菓子の用意をしてくれる？

M：控え室に置くやつですね。わかりました。

F：あ、そうだ。ポスターはもう貼った？ いろんなところに貼るから、それを先にやっといてね。

M：ポスターなら、今朝、富岡さんが貼ってくれました。

F：そう、わかった。じゃあ、よろしく。

男のスタッフはこのあと何をしなければなりませんか。

レストランで男の店員と店長が話しています。男の店員はこのあとま
ず何をしますか。

M：店長、大変です。ただ今いらっしゃったお客様、予約の台帳に
　　は明日のところにお名前があったんですけど、電話では今日で予
　　約されてたらしいんです。

F：え！　よりによってこんな込んでる時に。とりあえず席が空くのを
　　待っていただいて。こちらのミスの可能性もあるから、誠心誠意
　　謝っておいて。

M：あ、すぐソファーのところにご案内して、謝っておきました。

F：軽くじゃなくて、もう一度。こういう時は丁重な謝罪が大事なん
　　だから、ちゃんとやってね。それから、ビールかジュースをサービ
　　スしましょう。それは私のほうで用意する。ピンチはチャンスなん
　　だから、ここでお客様の心をつかまないと。くれぐれもお客様の
　　勘違いだなんて傲慢な態度取らないようにね。

M：はい、わかりました。

男の店員はこのあとまず何をしますか。

「ソファーに案内して
謝った」と言う店員
に対し、店長は「軽く
じゃなくてもう一度」
「丁寧な謝罪が大事」
と言っているので、2
が正解。

飲み物のサービスは店
長が用意すると言って
いる。

⭐覚えよう！

□台帳：ledger account book ／登记簿／ sổ

□よりによって：(used to criticize a poor decision) of all things ／偏偏
／ không lúc nào lại ngay lúc (đông đúc) thế này

□誠心誠意：with one's whole heart ／诚心诚意／ thành tâm thành ý

□丁重な：polite, courteous ／郑重的，诚恳的／ lịch sự

□謝罪：apology ／赔礼道歉／ xin lỗi

□ピンチ：pinch, in trouble ／危机，紧急关头／ khó khăn

□傲慢な：arrogant insolent ／傲慢的／ coi thường, ngạo mạn

文字・語彙

文法

読解

聴解

会社で男の人と女の人が話しています。女の人はこのあと何をしますか。

M：もしもし、経理課の鈴木ですけれども。

F：お世話になっております。

M：あのですね、10月10日に提出していただいた出張旅費明細書なんですけれども。

F：ああ、あの北海道の出張のですね。

M：はい。交通費の欄なんですけど、<u>航空券が75,000円と記載されている</u>んですね。

F：ええ。

M：ご提出いただいた<u>領収書のほうでは76,000円となっている</u>んですが。

F：あ、そうですか。<u>ちょっと今手元に資料がないので、すぐ確認してから折り返しお電話差し上げる</u>ということでもよろしいですか。

M：お手数ですがよろしくお願いします。あ、ちなみにですね、来月からは締め切りが毎月10日ではなく5日に変更になりますので、お気をつけください。今週中には一斉メールで皆さんにお知らせする予定ですので。

F：はい、わかりました。

女の人はこのあと何をしますか。

航空券の値段について、出張旅費明細書では75,000円、領収書では76,000円となっていることに対し、「すぐ確認してから折り返しお電話差し上げる」と言っているので、2が正解。

⭐覚えよう!

□経理：accounting ／財务会计／ kế toán
□旅費：travel expenses ／旅费，路费／ lộ phí
□明細書：detailed statement ／明细单／ bảng kê chi tiết
□記載する：to mention (in a document) ／记载／ ghi
□手元：at hand, on hand ／手头／ trong tay
□折り返し：call back ／折回，折返／ (gọi điện) lại
□お手数ですが：Sorry for the trouble, but ／麻烦您了／ phiền anh/chị
□ちなみに：incidentally ／顺便，顺带／ nhân tiện

電話でお客様相談室の人と男の人が話しています。男の人はこのあとまず何をしますか。

F：はい、ＡＫモバイルお客様相談室でございます。

M：あのー、そちらで購入した携帯を先日返品したんですけど、返金はいつになりますか。

F：返金が未完了とのことですね。返品のお手続きは、当社のホームページ上でなさいましたか。

M：そうですね。ホームページの「購入商品の返品・キャンセルの受付について」っていうところから手続きしました。

F：さようでございますか。実はホームページ上のお手続きだけでは、返品・キャンセルのお手続きというのは、完了したことにならないんです。後日、担当者からのご連絡にて初めて、返品・キャンセルのお手続きに移行するという形になっております。

M：あ、そういうことですか。

F：はい。二つの場合がございまして、まず、お客様よりいただいた情報のみでお手続きが可能な場合は、後日担当者よりメールでご連絡を差し上げますので、お客様からのご返信をもって、お手続きの完了となります。もう一つの場合ですが、より詳細な情報が必要になってくる場合は、担当者よりお電話を差し上げることになっておりますので、ご対応のほどよろしくお願いいたします。

M：はい、どうもありがとうございました。

F：はい。もしまたご不明な点など出てきましたら、いつでもお電話いただければ幸いです。お客様相談室の加藤が承りました。

M：はい、失礼します。

男の人はこのあとまず何をしますか。

これらの部分から、担当者から連絡が来ることがわかる。メールが来るか電話が来るかの違いだけなので、4が正解。

えよう！

□モバイル：mobile／移动电话／di động
□購入する：to purchase／購入，购买／mua
□未完了：完了していないこと incomplete／未完成／chưa hoàn tất

□当社：自分の会社

□さようでございますか：「そうですか」の丁寧な言い方

□移行する：to transfer, to switch over ／过渡，转移／chuyển sang

□詳細な：detailed ／详细的／chi tiết

□対応する：to correspond, to answer ／应对，应付／xử lý

□不明な：unclear, obscure ／不清楚的／không rõ

4番　2

電話で男の人と女の人が話しています。女の人の会社はこのあとどうしますか。

M：もしもし、いつもお世話になっております。わたくし、株式会社ふじの内藤と申しますが。

F：あ、内藤さん。いつもお世話になっております。高橋です。

M：あ、高橋さん。実はそちらでお使いいただいている当社のコピー機ＬＭ型なんですけれども、今回内部に破損が見つかりまして、まれに発火して火災に至る恐れがあることが判明したんです。

F：え、そうなんですか！

M：<u>まずは弊社でお引き取りをしまして、確認作業をいたします。再納品までの間は代替機をご用意します</u>ので、ご安心ください。

F：はい、わかりました。

M：こちらでお引き取りしたあと、部品を入れ替えまして、組み立て直し、そこからの再納品となりますので、お日にちはおおよそ三日となります。ご迷惑をおかけしてしまい、申し訳ございません。よろしくお願い申し上げます。

女の人の会社はこのあとどうしますか。

「再納品までの間は代替機（＝代わりの機械）をご用意します」と言っているので、2が正解。

⭐覚えよう！

□当社：自分の会社

□破損：damage ／破损，损坏／hỏng hóc

□発火する：to ignite ／着火，起火／phát cháy

□判明する：to become clear ／判明，弄清楚／làm rõ

□引き取る：to take into one's possession ／取回，收回／thu hồi

□再納品：re-delivery ／再次交货／giao hàng lại

□代替：代わり alternative, substitution ／代替／thay thế

病院で看護師が話しています。患者はどの順に行きますか。

F：それでは、これから採血となりますね。後ろを見ていただくと受付が見えると思いますが、そちらの受付でこちらのファイルをご提出ください。<u>採血のあとはMRI、レントゲンの順に受けていただきます。MRIの前にロッカールームでお着替えを済ませておいてください。</u>あ、お化粧されていますね。化粧品に金属が含まれていますとやけどの恐れがありますので、MRIの前に落としていただくことになります。<u>洗面所でお化粧を落としてからお着替えをお願いします。</u>先生の診察は、午後は2時開始となっておりますので、それまでにご昼食を済ませて、またこちらに戻ってきてください。

患者はどの順に行きますか。

⭐覚えよう！

□看護師：nurse ／护士／ y tá
□採血：voting ／抽血／ lấy mẫu máu
□レントゲン：x-ray ／ X光／ (chụp) X-quang
□ロッカールーム：locker room ／更衣室／ phòng có tủ khóa
□洗面所：washroom, lavatory ／化妆间，洗手间／ bồn rửa mặt

「～の順に」「～の前に」「～てから」などの順番を表す言葉に注意しよう！

ウ：採血 → イ：洗面所 → ア：ロッカールーム → エ：MRI → オ：レントゲンの順に回る。

会社で課長と女の人が話しています。女の人はこのあとまず何をしますか。

M：来週の社内研修の担当、佐々木さんだったよね。

F：あ、はい、私です。

M：準備は順調に進んでる?

F：はい。先ほど講師の方から資料が送られてきましたので、それを印刷するのと、あとは当日会場の準備をするだけです。

M：そうか。会場の準備っていってもいろいろあるからね。前日でいいけど、プロジェクターが正常に動くかとか、延長コードは必要かとか、ホワイトボード用のマーカーはちゃんと書けるかとか、そういう細かい所までちゃんとチェックしとくように。

F：はい。前日にでも会場に行って、実際に確認しておきます。

M：あ、そうそう、言い忘れてたけど、アンケートってもう作った?

F：はい、前回のを参考に作っておきました。

M：それってさー、受講者用のアンケートでしょう。**今度から講師用のアンケートも作ったほうがいいと思うんだよね。早速ちょっと作って見せてくれるかな?**

F：あ、はい、わかりました。

M：あ、あと、講師の先生によっては、受講者の名前がわかるように、座席表があったほうがいいっていう方がいらっしゃるんだけど、今回はどうなんだろう?

F：あ、そうですね。前日にリマインドのメールを送る時に、ついでに聞いておきます。

M：はい、よろしく。

女の人はこのあとまず何をしますか。

話の内容

社内研修は来週。

前日にすることは、

・会場の準備（プロジェクター、延長コード、マーカーなど備品の確認）

・講師にリマインドのメールを送る

・講師に座席表が必要かどうか聞く

「早速ちょっと作って見せてくれるかな」と言っているので、1が正解。

⭐覚えよう!

□プロジェクター：projector ／投影仪／ máy chiếu
□ホワイトボード：whiteboard ／白板／ bảng trắng
□マーカー：marker ／记号笔／ bút dạ viết bảng

□受講者：enrollee ／听课的人，听众／ học viên

□リマインド：remind ／提醒／ nhắc lại

問題2

例 2

🔊 N1_3_11

女の人と男の人が演劇について話しています。女の人は演劇にとって一番大事なことは何だと言っていますか。

F：ねえ、今話題になっている「六人の物語」っていう演劇、見に行った？

M：行ってないけど、大人気らしいね。

F：私、昨日見に行ったんだけど、想像以上にすばらしかったよ。

M：そうなんだ。原作は確かゲームだったよね。

F：そう。普通、ゲームやアニメが演劇になったとき、道具とかいろいろ使うでしょう、日本刀とか。でも今回は道具がほとんど使われてなかったよ。みんな演技力で勝負してるんだよ。すごいと思わない？主役の富田さんもめちゃくちゃかっこ良かったし。

M：へー、君は顔さえよければそれでいいんだろう？

F：違うよ。確かに役者の顔も大事だけど、原作の世界観やキャラクターの性格をありのままに再現できないと演劇とは言えないでしょう。

M：うーん、原作の質がもっとも大切だと僕は思うけどね。演劇のシナリオにも影響するから。

F：そうだけど、演じているのは人だから、役者の演技力こそが演劇の命なんじゃない？

女の人は演劇にとって一番大事なことは何だと言っていますか。

第3回

文字・語彙

文法

読解

聴解

テレビショッピングで女の人が話しています。今回改善された点は何ですか。

F：こちらは弊社が開発した、高品質のスケッチブックです。紙表面の凹凸は自然で程よく、細部まで描き込めるようになっています。紙の密度が高く、表面強度があるため、繰り返し消しゴムを使ったり、重ね塗りしたりしても、紙が剥がれにくいようにできています。色は白みを増すための染料を使用しないナチュラルホワイトを採用しているため、黄ばみにくいのがポイント。濡れている時と乾いた時の色が違ってしまうというお声を多数いただきましたため、<u>今回は吸収性を抑えまして、紙面上に絵の具が発色よく残るよう、にじみ止めの調整を行いました</u>。そのためですね、水彩画特有のぼかしが思うままに描きやすくなったんです。力強く大地を吸い込むような青空や、燃えるような夕焼け、みずみずしい木々の若葉や色鮮やかな紅の紅葉。そんな風景画を描きたい方におすすめです。

今回改善された点は何ですか。

「今回改善された点」を聞いているので、「今回」以降を注意して聞くこと！

この部分から、「にじみ止めの調整を行った（＝にじみにくくした）」と言っているので、3が正解。

⭐**覚えよう!**

□高品質：high quality／高品质／chất lượng cao
□スケッチブック：sketch book／素描本／tập vẽ phác họa
□凹凸：jaggedness／凹凸／sần sùi
□程よい：right amount of／正好，适当／vừa đủ
□細部：detail／细节，细微部分／phần chi tiết
□密度：density／密度／mật độ
□強度：intensity／强度／cường độ
□剥がれる：to peel off／剥落，脱落／bong tróc
□染料：dye／染料／thuốc nhuộm
□黄ばむ：to turn yellow／泛黄，发黄／ố vàng
□ポイント：point／要点／điểm đặc biệt
□多数：数が多いこと many／许多，数量多／nhiều
□抑える：to keep within limits, to control／抑制，控制／hạn chế
□紙面：surface of paper／纸面／mặt giấy
□発色：coloring／显色／lên màu
□にじみ止め：sizing liquid／防渗／ngăn việc bị thấm
□水彩画：water color painting／水彩画／tranh màu nước

□特有：characteristics ／特有，独有／ đặc thù

□ぼかし：stripping ／模糊感，朦胧感／ vẽ màu nhạt dần

□みずみずしい：vibrant ／水灵娇嫩／ tươi xanh

□若葉：new leaves ／嫩叶／ lá non

□色鮮やかな：vivid, brightly colored ／色彩鲜明的／ màu rực rỡ

□紅：crimson ／红，鲜红／ đỏ thẳm

2番　2

◀)) N1_3_13

セミナーで講師が話しています。この本の一番いい点は何だと言っていますか。

M：この本は、若い人にもおすすめしたい、人生の指針になる名著です。私はここ数年、いかにチームを円滑に動かすかを考えて日々の仕事に取り組んでいるのですが、この本には人間関係の原則が書かれていて、非常に勉強になります。特に難しいことは書かれていません。例えば、人に好かれるために必要なのは、人の名前を覚えること、常に笑顔でいること、まず相手を好きになること。このようなことは、小学生でも気づく内容かもしれません。でも、実際に皆さん、それが実行できているかと言われると、難しいんじゃないでしょうか。この本は、**このように行動すべきだというノウハウが提示されたあとに、具体例が多く続くので、説得力があります**。これはこの本の一番いいところです。そして、この本を読んで、私はなぜかモテるようになりました。皆さん、ぜひ読んでみてください。

この本の一番いい点は何だと言っていますか。

「これはこの本の一番いいところです」の「これ」は前に述べていることを指しているので、2「具体的な例が多いこと」が正解。

⭐覚えよう!

□指針：guiding principle ／指针，指南／ kim chỉ nam, đường lối chỉ đạo

□名著：masterpiece (literary work) ／名著／ cuốn sách nổi tiếng

□円滑に：smoothly ／圆滑，顺利，协调／ suôn sẻ

□日々：days, everyday ／每天／ thường ngày

□原則：principle ／原则／ nguyên tắc

□ノウハウ：know-how ／技术知识，技巧／ bí quyết

□提示する：to present, to show ／提出，出示／ trình bày

□説得力がある：persuasive ／具有说服力／ có sức thuyết phục

□モテる：to be popular ／受欢迎／ được yêu thích

テレビでレポーターがタクシードライバーの男の人にインタビューして
います。今後の課題は何ですか。

F：最近、地方において、交差点のラウンドアバウト化が進んできて
　　います。信号の代わりに、交差点の中心に中央島というスペース
　　を作って、その周りを車が時計回りで通行するというものです。
　　タクシーのドライバーの方にご意見を伺ってみましょう。ラウンド
　　アバウトが導入されたことで、どのような変化が生まれましたか。

M：そうですねえ。最初は信号がなくなって事故が起きるんじゃない
　　かと心配したんですが、ドライバー同士の譲り合いがあるので、
　　案外安全に通行できていますね。直進の場合でも一旦時計回り
　　に回らないといけないっていうのが面倒かと思っていたんですが、
　　その点も今は気になりませんね。

F：そうですか。どうもありがとうございます。

・・・

F：ドライバーの方たちには好評のようですが、実は弊害も起きてい
　　ます。長野県の調査では、視覚障害者の方から、車が接近して
　　くる方向がわかりにくいというご意見があったそうです。横断歩
　　道の前後を走行音が出やすい舗装にするなど、対策が必要にな
　　ってくると言えるでしょう。

今後の課題は何ですか。

「課題が何か」を聞いている。「実は」は問題点を述べるときの前置きとしてよく使われる。「弊害も起きている」「対策が必要になってくる」などの言葉の前後も注意して聞くこと。これらの部分から1が正解。

⭐ 覚えよう!

□レポーター：reporter ／采访记者／ phóng viên
□ドライバー：driver ／驾驶员／ tài xế
□導入する：to introduce, to bring in ／导入，引进／ đưa vào sử dụng
□譲り合い：compromise ／互相避让／ nhường nhau
□直進：going straight ahead ／直走／ đi thẳng
□好評：favorable reception ／好评，称赞／ đánh giá tốt
□弊害：harmful effect ／弊害，弊病／ mặt xấu, tác hại
□視覚障害者：visually impaired person ／视力障碍者／ người khiếm thị
□走行音：自動車や電車などが走行中に出す音
□舗装：pavement ／铺装，铺路／ lát đường

テレビでレポーターが店長の男の人にインタビューしています。この
レストランの回転率が上がった一番の理由は何ですか。

F：私は今話題のこの、ステーキレストランに来ています。オープンし
てまだ1年しか経っていないということですが、今ではこの街で知
らない人はいないというほどの繁盛店になっています。売り上げ
はなんと月800万円だそうですが、一体どうやって売り上げを伸
ばしているのでしょうか。店長にお話を伺ってみましょう。

M：それはもう、回転率を上げることですね。お客さんがどんどん入
れ替われば、お店の利益も上がりますから。

F：確かにそうなんですが、そこが難しいところじゃないでしょうか。
具体的にどうやって回転率を上げられたんですか。

M：まずはステーキを全部切ってからお出しするように変えました。

F：確かに、フォークとナイフで切るよりも、お箸で食べたほうがガ
ツガツ一気に食べられますね。

M：はい。それから、**何といってもこの作戦の影響が大きいと思う
んですけど、相席をしてくれたら特典を付けるようにしたんです。**

F：といいますと？

M：もともと座っていた方にもあとから座った方にもドリンクを1杯プ
レゼントすることにしたんです。そうしたら、相席を望むお客さん
も増えて、回転率も良くなりました。

F：なるほど。ためになるお話どうもありがとうございました。

このレストランの回転率が上がった一番の理由は何ですか。

「何といってもこの作戦の影響が大きい」と言っている。「この作戦」とはその後に述べていることなので、3「相席（＝知らない人と同じ席につくこと）してくれた人に飲み物（＝ドリンク）をサービスするようにしたから」が正解。

⭐**覚えよう!**
- □レポーター：reporter ／采访记者／phóng viên
- □回転率：一つの席を一日に何人の客が利用したか turnover rate ／客流量／tỉ lệ xoay vòng (sử dụng)
- □オープンする：to open ／开张，开业／khai trương
- □繁盛：prosperity ／繁荣，兴盛／phát đạt
- □入れ替わる：to change places ／交替，更换／thay đổi, ra vào thường xuyên
- □ガツガツ食べる：to eat voraciously ／大口吃，狼吞虎咽／ăn nhanh, ngấu nghiến

□一気に：in one go ／一口气地，不停地／một lèo
□作戦：strategy ／作战，策略／chiến lược
□相席：shared table ／拼桌／ngồi chung
□特典：benefit ／优惠／ưu đãi
□もともと：初めから from the beginning ／原来，本来／từ đầu

5番　2

N1_3_16

家で夫と妻が話しています。夫が登録できなかったのはどうしてですか。

M：このサイト、何回やっても登録できないんだけど、なんでだと思う？

F：なになに？　ただ基本情報入れればいいんでしょう？　簡単だよ。

M：それがさ、全部入力して決定のところ押しても何回も同じページに戻っちゃうんだ。

F：あ、もしかして、電話番号のハイフン入れた？

M：うん、ちゃんと入れたよ。

F：それが余分なんじゃない？

M：え？　だってこの例のところもそう書いてあるよ。

F：じゃあ、違うか。　あと考えられるのは、パスワードのところかな。数字が入ってないとか、電話番号と同じになってるとか。

M：あ、それだ！　ほら見て、注意のところ。大文字、小文字、数字、記号を3種類以上含めてくださいって書いてある。大文字と小文字しか入れてなかったよ。

F：それだね、原因は。

夫が登録できなかったのはどうしてですか。

登録できなかった原因を聞いている。「それだね、原因は」と言っているので、その前の部分から2が正解。

覚えよう！

□登録する：to register ／注册／đăng ký
□ハイフン：hyphen ／连字符／dấu gạch ngang
□大文字：uppercase letter ／大写字母／chữ hoa
□小文字：lowercase letter ／小写字母／chữ thường

190

テレビでレポーターが男の人にインタビューしています。男の人がこの会社に入った一番の理由は何ですか。

F：今日はゲームアプリで有名なこちらの会社で役員をされています、山本さんにお話を伺います。山本さんは、もともとは別の会社にいらっしゃったんですよね。

M：そうですね。大学を卒業して、まず銀行に入りました。ですが、激務によりすぐに体調を崩しまして、一旦実家に帰ったんです。

F：そうですか。

M：それで、療養中に軽い気持ちで専門学校のWebディレクターコースに通い始めました。そうしたら、はまってしまいまして、修了後はインターネット関連会社に就職しました。

F：なるほど。それでしばらくしてからこちらの会社に転職されたんですね。

M：はい。当時は15人ぐらいの小さな会社で、給料は安いし、本当に転職していいのかなって思いました。でも、逆に自分から進んですればいろんな仕事ができるチャンスがあるのではという可能性を感じましたね。それと、<u>何といっても社長の心意気に心打たれた</u>んです。当時のネット業界はどのぐらい儲かるかっていう話ばかりだったんですが、社長はテクノロジーを使って世の中をいかに変えるのか、そこに熱意を持って取り組まれていた、唯一の人だったんですね。それで、もし社長のおっしゃるような方向に世界が進んでいくとしたら、<u>私も社長を支えながら、そこで一緒にがんばりたいと思った</u>んです。

男の人がこの会社に入った一番の理由は何ですか。

「一番の理由」を聞いている。「何といっても」は他と比べて特に強調する時に使う表現なので、そのあとを注意して聞くこと！

この部分から3が正解。

⭐ 覚えよう！

□レポーター：reporter ／采访记者／ phóng viên

□アプリ：application ／应用，APP／ ứng dụng

□役員：executive ／负责人，干部／ cán bộ

□もともとは：最初は・以前は originally ／原来，本来，以前／ thời gian đầu

□激務：exhausting work ／繁重的职务／ công việc vất vả

□体調を崩す：to become ill ／搞垮身体／ sức khỏe sa sút

□実家：自分の親がいる家 one's parents' home ／老家，父母家／ nhà bố mẹ ruột

□療養：medical treatment ／疗养／ tĩnh dưỡng
□Webディレクター：Web director ／网络项目经理／ người điều khiển web
□はまる：to get hooked on ／着迷，沉迷／ đam mê
□転職する：to change one's job ／改行，换工作／ chuyển việc
□心意気：spirit ／气魄，气派／ tấm lòng
□ネット業界：Internet industry ／网络行业，IT业界／ giới internet
□テクノロジー：technology ／技术，科技／ công nghệ
□熱意：enthusiasm ／热情／ lòng nhiệt tình

7番　4

◀)) N1_3_18

> テレビでコメンテーターが話しています。今後の課題は何だと言っていますか。
>
> M：今回のガーナ戦、2対2で引き分けでしたけれども、キャプテンの山田選手は試合を通してよくチームをまとめていたと思いますし、前回のオーストラリア戦は4対0で敗れてますから、ちゃんと修正できていて、これまでの試合内容とは全然違うものになっていたと思います。**今後の課題としてはですね**、3点目を取りに行けるシチュエーションもあったんですけどね。**そこは特に若い選手が力不足だったと思うので、彼らが終盤になってもプレーの質が落ちないようにするっていうのが大事になってくると思います**。まあ、若手の選手に成長してもらうっていっても、そんな二日、三日で変われるようなものではないんですけれども、この2試合は意識面においてね、彼らにとって本当に貴重な経験になったのではないかと思います。次回のブラジル戦、これは本当にきつい戦いになると思いますし、間違いなく一番大事な試合になるので、あとはしっかり準備してもらうだけですね。
>
> 今後の課題は何だと言っていますか。

「今後の課題としてはですね」と言っているので、そのあとを注意して聞くこと！

この部分から4が正解。

★覚えよう!

□コメンテーター：commentator ／解说员，评论家／ bình luận viên
□課題：subject, theme ／课题／ chủ đề
□前回：last time ／上次，上回／ lần trước
□シチュエーション：situation ／场面，局面／ tình huống
□終盤：endgame ／终盘，最后阶段／ đoạn cuối
□若手：young person ／年轻人／ trẻ
□次回：next time ／下次，下回／ lần tới

例　4　　　　　　　　　　　　　　　　　　　　🔊 N1_3_20

テレビで専門家が話しています。

M：今回の新型肺炎は感染が拡大しつつあり、死亡者も出始めています。世界中の医療機関が特効薬やワクチンの開発に取り組んではいますが、残念ながら、今のところ成功の目処が立っていません。ですので、感染を最大限に予防しないといけないのです。マスクをして頻繁に手を洗うことで、ある程度予防はできますが、人から人への感染が見られるため、他人との接触を避けるのが得策でしょう。かといって、在宅勤務に切り替えている企業はごく一部しかありません。命に関わる一大事なので、ビジネスより人命を優先するべきではないでしょうか。リーダーとしての器は、こういう時にこそ見えてくるものです。

専門家が言いたいことは何ですか。

1　薬やワクチンを開発するべきだ

2　医療機関をもっと増やすべきだ

3　新型肺炎の予防方法を身につけるべきだ

4　ビジネスを優先する考え方を正すべきだ

テレビで男の人が話しています。

M：最近歯のホワイトニングが話題になっていますよね。**今日ご紹介するのは**、歯に酸化チタンという物質をかけてから、LEDの光を当てることによって化学反応を起こして白くするという、**新しいホワイトニングです**。LEDの強い光によって、なんと、汚れが浮き出すんです。**従来のホワイトニングですと**、歯に特殊な薬剤を染み込ませて、歯の黄ばみを中から漂白するんですが、歯の表面にエナメル質という硬い部分がありますよね。このエナメル質を通り抜ける薬剤を使っていたので、その分、痛みや刺激があったんです。**一方、新しいホワイトニングは全く違います**。エナメル質の表面だけに貼り付いて汚れを落とすタイプになってますので、全くしみることも痛みもありません。10分だけでも明らかに白くなりますよ。

男の人は何について話していますか。

1　新しいホワイトニングと従来のホワイトニングとの違い

2　新しいホワイトニングの手順

3　新しいホワイトニングの利点と欠点

4　酸化チタンとエナメル質の関係

「今日ご紹介するのは、～新しいホワイトニングです」「従来のホワイトニングですと、～」「一方、新しいホワイトニングは～」と、二つを比べているので、1が正解。

⭐ 覚えよう！

☐ホワイトニング：歯を白くすること teeth whitening ／（牙齿）美白／ tẩy trắng răng

☐化学反応：chemical reaction ／化学反应／ phản ứng hóa học

☐浮き出す：to surface ／浮出，浮现／ nổi lên

☐従来：conventional ／从前，以前／ lâu nay

☐薬剤：medicine ／药剂／ thuốc

☐染み込む：to soak into ／渗入，渗透／ thấm vào

☐黄ばみ：yellow tint ／泛黄／ ố vàng

☐漂白する：to bleach ／漂白／ tẩy trắng

☐通り抜ける：to pass through ／穿过，穿透／ xuyên qua

☐（歯が）しみる：to sting (tooth) ／（牙齿）刺痛／（răng）bị buốt

☐通常：normal, usual ／通常，一般／ thông thường

☐手順：process, procedure ／顺序，步骤／ trình tự

☐利点：advantage ／优点，长处／ lợi điểm

大学の講義で教授が話しています。

M：皆さん、最近売れていると話題のこのコーヒー、ご存知ですね。では、どうしてこんなに売れているんでしょうか。実は、その秘密はマーケティングにあるんです。現代はマーケティングなしではビジネスが成立し得ない。マーケティングというものが非常に重要な時代となっています。**本講義では、マーケティングとは一体何なのかという基本概念を理解するとともに、日常生活で皆さんが接しているであろう商品やサービスなどの具体的な事例を通して、なぜこの商品・サービスはヒットしたのか、逆になぜこの商品は短命に終わったのかといった身近な問題について、マーケティングを切り口にして解き明かしていきます。**みなさんにはマーケティングに関する知識を身に付けていただくとともに、マーケティング的な発想をいかに活用していくのか、そういった応用力も高めていただきたいなと思っています。

この講義は何についての講義ですか。

1　ヒットしたコーヒーの販売戦略

2　マーケティングの基礎と具体的な事例

3　マーケティング活動への関与の仕方

4　マーケティング的発想の身に付け方

「本講義では～」と講義の内容を説明している。この部分から2が正解。

⭐覚えよう!

☐マーケティング：marketing ／市场营销／ tiếp thị
☐基本概念：basic concept ／基本概念／ khái niệm cơ bản
☐接する：to come in contact with ／接触／ tiếp xúc
☐事例：example ／事例／ trường hợp
☐短命：short lived ／短命／ đoản mệnh
☐切り口：perspective ／切入点，视角／ phương pháp
☐解き明かす：to explain ／解明，讲明／ giải thích, làm rõ
☐販売戦略：sales strategy ／营销策略／ chiến lược bán hàng

第3回

文字・語彙

文法

読解

聴解

テレビで女の人が話しています。

F：毎日料理していると、効率よくしようとか早く済ませようとか思って、ついつい強火で料理しちゃいますよね。でも実は、ほとんどのフライパンが中火以下での使用をおすすめしているんです。いいですか、皆さん。<u>強火はフライパンをだめにします。</u>これ、基本です。レシピ本なんか見てみてください。中火で加熱、弱火でコトコト、とろ火で20分などなど。ほとんどの料理で中火以下って記載されています。料理する際の火加減は基本、中火なんです。強火で焦げ付くのは当たり前！<u>さらに、焦げ付きに拍車をかけるのが、油の量。</u>皆さん、どうしても油の量って気になりますよね。太りたくないとか、健康に悪いとか思って、多く入れ過ぎないようにしてませんか。でも油って意外と重要で、<u>油の量が少ないと、材料がフライパンにくっついて、そこから焦げ付きやすくなっちゃうんです。</u>

女の人は何について話していますか。

1　効率的な料理の仕方

2　火加減と油の量の関係

3　油の量と健康の関係

4　フライパンの劣化の原因

全体を通して「フライパン」の話をしている。「強火はフライパンをだめにする」「油の量が少ないと焦げ付きやすくなる」と言っているので、4「フライパンの劣化（＝悪くなること）の原因」について話していることがわかる。

⭐ 覚えよう！

□効率：efficiency ／効率／ hiệu quả

□ついつい：unintentionally, unconsciously ／不知不觉／ chẳng nghĩ ngợi

□強火：high heat ／大火／ lửa lớn

□中火：medium heat ／中火／ lửa vừa

□弱火：low heat ／小火／ lửa nhỏ

□コトコト（煮る）：simmering, on low flame ／咕嘟咕嘟（炖煮）／ (kho) nhừ

□とろ火：low flame ／文火／ lửa liu riu

□記載する：to mention (in a document) ／记载／ ghi

□火加減：heat level ／火候／ độ lớn của lửa

□焦げ付く：to get burned and stuck on ／焦，糊／ (thức ăn) bị cháy

□〜に拍車をかける：to encourage 〜／加速…，推动…／ kích thích, thúc đẩy 〜

□意外と：surprisingly ／意外地，出乎意料地／ không ngờ

□効率的な：efficiently ／有効率的，高効的／có hiệu quả
□劣化：degradation ／劣化，老化／làm hư

4番　1

大学の授業で先生が話しています。

M：最近、他の人が発表しているときに、きちんと聞かないでスマホで遊んでいたり寝ていたりする人がいます。自分の番が終わったら関係ない、そう思っている人がいるのかもしれません。でも、考えてみてください。皆さんはそういう時間にも、貴重なお金と時間を費やしているんですよ。じゃあ、**どうすれば他の人の発表を興味深く聞けるのか。**私がおすすめしたいのは、聞きながら考えること。今晩のおかずは何かな、そんなことを考えるんじゃありませんよ。**私や他の人たちがあとでどんなコメントをするのか、それを予想しながら聞くんです。この人なら、この発表をどう整理して、どこに問題点を見い出して、それをどんな言葉で発表者に伝えるのだろうか。そういうのを真剣に考えることが、勉強になるんです。**いいですか。この教室には、2種類の学生がいます。他の人の発表のときに、ぽけっと何も考えていない学生と、発表についてしっかり考えている学生。皆さんはどちらになりたいですか。こういうちょっとした違いが、将来に大きく影響してくるんですよ。

先生は何について話していますか。

1　理想的な発表の聞き方
2　発表を聞かない学生への注意の仕方
3　発表者に対するコメントの仕方
4　将来成功する学生の特徴

「どうすれば他の人の発表を興味深く聞けるのか」と問題を投げかけて、そのあと、人の発表の聞き方について話しているので、1が正解。

⭐覚えよう！

□費やす：to expend ／耗費／tiêu phí
□予想する：to anticipate ／预想／dự đoán
□見い出す：to detect, to discover ／发现，找出／nhìn ra
□ぽけっと：absentmindedly ／发呆／mơ màng

授賞式で受賞者が話しています。

M：えー、この度はこのような名誉ある賞をいただき、心より感謝しております。<u>このゲームを開発したきっかけですけれども</u>、近年、インターネットの普及によって、人と人が直接顔を合わせる機会が減っている。そんな中で、<u>友達や家族が年代を問わず集まって笑顔になれる場を作りたい</u>、という思いがまずありました。それで選んだのが言葉という題材です。言葉というのは、個人差、年齢差はあれ、普遍的なツールです。これを題材にしたことで、老若男女に楽しんでいただけるゲームになったのではないかと思っています。例えば、「おばあちゃん、ステテコって何？」「そうか、ステテコも知らないんだね。ステテコっていうのはね」。こんな風に、おばあちゃんと遊びながらいろんな言葉を自然に教えてもらうという場面が出てくるかもしれません。お互いに顔を合わせて会話する、みんなで遊んで笑顔になるというのは、コミュニケーションの原点です。このゲームは、一般的なボードゲームという枠を超えて、人と人とをつなぐツールになってくれるのではないかと、私は期待しております。

受賞者は何について話していますか。

1　言葉遊びのおもしろさ
2　開発したゲームのやり方
3　開発したゲームに込めた祖母との思い出
4　ゲームを開発した理由

「このゲームを開発したきっかけですけれども」と話し始めているので、4が正解。

※「ステテコ」とは、パンツの上、ズボンの下にはく下着。主に年配の男性がはく。

⭐覚えよう！
□授賞式：award ceremony ／颁奖仪式／ lễ trao giải thưởng
□受賞者：award winner ／获奖者／ người nhận giải
□名誉：honor ／名誉，荣誉／ vinh dự
□近年：recent years ／近几年／ những năm gần đây
□題材：subject, theme ／题材／ đề tài
□普遍的な：universal ／普遍的／ mang tính phổ biến
□ツール：tool ／工具，手段／ công cụ
□老若男女：men and women of all ages ／男女老少／ nam phụ lão ấu
□原点：starting point ／根源，出发点／ nguyên điểm
□ボードゲーム：board-game ／桌游／ trò chơi sử dụng bảng

□枠を超える：out of the box, over the limit ／超出范围／ vượt giới hạn

6番　2

セミナーで女の人が話しています。

F：近年、日本の企業において、5年以内に離職する外国人社員が
非常に多くなっています。**外国人社員の定着を阻む要因というの**
のは一体何なのでしょうか。 今回、インタビュー調査によって**明**
らかになったのは、企業側の根本的な問題です。企業としては、
人材不足を補うために外国人社員を積極的に採用しています。
しかしですね、各部署で、つまり一つひとつの現場で、上司や周
りの人たちは、外国人社員がなぜ必要なのか、彼らにどんな仕
事をしてもらいたいのか、全然わかっていない。なぜなら、企業
がこれに関して統一の見解を持っていないので、現場に何も伝え
ていないからです。それじゃあ、外国人社員は能力を発揮しきれ
ないですよね。ですから、離職する外国人社員を責めないでいた
だきたい。**これは企業側の問題、責任なんです。**

女の人は何について話していますか。

1　仕事を辞める外国人社員の特徴

2　日本の企業に潜む問題

3　人材不足の深刻さ

4　外国人社員を生かす職場のあり方

「外国人社員の定着を
阻む要因というのは一
体何なのでしょうか」
と問題を投げかけ、そ
れに対し、「企業側の
根本的な問題が明らか
になった」と言ってい
るので、2が正解。

第3回

文字・語彙

文法

読解

聴解

⭐ 覚えよう!

□セミナー：seminar ／研讨会／ hội thảo
□近年：recent years ／近几年／ những năm gần đây
□離職する：to leave one's job ／离职／ thôi việc
□阻む：to hinder, to obstruct ／阻碍／ cản trở
□要因：primary factory ／主要原因／ nguyên nhân
□根本的な：fundamental ／根本的／ căn bản
□人材不足：human resources shortage ／人才不足／ thiếu nhân lực
□採用する：to hire, to employ ／录用／ tuyển dụng
□潜む：to be hidden ／潜藏，隐藏／ tiềm ẩn
□生かす：to make the best of ／活用，有效利用／ phát huy
□あり方：the way something ought to be ／应有的状态，理想的状态
　／ sự tồn tại lý tưởng

問題4

例　1　　🔊 N1_3_28

> M：先月出した企画だけど、通ったかどう
> か結局わからずじまいだよ。
>
> F： 1　結果くらいは教えてほしいものだ
> ね。
>
> 　　 2　企画を出すべきだったよね。
>
> 　　 3　結局通らなかったんだよね。

1番　1　　🔊 N1_3_29

> F：佐藤さん、さっき早退してたけど、も
> しかして仮病だったりして。
>
> M： 1　うん、さっきまでピンピンしてた
> よね。
>
> 　　 2　そうそう、病気のはずだよね。
>
> 　　 3　あ、体壊しちゃったんだ。

「もしかして仮病だったりして (＝病気のふりを
しているのかもしれない)」と言っているのに対
し、「さっきまでピンピンしてた (＝元気よくして
た)」と返している。

⭐ 覚えよう!

□仮病：feigned illness ／装病／ giả bệnh
□ピンピンする：to throb ／活蹦乱跳，精神抖
擞／ khỏe khoắn, tươi tắn

2番　3　　🔊 N1_3_30

> M：こちら、プラス100円でスープかサラ
> ダをお付けすることも可能ですが。
>
> F： 1　じゃあ、スープを承ります。
>
> 　　 2　じゃあ、スープをお付けします。
>
> 　　 3　じゃあ、スープをいただこうかな。

店員が「スープかサラダをお付けすることも可
能です (＝付けられる)」と言っているのに対し、
「スープをいただく (＝もらう)」と返している。

🐟 **1** 承る：「受ける・聞く」の謙譲語 (humble
speech ／謙让语／ từ khiêm tốn)
2 お付けする：「付ける」の謙譲語 (humble
speech ／谦让语／ từ khiêm tốn)
1、**2**は店員の立場なら使うことができる。

3番　2　　🔊 N1_3_31

> M：ごめん。明日の約束、プレゼンの準
> 備でそれどころじゃないんだけど。
>
> F： 1　うーん、あんまりピンと来ないな
> あ。
>
> 　　 2　そっか、じゃあまた今度にしよっ
> か。
>
> 　　 3　え、明日はプレゼンじゃないよ。

「それどころじゃない」は、「そんなことをしてい
る場合ではない」という意味。プレゼンの準
備で、明日の約束はなしにしてほしいことを伝
えているので、**2**が正解。

⭐ 覚えよう!

□プレゼン：プレゼンテーション presentation
／发表，演讲／ thuyết trình
□ピンと来ない：to not come to mind ／没有
头绪，难懂／ không có ý tưởng

4番　1

> M：水野さん、入社して半年で昇進なんて、おちおちしてらんないね。
>
> F：1　先越されないようにがんばらないとですね。
>
> 　　2　私たちは落ちるわけないですよ。
>
> 　　3　気が置けないですね。

「おちおちしてらんない（＝安心していられない）」と言っているのに対し、「先を越されないように（＝抜かされないように）がんばらないと」と返している。

⭐ 覚えよう！

□昇進：promotion ／升任，升官／thăng tiến

□おちおちしてらんない：おちおちしていられない to be unable to just do nothing ／安不下心来／không thể yên tâm thoải mái

□先を越す：人より先に物事をしてしまう to beat someone to the punch ／超前，赶上／vượt lên trước

□気が置けない：気を使うことなく気楽に付き合える to be easy to get along with ／不分彼此／thoải mái

5番　2

> F：お昼、なんか食べたいものある？
>
> M：1　えっ、僕に作れってこと？
>
> 　　2　うーん、これといってないかな。
>
> 　　3　あ、冷蔵庫に入れといて。

「食べたいものある？」と聞かれているので、2「これといってない（＝特にない）」と返している。

⭐ 覚えよう！

□これといってない：特にない nothing special ／没有什么特别（想吃）的／không có gì đặc biệt

6番　1

> F：まさか、田中さんが退職するなんてことないよねえ。
>
> M：1　うーん、辞めないとも言い切れないね。
>
> 　　2　え、辞める必要ないんですか。
>
> 　　3　え、辞めちゃったんでしたっけ。

「退職するなんてことないよね（＝退職しないよね）」と言っているのに対し、「辞めないとも言い切れない（＝辞めないとはっきり言えない）」つまり「辞める可能性もある」と返している。

⭐ 覚えよう！

□退職する：to retire ／退职，辞职／nghỉ việc

□言い切る：to assert ／断言／nói rõ, khẳng định

7番　1

> M：まったく、あの客、うるさいったらないな。
>
> F：1　せっかくのディナーが台無しだよね。
>
> 　　2　うん、この際きっぱりやめてほしいよね。
>
> 　　3　店員さんに注意してもらってよかったね。

「うるさいったらない（＝とてもうるさい）」と言っているのに対し、「ディナーが台無しだ（＝だ

めになった)」と返している。

2「この際きっぱりやめてほしい」は「なかなかやめられない習慣を迷いなくやめてほしい」という意味なので、間違い。

 えよう!

□台無し：mess, ruin ／糟蹋，白费／công cốc, chẳng còn gì

□この際：このような時だから this occasion ／在这种情况下，趁此机会／lúc này

8番　2　　　　　　　N1_3_36

> M：突然で恐縮ですが、アンケート調査にご協力いただけませんか。
>
> F：1　申し訳ないのですが、お願いします。
>
> 　　2　私そういうのしない主義なので。
>
> 　　3　すみませんが、いただくのはちょっと…。

「アンケート調査にご協力いただけませんか」とお願いされて、「そういうのをしない主義」と断っている。

 えよう!

□恐縮ですが：申し訳ないのですが

□主義：doctrine, principle ／主义／chủ nghĩa

9番　2　　　　　　　N1_3_37

> M：これはちょっと子供には読ませらんないよ。
>
> F：1　時間がある時に読むね。
>
> 　　2　そんなに過激だったかなあ。
>
> 　　3　やればできるって。

「読ませらんない（＝読ませられない）」と言っているのに対し、「そんなに過激（＝激しすぎ）だったかなあ」と返している。

 えよう!

□過激：extreme ／过激／quá khích

10番　1　　　　　　　N1_3_38

> M：あ！　今日中に郵便局 行かなきゃいけないんだった。
>
> F：1　今から送っていこうか？
>
> 　　2　ちょっと思い出したよ。
>
> 　　3　最近なぜか忘れっぽくてさ。

男の人が「郵便局に行かなきゃいけないんだった」と、忘れていたことを思い出したので、女の人は「今から送っていこうか」と言っている。

11番　2　　　　　　　N1_3_39

> F：席が空き次第お呼びしますので、こちらの席でお待ちください。
>
> M：1　あ、お手洗いはこちらですよ。
>
> 　　2　もう連れが中にいますけど。
>
> 　　3　あ、もう空きましたか。

案内係の人（女の人）が「席が空き次第（＝空いたらすぐ）お呼びします」と言っているので、今、席は空いていない。それに対し、「連れ（＝一緒に来た人）が中にいる」と返している。

 えよう!

□連れ：companion ／同伴，伙伴／người đi chung

12番　1

🔊 N1_3_40

> M：お手数ですが、こちらのショールーム
> まで足をお運びいただけないでしょう
> か。
>
> F： 1　そうですね、行って直接見たほう
> がいいですよね。
>
> 　　 2　うーん、ちょっと手が足りないか
> もしれませんね。
>
> 　　 3　うーん、伺えばよかったんですけ
> どね。

男の人が「ショールームまで足をお運びいただ
けないでしょうか（＝来てもらえませんか）」と
お願いしているのに対し、「直接見たほうがい
いですね」と返している。
「手が足りない」は「忙しくてもっと人の助け
が必要だ」という意味。

⭐えよう！
□お手数ですが：Sorry for the trouble, but... ／
麻烦您了／phiền chị
□ショールーム：showroom ／商品展出室／
phòng trưng bày
□足を運ぶ：to make one's way to ／前往／
ghé qua, đến
□手が足りない：short-handed ／人手不足／
thiếu người

13番　1

🔊 N1_3_41

> F：リーダーに指名されなくてよかったね。
>
> M： 1　うん、ひやひやしたよ。
>
> 　　 2　うん、ちやほやしたよ。
>
> 　　 3　うん、もやもやしたよ。

「指名されなくてよかったね」と言われ、「うん」
と返しているので、「ひやひやした」つまり「指
名されるのではと心配した」が正解。

⭐えよう！
□リーダー：leader ／领导者，干部／người
dẫn đầu
□指名する：to designate ／指名，指定，提
名／chỉ định
□ひやひやする：to be mortally afraid ／担惊
受怕，战战兢兢／ lo lắng
□ちやほやする：to fawn over, to spoil ／娇惯，
溺爱／ nuông chiều
□もやもやする：to be uncertain ／郁闷烦躁
／ ủ dột

14番　3

🔊 N1_3_42

> M：大変申し訳ございませんが、当店は
> 全席予約制となっておりまして。
>
> F： 1　あら、キャンセルできないんです
> ね。
>
> 　　 2　すみません、ご存知ありませんで
> したか。
>
> 　　 3　あれ？　予約したはずですけど。

店員（男の人）が「当店は全席予約制」と言
って、断ろうとしているのに対し、客（女の人）
は「予約したはずだ」と返している。

⭐えよう！
□当店：この店・私たちの店
□全席予約制：all seat reservation system
／全席预约制／ hình thức đặt chỗ trước
□キャンセルする：to cancel ／取消／ hủy

第3回

文字・語彙

文法

読解

聴解

203

問題5

1番　1　　　　　　　　　　　　　　　　

家で妻と夫が話しています。

F：相撲見に行くのなんて初めて。楽しみだなあ。どこの席予約しようか。

M：土俵から一番近いのはS席、その次がA席で、あとは1階の隅っこのB席、一番安いのが2階席か。

F：あ、S席とA席は記念座布団付きだって。座布団、ほしいなあ。それに、せっかくなら近くで見たいから、S席かA席がいいと思う。

M：確かに近いけど、高いよ。それに、平らだから逆に前の人の頭で見えないんじゃないか？ 2階席だったら階段状の席だから見やすいと思うけど？

F：うーん、2階は遠すぎるんじゃない？ あ、S席とA席ってずっと地べたなんだ。長時間だとちょっときついよね。B席は椅子だから、確かに楽かもね。

M：記念座布団がほしかったら、あとからネットで買えるよ。

F：それもそうだね。あれ、この案内図見て！ やっぱりB席も結構離れてるわよ。

M：あ、本当だ。じゃあ、<u>座椅子持っていって、一番いいところで見るか。</u>

F：うん。<u>めったにないチャンスだから、奮発しよう。</u>

二人はどこの席を予約しますか。

1　S席

2　A席

3　B席

4　2階席

話の内容

相撲を見る席の話をしている。
S席：土俵から一番近くて、高い
A席：S席の次に土俵に近くて、高い
B席：1階の隅っこだが、椅子だから楽
2階席：土俵から遠いが、一番安い

「一番いいところで見るか」「奮発しよう（＝思い切ってお金を出そう）」と言っているので、1が正解。

★ 覚えよう！

□ 土俵（どひょう）：sumo wrestling ring ／相扑场地／ sàn đấu
□ 隅（すみ）っこ：edge ／角落，边上／ góc
□ 地（じ）べた：ground ／地面／ bệt dưới đất
□ 座椅子（ざいす）：legless chair (used on tatami) ／无腿靠椅／ ghế ngồi
□ 奮発（ふんぱつ）する：to put great effort into ／豁出钱来／ hết mình

第3回

文字・語彙

文法

読解

聴解

家で父、母、娘の三人が話しています。

M：あ、市立博物館のお知らせだ。

F1：博物館なんてもう1年ぐらい行ってないわねえ。たーちゃん、久しぶりに博物館に行こうか。

F2：うん、行きたい！

M：今月の催し物、いっぱいあるみたいだぞ。どれどれ？毎週日曜日は「火山灰を顕微鏡で見てみよう」か。日本各地の火山灰に含まれる鉱物を顕微鏡で観察するんだって。

F2：火山灰？

F1：うん。顕微鏡使って、小さい粒がいろいろ見られるのよ。他には？

M：20日水曜日は「部分日食を観察しよう」。この日は、日本全国で部分日食を観察することができる特別な日なんだって。

F2：部分日食って？

F1：いつもとは違う、ちょっと欠けてる太陽が見られるのよ。

F2：見たい見たい！

F1：見たいけど、今月は平日にいっぱいシフト入れちゃったのよね。あとでスケジュール確認しないと。あとは？

M：22日金曜日は講演会があるみたい。「300万年前、この街は海だった」っていうタイトルで、300万年前の駅周辺の地質や地形についてのお話があるんだって。

F2：え、この街、海だったんだ。

M：お子様にもわかりやすくご説明しますって書いてあるからいいんじゃないかな。午後2時から4時までで、定員は100名だって。あとは、子供たちに昔のくらしを知ってもらう、毎年恒例の「学習資料展」があるって。今回は1964年の東京オリンピックのころに使われていた生活道具を紹介するんだって。毎日午前9時30分から午後5時までか。

F1：へえ、おもしろそうね。

博物館の今月の催し物は

1「火山灰を顕微鏡で見てみよう」：毎週日曜日

2「部分日食を観察しよう」：20日水曜日

3 講演会「300万年前、この街は海だった」：22日金曜日午後2時〜4時
子供にもわかりやすく説明

4 学習資料展：毎日午前9時30分〜午後5時

M：チャレンジ体験コーナーもあって、昔の遊び体験として、割り箸鉄砲やヨーヨー、けん玉も体験できるって。

F2：わー！ ヨーヨーやりたい。

F1：ヨーヨーはおばあちゃんの家でできるでしょう。どれもおもしろそうだけど、仕事の日にち次第かな。あ、そうだ、<u>来週は金曜日、半日で仕事終わるんだった</u>。あなたは金曜日休めそう？

M：うーん、休むのは難しいかな。二人で行ってきなよ。

F1：そう。じゃあ、<u>これ二人で行ってくるね。ちょっと難しそうだけど、子供向けみたいだし。</u>

母と娘は何の催し物に行きますか。

1　火山灰の観察

2　部分日食の観察

3　講演会

4　学習資料展

「来週金曜は半日で仕事が終わる」「二人で行ってくるね。子供向けみたいだし」と言っているので、3が正解。

☆覚えよう！

□催し物：イベント event ／文娱活动／ sự kiện

□どれどれ：動作を始めようとするときに使う表現 expression used when trying to start an action ／嗯，啊，喂（当要开始某动作时使用的表达）／ nào xem nào

□火山灰：volcanic ash ／火山灰／ tro núi lửa

□顕微鏡：microscope ／显微镜／ kính hiển vi

□鉱物：mineral ／矿物／ khoáng vật

□シフトを入れる：仕事を入れる to take on a job ／排班，轮班／ xếp lịch làm việc

□タイトル：title ／题目，标题／ tiêu đề

□地質：geological features ／地质／ địa chất

□地形：terrain, topography ／地形／ địa hình

□恒例：established practice ／惯例／ thông lệ

□体験：personal experience ／体验／ trải nghiệm

□半日：half day ／半天／ nửa ngày

第3回

文字・語彙

文法

読解

聴解

お店で店員が話しています。

F1：当店おすすめの枕はこちらの4点になります。まず一番人気なのがこの「パイプ枕」です。このように左右が高く、真ん中が低くなっておりますので、どんな態勢でも気持ちよく寝られます。フィット感も抜群で、寝返りをよく打つ方でも安心してお使いいただけます。程よい柔らかさで頭を包み込んでくれる感じですね。次に、最近人気が出てきているのがこの「ふわふわ枕」。触ってみてください。このふわふわ具合、すごいでしょう。すぐにもとの形に戻るので、ホテルの枕のようなふわふわ感を毎日味わえるんです。さらに、なんとこの枕、ご自宅で洗えちゃうんです。枕って意外に汚れるんですよね。洗えるっていうのはポイント高いんじゃないでしょうか。それから、一番新しいのがこの「キューブ枕」です。こちらは80個の格子状のキューブが沈んだり戻ったりするので、枕のどの場所に頭を置いても同じ寝心地になるんです。やや硬めなので、首元がしっかり固定されます。あとはこちらの定番の商品ですね。この「もちもち枕」は、耐久性が群を抜いて高いので、どんなに重い頭をのせても必ずもとの形に戻ります。さらに、触り心地も非常に滑らかになっています。どうぞ触ってみてください。

F2：わ、本当に滑らか！気持ちいい！

M：やわらかい枕って確かに気持ちいいけど、俺、肩凝っちゃうんだよね。

F2：そしたら硬いの？硬いのって…、あ、この新しいやつか。どれどれ？へえ、結構硬いね。

M：うん、ちょうどいい硬さ。でも今の枕カビちゃったから、洗える枕ってのも捨てがたいな。

F2：あれは、たまには干せって言ったのに干さなかったからでしょう！枕のせいにしないで。

M：はい、すみませんでした。うーん、どっちにしようかなあ。やっぱり程よい硬さのこれに決めた！

枕を選んでいる。

1　パイプ枕：一番人気、フィット感が抜群、寝返りをよく打つ人も安心して使える、程よい柔らかさ

2　ふわふわ枕：最近人気、すぐにもとの形に戻る、自宅で洗える

3　キューブ枕：一番新しい、やや硬め

4　もちもち枕：定番の商品、耐久性が高い、触り心地が滑らか

男の人は「新しいやつ」で「程よい（＝ちょうどよい）硬さのこれに決めた」と言っているので、3「キューブ枕」が正解。

女の人は「寝相が悪いから、横向いてもうつ伏せでも大丈夫なやつ」「柔らかすぎないし、すっぽりはまる感じがちょうどいい。決まり」と言っているので、フィット感も抜群で、寝返りを打つ（＝寝たまま体の向きを変える）人も安心して使える1「パイプ枕」が正解。

F2：<ruby>私<rt>わたし</rt></ruby>は<ruby>結構<rt>けっこう</rt></ruby><ruby>寝相<rt>ねぞう</rt></ruby><ruby>悪<rt>わる</rt></ruby>いから、<ruby>横向<rt>よこむ</rt></ruby>いてもうつ<ruby>伏<rt>ぶ</rt></ruby>せでも<ruby>大丈夫<rt>だいじょうぶ</rt></ruby>なや

つにしたほうがいいかな。

M：そうだね。じゃあ、これ<ruby>試<rt>ため</rt></ruby>してみたら？

F2：うん。…<ruby>柔<rt>やわ</rt></ruby>らかすぎないし、すっぽりはまる<ruby>感<rt>かん</rt></ruby>じがちょうどい

い。<ruby>決<rt>き</rt></ruby>まり！

<ruby>質問<rt>しつもん</rt></ruby>1：<ruby>男<rt>おとこ</rt></ruby>の<ruby>人<rt>ひと</rt></ruby>はどの<ruby>商品<rt>しょうひん</rt></ruby>を<ruby>買<rt>か</rt></ruby>いますか。

<ruby>質問<rt>しつもん</rt></ruby>2：<ruby>女<rt>おんな</rt></ruby>の<ruby>人<rt>ひと</rt></ruby>はどの<ruby>商品<rt>しょうひん</rt></ruby>を<ruby>買<rt>か</rt></ruby>いますか。

⭐<ruby>覚<rt>おぼ</rt></ruby>えよう！

☐<ruby>当店<rt>とうてん</rt></ruby>：この<ruby>店<rt>みせ</rt></ruby>・<ruby>私<rt>わたし</rt></ruby>たちの<ruby>店<rt>みせ</rt></ruby>

☐<ruby>態勢<rt>たいせい</rt></ruby>：posture ／姿勢，态势／ tư thế

☐フィット<ruby>感<rt>かん</rt></ruby>：fit feeling ／合身的感觉／ cảm giác vừa vặn

☐<ruby>抜群<rt>ばつぐん</rt></ruby>：outstanding ／出类拔萃／ vượt trội

☐<ruby>寝返<rt>ねがえ</rt></ruby>り：turning over in bed ／翻身／ trở mình

☐<ruby>程<rt>ほど</rt></ruby>よい：just right ／正好，适当／ vừa đủ

☐<ruby>包<rt>つつ</rt></ruby>み<ruby>込<rt>こ</rt></ruby>む：to wrap up ／包起来／ bao bọc

☐ポイント：<ruby>点数<rt>てんすう</rt></ruby> point ／得分／ điểm

☐<ruby>格子状<rt>こうしじょう</rt></ruby>：grid shape ／格子状／ dạng mắt lưới

☐<ruby>寝心地<rt>ねごこち</rt></ruby>：sleeping comfort ／躺（睡）着的感觉／ cảm giác khi nằm

☐<ruby>硬<rt>かた</rt></ruby>め：firm ／硬一些／ hơi cứng

☐<ruby>首元<rt>くびもと</rt></ruby>：base of the neck ／颈部／ cổ

☐<ruby>固定<rt>こてい</rt></ruby>する：to fix, to stabilize ／固定／ cố định

☐<ruby>定番<rt>ていばん</rt></ruby>：standard, routine ／经典，常规／ cổ điển, truyền thống

☐<ruby>耐久性<rt>たいきゅうせい</rt></ruby>：durability ／耐久性／ tính bền

☐<ruby>群<rt>ぐん</rt></ruby>を<ruby>抜<rt>ぬ</rt></ruby>く：to surpass others ／出类拔萃／ nổi bật

☐<ruby>触<rt>さわ</rt></ruby>り<ruby>心地<rt>ごこち</rt></ruby>：feel, texture ／手感／ cảm giác sờ vào

☐<ruby>滑<rt>なめ</rt></ruby>らか：smooth ／光滑，滑溜／ mịn màng

☐<ruby>肩<rt>かた</rt></ruby>が<ruby>凝<rt>こ</rt></ruby>る：to have stiff shoulders ／肩膀僵硬，肩膀酸痛／ đau nhức vai

☐カビる：to mold ／发霉／ cũ mốc

☐<ruby>寝相<rt>ねぞう</rt></ruby>：sleeping posture ／睡相／ tướng ngủ

☐うつ<ruby>伏<rt>ぶ</rt></ruby>せ：face-down ／趴着，朝下／ nằm sấp

☐すっぽりはまる：to fit snugly ／完全嵌入／ vừa vặn

文字・語彙

文法

読解

聴解

読解・聴解問題の作問協力

アドゥアヨム・アヘゴ 希佳子

ヒューマンアカデミー宇都宮校 非常勤講師、日本国際協力センター（JICE）登録日本語講師

言語知識問題の作問協力

天野綾子、飯塚大成、碇麻衣、氏家雄太、占部匡美、遠藤鉄兵、カインドル宇留野聡美、嘉成晴香、後藤りか、小西幹、櫻井格、柴田昌世、鈴木貴子、田中真希子、戸井美幸、中園麻里子、西山可菜子、野島恵美子、濱田修、二葉知久、松浦千晶、三垣亮子、森田英津子、森本雅美、矢野まゆみ、横澤夕子、横野登代子（五十音順）

はじめての日本語能力試験　合格模試N1

2020年 5月25日　初版　第1刷発行
2022年11月25日　初版　第3刷発行

編著	アスク編集部
DTP	朝日メディアインターナショナル 株式会社
カバーデザイン	岡崎 裕樹
翻訳	Malcolm Hendricks　唐 雪　Nguyen Do An Nhien
ナレーション	安斉 一博　氷上 恭子
印刷・製本	株式会社 光邦
発行人	天谷 修身
発行	株式会社 アスク
	〒162-8558 東京都新宿区下宮比町2-6
	TEL 03-3267-6864　FAX 03-3267-6867

アンケートにご協力ください

https://www.ask-books.com/support/

N1
言語知識（文字・語彙・文法）・読解
（110分）

注　意
Notes

1. 試験が始まるまで、この問題用紙を開けないでください。
   Do not open this question booklet until the test begins.

2. この問題用紙を持って帰ることはできません。
   Do not take this question booklet with you after the test.

3. 受験番号と名前を下の欄に、受験票と同じように書いてください。
   Write your examinee registration number and name clearly in each box below as written on your test voucher.

4. この問題用紙は、全部で30ページあります。
   This question booklet has 30 pages.

5. 問題には解答番号の　1　、　2　、　3　… が付いています。
   解答は、解答用紙にある同じ番号のところにマークしてください。
   One of the row numbers　1　,　2　,　3　… is given for each question. Mark your answer in the same row of the answer sheet.

受験番号　Examinee Registration Number	

名前　Name	

問題1 _____ の言葉の読み方として最もよいものを、1・2・3・4から一つ選びなさい。

1 議長は、参加者に発言を促した。
　　1　うながした　　　　2　そくした　　　　3　つぶした　　　　4　おかした

2 今年の夏は様々な種類の種の発芽が見られて、嬉しい限りだ。
　　1　はっぱ　　　　　　2　はつが　　　　　3　はつめ　　　　　4　はっけ

3 彼は、冬のオリンピックで新記録を樹立した。
　　1　じゅだて　　　　　2　じゅりつ　　　　3　きたて　　　　　4　きりつ

4 被害者たちは、集団で訴訟を起こした。
　　1　ししょう　　　　　2　そしょう　　　　3　ししょ　　　　　4　そしょ

5 抽選で1名様に、有名リゾートの宿泊券が当たります。
　　1　ゆうせい　　　　　2　ゆうせん　　　　3　ちゅうせい　　　4　ちゅうせん

6 近所に住む女の子は、私を本当の姉のように慕ってくれる。
　　1　したって　　　　　2　かざって　　　　3　うたって　　　　4　はかって

問題2 （　　　　）に入れるのに最もよいものを、1・2・3・4から一つ選びなさい。

7 町ではリサイクル運動を（　　　　）しようという動きがある。
　　1　推測　　　　　　2　推進　　　　　3　推考　　　　4　推移

8 好きなアイドルがグループから（　　　）した。
　　1　脱退　　　　　　2　脱出　　　　　3　撤退　　　　4　撤収

9 幼い子供の虐待問題には、胸が（　　　　）。
　　1　痛む　　　　　　2　打つ　　　　　3　傾ける　　　4　引っ張る

10 血液型性格判断は、科学的な（　　　）からすると、誤りらしい。
　　1　見積　　　　　　2　見識　　　　　3　見当　　　　4　見地

11 この辺りは（　　　）が多く道幅も狭いから、特に気をつけて運転したほうがいい。
　　1　カーブ　　　　　2　スペース　　　3　セーフ　　　4　スピード

12 その漫画は人気がなくて、すぐに（　　　）になった。
　　1　打ち消し　　　　2　打ち上げ　　　3　打ち切り　　4　打ち取り

13 （　　　）仕事が終わったので、今日は残業せずに帰ります。
　　1　まったく　　　　2　しばしば　　　3　あらかた　　4　たいてい

問題3 ＿＿＿＿の言葉に意味が最も近いものを、1・2・3・4から一つ選びなさい。

14 留学のための手続きやら荷造りやらで、近頃は何かとせわしない。
　　1　面倒くさい　　　　2　緊張している　　3　急いでいる　　4　忙しい

15 災害から3か月が経ったが、復旧するのに時間がかかっている。
　　1　もとにもどる　　　2　悪くなる　　　　3　手助けする　　4　古くなる

16 私はシンプルなデザインの服が好きだ。
　　1　単純な　　　　　　2　派手な　　　　　3　正式な　　　　4　高度な

17 彼女は自分が美人だとうぬぼれている。
　　1　思い悩んで　　　　2　思い余って　　　3　思い込んで　　4　思い上がって

18 学生時代には、友達とちょくちょく温泉旅行に行った。
　　1　いつも　　　　　　2　たいてい　　　　3　よく　　　　　4　たまに

19 この授業に参加する学生には、ありふれた意見は求めていない。
　　1　貴重な　　　　　　2　平凡な　　　　　3　不思議な　　　4　特徴的な

問題4　次の言葉の使い方として最もよいものを、1・2・3・4から一つ選びなさい。

20　無口
1　田口さんは普段は無口ですが、サッカーのことになるとよく話します。
2　あの時話したことは他の人に知られたくないので、絶対に無口にしてくださいね。
3　今、ダイエット中なので、甘い物は無口にするように気をつけています。
4　演奏中は無口になっていただくよう、お願いいたします。

21　以降
1　平日は仕事がありますので、休日以降は時間が取れそうにありません。
2　この仕事を始めて、かれこれ10年以降になる。
3　私の寮では、22時以降の外出は禁止されている。
4　60点以降は不合格になりますから、しっかり勉強してください。

22　ささやか
1　外はささやかな雨が降っているようだが、長靴をはくほどではなさそうだ。
2　子供が起きてしまうので、ささやかな声で話してください。
3　ささやかですが、こちらお祝いの品物です。どうぞ。
4　老後は都会ではなく、ささやかな町で暮らしたい。

23　禁物
1　恐れ入りますが、会場内でのご飲食は禁物されています。
2　成績が上がってきたとはいえ、試験に合格するまで油断は禁物だ。
3　森田さんはまじめなので、決して禁物をしない。
4　空港内の手荷物検査で禁物と判断され、その場で処分された。

24　息抜き
1　仕事ばかりしていないで、たまには息抜きしましょう。
2　夕方になって、涼しい風が森の中を息抜きしていった。
3　山で遭難した男性が、ついに息抜きの状態で発見された。
4　失業してからというもの、気がつくと息抜きばかりついている。

25 飲み込む

1　そんなにたくさん書類を<u>飲み込む</u>と、かばんが壊れますよ。

2　<u>飲み込み</u>で営業をしても、効果がなかなか上がらない。

3　大学院生のとき、毎日研究に<u>飲み込ん</u>でいて、遊ぶ時間なんてほとんどなかった。

4　さすが、若い人は仕事の<u>飲み込み</u>が早いね。

問題5　次の文の（　　　　）に入れるのに最もよいものを、1・2・3・4から一つ選びなさい。

26 自転車に乗りながらスマホを操作するのは、危険（　　　　）。見ているとヒヤヒヤするよ。

1　に限る　　　　　　2　でたまらない　　3　極まりない　　4　を禁じ得ない

27 （インタビューで）

聞き手「すばらしいホームランでした！」

大谷「チームの勝利に貢献できてよかったです。お客さんにも喜んでいただけたし。プロのスポーツ選手で（　　　　）、ファンに最高のパフォーマンスを見せるべきだと思っています。」

1　あるとしても　　　2　あるものなら　　3　あるべく　　　4　あるからには

28 X自動車によるリコール隠しは、品質管理部長が独断で行ったのではなく、（　　　　）によるものと見られている。

1　組織上　　　　　　2　組織ぐるみ　　　3　組織ずくめ　　4　組織まみれ

29 A社の新型パソコンを購入しようと、多くの客が発売日前日の夕方から長い列を作って並んでいた。翌朝、開店する（　　　　）、あっという間に売り切れてしまった。

1　と思いきや　　　　2　ものの　　　　　3　や否や　　　　4　とあって

30 田中「課長、こちらがX社から提案された資料です。」

山下「うーん、これだけじゃ（　　　　）よ。もっと根拠のあるデータを見せてもらわないと。」

1　信頼するにかたくない　　　　　　2　信頼するに越したことはない

3　信頼するにほかならない　　　　　4　信頼するに足りない

31 （講演会で）

来週の講演会では「地域での子育て」をテーマに、斉藤先生にお話ししていただきます。

皆さまのご来場を心より（　　　　）。

1　お待ちになっております　　　　　2　お待ちしております

3　お待ち申します　　　　　　　　　4　お待ち差し上げます

32 由美「あのドイツの車、かっこいいよね。あんな車に乗って海岸をドライブしたいな。」

幸平「確かにいい車には乗りたいけど、借金（　　　　）買おうとは思わないよ。」

1　するほど　　　　　2　からして　　　3　してまで　　　4　する限り

33 世界屈指の指揮者の指導のもと、そのオーケストラは東京（　　　）、海外の複数の都市でもコンサートを予定している。世界中の客を魅了すること間違いなしだ。

1　を通して　　　　　　2　はさておき　　3　はおろか　　4　を皮切りに

34 私たち人間は地球環境を壊している元凶であるが、地球環境を守り、問題を解決していくことができるのも、人間（　　　）他にいない。

1　をおいて　　　　　　2　ともあろう　　3　だけでなく　　4　ならでは

35 3月末日（　　　）、30年間続けてきた店をたたむこととなりました。長年ご愛顧いただき、誠にありがとうございました。

1　について　　　　　　2　において　　3　をもとに　　4　をもって

問題6　次の文の＿★＿に入る最もよいものを、1・2・3・4から一つ選びなさい。

（問題例）

　　　あそこで ＿＿＿＿ ＿＿＿＿ ＿★＿ ＿＿＿＿ は山田さんです。

　　　　1　テレビ　　　2　見ている　　3　を　　　　　4　人

（解答のしかた）

1.　正しい文はこうです。

　　あそこで ＿＿＿＿＿ ＿＿＿＿＿ ＿★＿＿ ＿＿＿＿＿ は山田さんです。

　　　　　1　テレビ　　3　を　　　2　見ている　4　人

2.　＿★＿に入る番号を解答用紙にマークします。

　　　　　（解答用紙）　　| （例）| ① | ● | ③ | ④ |

36　このような思い切った改革は ＿＿＿＿ ＿＿＿＿ ＿★＿ ＿＿＿＿ だろう。

　　1　なし得なかった　　　　　　　　2　リーダーシップ

　　3　なくしては　　　　　　　　　　4　彼の

37　半年前に ＿＿＿＿ ＿＿＿＿ ＿★＿ ＿＿＿＿ 、母は元気をなくしてしまった。

　　1　からと　　　　2　父が　　　　3　いうもの　　　4　なくなって

38　しばらくお会いしていませんし、お話ししたいこともたくさんありますので、就職の
＿＿＿＿ ＿＿＿＿ ＿★＿ ＿＿＿＿ と思います。

　　1　伺おう　　　　　2　ご報告　　　3　ご挨拶に　　4　かたがた

39 年をとってから体力が落ちてきた父は、＿＿＿＿ ＿＿＿＿ ★ ＿＿＿＿ 泳げるよう
にしておきたいと、トレーニングに励んでいる。

1　ようにとは　　　　　　　　　　2　50メートルぐらいは

3　若いころの　　　　　　　　　　4　言わないまでも

40 これだけの事故が起きてしまったのだから、田村さんは ＿＿＿＿ ＿＿＿＿ ★
＿＿＿＿ 違いない。

1　としての　　　　　2　リーダー　　　3　追及されるに　4　責任を

文法

問題7 次の文章を読んで、文章全体の趣旨を踏まえて、 41 から 45 の中に入る最もよいものを、1・2・3・4から一つ選びなさい。

以下は、小説家が書いたエッセイである。

　　言い方は重要です。言い方をいくつも、持つことによって反論のパターンを練習することをお勧めします。

　　「あなたの言っていることは違う」とか、「矛盾している」とかいう発言は、アメリカ映画ならよく観るシーンですが、日本の現実社会では、ある意味、相手に喧嘩(けんか)を売っているように聞こえます。関係性を破壊することに 41 。

　　そもそも、違う意見が言いにくい空気感が日本にはあります。そのとき、何が大事か。言い方です。すべてが言い方 42 と言えます。中高生とは違う、大人の議論力が求められます。関係性というものを維持しながら、あるいは、良好に保ちながら、話を進めます。

　　違う意見がある場合は、たとえば「部長の意見はごもっともだと思います。ちょっと視点を変えてみますと、こういう見方が 43 」と、相手をまず立てることがポイントです。言い方に文句を言うのは、日本人の悪癖(注1)だと思いますが、あえて、反感を買うような言葉遣(づか)い(注2)で、自分の意見が通らなくなるのは得策ではありません。

　　言い方についての例を紹介します。

　　「『俺は飯を作ってもらっても嫁さんにありがとうなんて言わない』って豪語(注3)する上司に、社会勉強でOLしている良い所のお嬢様が『ご両親にマナーを躾(しつ)け(注4)てもらえなかったんですか?』って無邪気に返されて、亭主関白(ていしゅかんぱく)(注5)からただの育ちの悪い男に落とされたって話を友人から聞いて爆笑しております」

　　自信たっぷりに豪語する上司は、普段、結構、部下に強いところを見せていると推測されます。 44 、部長のスタイルであり、価値がそこにあるのです。それをいとも簡単に部長とは視点のまったく違う、悪気のない「お嬢様」 45 アッサリと否定されてしまっているところに、切り返しの面白さがあります。また、見逃してならないのはお嬢様の言い方です。悪気のない言い方なので、部長は文句を言えませんでした。

（齋藤孝『上手に「切り返す」技術　人間関係を悪くしないで、言いたいことが伝わる!』辰巳出版による）

（注1）悪癖：悪いくせ。よくない習慣
（注2）得策：うまいやり方
（注3）豪語する：自信満々に大きなことを言う
（注4）躾ける：行儀などを教える
（注5）亭主関白：家庭内で夫が妻に対して支配者のようにいばっていること

41

1　なりえません
2　なりかねません
3　なりにくいです
4　なるわけではありません

42

1　次第だ
2　に極まる
3　どころだ
4　に至る

43

1　できるのでしょうか
2　できないのでしょうか
3　できるのではないでしょうか
4　できないのではないでしょうか

44

1　それが
2　それで
3　それを
4　それに

45

1　を
2　が
3　と
4　に

問題8　次の(1)から(4)の文章を読んで、後の問いに対する答えとして最もよいものを、1・2・3・4から一つ選びなさい。

(1)

以下は、プール管理会社のホームページに掲載されたお知らせである。

20XX年7月吉日

お客様各位

市内温水プールさくら管理会社

花火大会に係る営業時間変更のお知らせ

　いつも市内温水プールをご利用いただきまして、誠にありがとうございます。

　さて、毎年恒例の夏まつり花火大会が8月10日（土）に予定されており、大会が開催される場合、午後5時以降は温水プールさくらの駐車場が車両進入禁止区域になります。

　つきましては、雨天などによる大会順延にも即対応できるよう、開催日及び予備日の二日間の営業時間を午前10時より午後5時までと変更させていただきます。

　お客様には大変ご不便をおかけいたしますが、何卒ご理解ご協力をお願い申し上げます。

46　このお知らせで最も伝えたいことは何か。

1　花火大会の日は駐車場に車を止めてはいけない。

2　8月の二日間はプールの営業時間が変わる。

3　花火大会が雨により延期になった場合は、駐車場の営業時間が短くなる。

4　駐車場が花火大会の会場になるため、午後5時から車が入れなくなる。

（2）

　ものが豊かになった。子どものころをふり返ってみると、食事がぜいたくになったことに驚いてしまう。（中略）

　現在はまさに飽食の時代である。世界中の珍味、美味が町中にあふれていると言っていいだろう。「グルメ」志向の人たちが、あちらこちらのレストランをまわって味比べをしている。昔の父親は妻子に「不自由なく食わせてやっている」というだけで威張っていたものだが、今ではそれだけでは父親の役割を果たしている、とは言えなくなってきた。

（河合隼雄『河合隼雄の幸福論』PHP研究所による）

47 それだけでは父親の役割を果たしている、とは言えなくなってきたとはどのような意味か。

　1　父親は家族のために多種多様な料理を作らなければならなくなった。

　2　父親は家族を常にお腹いっぱいにさせなければならなくなった。

　3　父親は家族とあちこちのレストランに行って評論しなければならなくなった。

　4　父親は食事の量だけでなく質的にも家族を満足させなければならなくなった。

(3)

　二宮金次郎の人生観に、「積小 為大」という言葉がある。（中略）「自分の歴史観」を形づくるためには、この「積小 為大」の考え方が大切だ。つまり歴史観というのは、歴史の中に日常を感じ、同時にそれを自分の血肉とする細片の積み重ねなのだ。そのためには、まず、「歴史を距離を置いて見るのではなく、自分の血肉とする親近感」が必要だ。つまり、歴史は"他人事"ではなく、"わが事"なのである。いうなれば、歴史の中に自分が同化し、歴史上の人物の苦しみや悲しみを共感し、体感し、それをわが事として「では、どうするか」ということを、歴史上の相手（歴史上の人物）とともに考え抜くという姿勢だ。

（童門冬二『なぜ一流ほど歴史を学ぶのか』青春出版社による）

（注）積小 為大：小さなことを積み重ねて、はじめて大きな事を成せる

48 筆者が述べている「歴史観」に基づいた行動はどれか。

1　自分の身体が存在するのは過去の人々のおかげであると考え、日々感謝する。

2　歴史に関する知識を得るために情報収集を行うのではなく、実際に似たような体験をしようとする。

3　歴史上の人物を自分と一体化させ、自分がその場でいかに行動するのかを想像する。

4　歴史上の人物が達成した大きなことよりも、彼らの日常生活や感情に目を向ける。

(4)

先日、或る編集者と御飯を食べながら打ち合わせをしていたときのこと。

不意に彼女が言った。

「カレーは温かいのがいいって言う人が多いけど、私は御飯かルウのどっちかが冷たい方が好きなんです」

「おおっ、俺もです！」

興奮のあまり、思わず一人称が「俺」になってしまった。だって、人生の四十五年目にして初めて出会ったのだ。「御飯かルウのどっちかが冷たいカレーが好き」。そう断言するひとに。仲間だ。私は小学校時代の同級生と小田原城の天守閣(注)で偶然再会したとき以来の「まさかこんなところで友に会えるとは感」に襲われた。

（穂村弘『君がいない夜のごはん』文藝春秋による）

（注）天守閣：日本の戦国時代以降に建てられた城の中でひときわ高く築かれた象徴的な建造物

49 筆者が興奮した理由は何か。

1 彼女が以前城でたまたま会った小学校の同級生だと気づいたから

2 彼女がカレーに例えて愛の告白をしてくれたから

3 彼女が人には言いにくいカレーの温度の好みをはっきりと断言してくれたから

4 カレーの温度の好みが同じ人にそれまで一度も会ったことがなかったから

問題9　次の⑴から⑶の文章を読んで、後の問いに対する答えとして最もよいものを、
　　　　1・2・3・4から一つ選びなさい。

⑴

　四十にして惑わず、という言葉がある。男の厄年（注）は四十二だ。別にこれらに影響されなくて
も、四十という年齢は、男の人生にとって、幸、不幸を決める節目であると思えてならない。

　（中略）

　四十代の男が、もし不幸であるとすれば、それは自分が意図してきたことが、四十代に入っ
ても実現しないからである。世間でいう、成功者不成功者の分類とはちがう。職業や地位がど
うあろうと、幸、不幸には関係ない。自分がしたいと思ってきたことを、満足いく状態でしつづ
ける立場をもてた男は、世間の評判にかかわりなく幸福であるはずだ。

　家庭の中で自分の意志の有無が大きく影響する主婦とちがって、社会的人間である男の場合
は、思うことをできる立場につくことは、大変に重要な問題になってくる。これがもてない男
は、趣味や副業に熱心になる人が多いが、それでもかまわない。週末だけの幸福も、立派な
幸福である。

　困るのは、好きで選んだ道で、このような立場をもてなかった男である。この種の男の四十
代は、それこそ厄代である。知的職業人にこの種の不幸な人が多いのは、彼らに、仕事は自
分の意志で選んだという自負があり、これがまた不幸に輪をかけるからである。

（塩野七生『男たちへ フツウの男をフツウでない男にするための54章』文藝春秋による）

（注）厄年：災いにあいやすい年齢

50 四十歳について、筆者はどのように考えているか。

 1 男の厄年は四十二歳なので、四十歳はまだ不幸ではないだろう。

 2 男は四十歳の時に幸せなら、残りの人生すべてが幸せになるだろう。

 3 四十歳が男の人生において大事な年齢であるとは言えないだろう。

 4 男の四十歳は厄年に近いので、その影響を受けやすいだろう。

51 筆者によると、四十代の男が不幸であるとすれば、それはなぜか。

 1 社会的な地位が低いため

 2 自分が望むことができないため

 3 世間からの評判が悪いため

 4 仕事で成功していないため

52 筆者によると、最も不幸な人とはどんな人か。

 1 週末だけ趣味に没頭している人

 2 家庭の中で意見を言えない人

 3 自分の選んだ職業でしたいことができていない人

 4 知的職業に従事している人

(2)

　戦後、イギリスから京都大学へすぐれた物理学者がやってきた。招かれたのかもしれない。この人は、珍しく、日本語が堪能で、日本では、日本人研究者の英語論文の英語を助けることを行なっていた。のち、世界的学者になる人である。

　この人が、日本物理学会の学会誌に、「訳せない"であろう"」というエッセイを発表し、日本中の学者、研究者をふるえ上がらせた。

　日本人の書く論文には、たえず、"であろう"ということばが出てくる。物理学のような学問の論文には不適当である。英語に訳すことはできない、という、いわば告発であった。

　おどろいたのは、日本の学者、研究者である。なんということなしに、使ってきた語尾である。"である"としては、いかにも威張っているようで、おもしろくない。ベールをかけて"であろう"とすれば、ずっとおだやかになる。自信がなくて、ボカしているのではなく、やわらかな感じになるのである、などと考えた人もあったであろうが、学界はパニックにおちいり、"であろう"という表現はピタリと止まった。

　伝えきいたほかの科学部門の人たちも、"であろう"を封鎖してしまった。科学における"であろう"は消滅した、というわけである。

（外山滋比古『伝達の整理学』筑摩書房による）

（注1）ベールをかける：はっきりとわからないように覆い隠す
（注2）ボカす：意味や内容をはっきり言わずぼんやりさせる

53 筆者によると、イギリスから来た物理学者はどんな人か。

1 日本語能力を生かし、翻訳家として活動した。

2 日本に来た当時、世界的に有名な学者だった。

3 他の物理学者とは違って、日本語が上手だった。

4 日本語で論文を書いて、発表した。

54 おどろいたのは、日本の学者、研究者であるとあるが、なぜ驚いたのか。

1 "であろう"は特に意味もなく使っていたことばだから

2 "であろう"に相当することばが英語にないということを知らなかったから

3 "であろう"は"である"よりもおもしろいことばだと思っていたから

4 "であろう"を論文に使うことはよくないと思っていたから

55 日本の研究者たちと"であろう"ということばの関係について、筆者はどのように述べているか。

1 "であろう"ということばを使うと、婉曲的に伝わると考えていた。

2 "であろう"ということばは偉そうな印象を与えるため、使いたくなかった。

3 "であろう"を使いたい人と使いたくない人が対立し、学界の混乱を生んだ。

4 "であろう"ということばは英語に訳せないので、使用を禁止した。

(3)

　論理は、いわゆる理系人間の利点、アドバンテージだと言えるのかもしれませんが、新製品の発売を決定する社内会議で、エンジニアが論理的にポイントをおさえた完璧なプレゼンをしたとしても、会議の参加者の心を動かすことができず、製品化のゴーサイン^(注1)が出なかった、などという話がよくあります。

　<u>人間はもともと恐怖や喜びなどの感情によって生き残りを図ってきた動物</u>なので、感情的にしっくり来ないものを直感的に避けてしまう傾向があるのです。そのため、エンジニアのプレゼンに対して、「話の筋も通っているし、なるほどもっともだ」と頭では理解、納得しても、もう一方に「コレ、なんとなく買う気にならないんだよね」という心の声があると、多くの人は最後にはそちらを優先してしまいます。

　しかし、この「なんとなく」こそ、まさに感情と論理の狭間（はざま）にあるもので、それこそが会議で究明しなくてはならないものであるはずです。

　たとえば、「なんとなく」の正体が、「試作品の色が気にくわなかった」だけだと分かれば、代わりの色を探せばよいだけの話で、せっかくの企画を没（ぼつ）にしてはもったいないどころではありません。一方で、その製品は子供が乱暴に扱う可能性が高いため、会議の参加者が無意識下で「それにしてはヤワだなあ」ということを感じていたのなら、使用素材や設計をじっくり見直す必要があるはずです。^(注2)

（竹内薫『文系のための理数センス養成講座』新潮社による）

（注1）　ゴーサイン：計画や企画の実行の許可を表す指示
（注2）　ヤワ：弱々しいこと

56 筆者の考えに合うのはどれか。

1 理系の人は、基本的に論理的であるが、感情的になる場合もある。

2 製品化の決め手になるのは、プレゼンが完璧かどうかである。

3 会議の参加者が直感的に否定的な感情を持った場合はゴーサインが出にくい。

4 会議の参加者の心を動かすには、感情に訴えかけることが必要である。

57 <u>人間はもともと恐怖や喜びなどの感情によって生き残りを図ってきた動物</u>とあるが、どういう意味か。

1 人間は感情が強い者ほど長生きすることができる。

2 人間が現在まで生きてこられたのには感情が大きく影響している。

3 人間は感情があることによって生きがいを感じることができる。

4 人間は他の動物に比べて感情が豊かで、何でも受け入れられる。

58 「なんとなく」について、筆者はどのように考えているか。

1 「なんとなく」という直感は、企画を進める上で無視したほうがいい。

2 「なんとなく」を具体的に追究することで、企画をよりよいものに改善できる。

3 「なんとなく」は論理的なものなので、もっと直感に頼ったほうがいい。

4 「なんとなく」は客の声を代弁するものなので、必ず従うべきである。

問題10　次の文章を読んで、後の問いに対する答えとして最もよいものを、1・2・3・4から一つ選びなさい。

　　占いは若いころだけではなく、歳をとっても気になるものだ。二十代のころは、占いのページを見ているととても楽しかった。特に恋愛運はむさぼるように読み、
　　「あなたを密_{ひそ}かに想っている男性がそばにいます」^(注1)
などと書いてあったなら、
　　「うふふ、誰かしら。あの人かしら、この人かしら。まさか彼では……」
と憎からず思っている男性の顔を思い浮かべ、けけけと笑っていた。それと同時に嫌いな男性を思い出しては、まさかあいつではあるまいと、気分がちょっと暗くなったりもした。今から^(注2)思えば、あまりに間抜けで恥ずかしい。
　　「アホか、あんたは」
と①過去の自分に対してあきれるばかりだ。

　　アホな二十代から三十有余年、五十代の半ばを過ぎると、恋愛運などまったく興味がなくなり、健康でいられるかとか、周囲に不幸は起きないかとか、現実的な問題ばかりが気になる。（中略）占いを見ながら、胸がわくわくする感覚はなくなった。とはいえ、雑誌などで、占いのページを目にすると、やはりどんなことが書いてあるのかと、気になって見てしまうのだ。

　　先日、手にした雑誌の占いのページには、今年一年のラッキーアイテムが書いてあった。他の生まれ月の欄を見ると、レースのハンカチ、黄色の革財布、文庫本といった、いかにもラッキーアイテムにふさわしいものが挙げられている。それを持っていれば、幸運を呼び込めるというわけだ。
　　「いったい私は何かしら」
と久しぶりにわくわくしながら、自分の生まれ月を見てみたら、なんとそこには「太鼓のバチ」と書いてあるではないか。^(注3)
　　「えっ、太鼓のバチ?」
雑誌を手にしたまま、②呆然_{ぼうぜん}としてしまった。

　　レースのハンカチ、財布、文庫本ならば、いつもバッグに入れて携帯できるが、だいたい太鼓のバチはバッグに入るのか?　どこで売っているのかも分からないし、万が一、入手してバッグに入れていたとしても、緊急事態で荷物検査をされた際に、バッグからそんなものがでてきたら、いちばんに怪しまれるではないか。

　　友だちと会ったときに、これが私のラッキーアイテムと、バッグから太鼓のバチを出して、笑いをとりたい気もするが、苦笑されるのがオチであろう。その結果、今年の私はラッキーアイテムなしではあるが、そんなものがなくても、無事に暮らしていけるわいと、鼻息を荒くしているのである。^(注4)

（群ようこ『まあまあの日々』KADOKAWAによる）

（注1）むさぼる：満足することなく欲しがること
（注2）憎からず：憎くない。好きである
（注3）バチ：太鼓をたたくための棒状の道具
（注4）オチ：笑い話など物語の結末

59 ①過去の自分に対してあきれるばかりなのはなぜか。

1　占いの内容によって気分が左右されていたから

2　占いが当たらないことにイライラしていたから

3　占いの内容をバカにして笑っていたから

4　占いに夢中で、実生活での努力を怠っていたから

60 筆者は五十代の半ばを過ぎた自分についてどのように述べているか。

1　占いに全然興味がなくなり、占いのページを見なくなった。

2　気楽に笑ったり期待に胸を膨らませながら占いを見ることがなくなった。

3　占いよりも健康についての記事に興味を持つようになった。

4　恋愛運の欄を読むと、ため息が出るようになった。

61 ②呆然としてしまった筆者の気持ちとして最もふさわしいのはどれか。

1　全然ラッキーアイテムらしくないものだ。

2　こんな危険な物は買いたくない。

3　大きすぎて、常に持ち運べるのか不安だ。

4　自分の生まれ月ともっと関係のあるものがいい。

62 筆者はラッキーアイテムについてどのように考えているか。

1　ラッキーアイテムはもう二度と持ちたくない。

2　今の自分にラッキーアイテムは必要ない。

3　気に入ったものでない限り、ラッキーアイテムは持たないほうがよい。

4　ラッキーアイテムは友達を笑わせられるものがいい。

問題11 次のAとBの文章を読んで、後の問いに対する答えとして最もよいものを、1・2・3・4から一つ選びなさい。

A

　　学校の部活動における体罰は、全面的に禁止すべきだと思います。私は指導者の体罰が普通だった世代ですし、体罰によって忍耐力をつけさせるべきだという主張もわかります。しかし、スポーツをする意義は別のところにあるのではないでしょうか。自分の感情もコントロールできない人に指導する資格はないでしょう。体罰は、未熟な指導者が一方的に暴力をふるうことです。十分な指導力があれば、言葉のみで解決できるはずです。私は心的外傷を負った子どもを診察した経験がありますが、体罰は、受けた場合はもちろん、目撃しただけでも、多かれ少なかれ精神的なショックになります。体罰を容認することは、将来、DVのような暴力を容認する態度を持つ成人を作ることにつながりかねません。

B

　　体罰は、どんな場面であっても容認されるべきではないと考えます。確かに自分たちが中高生の頃は、体罰は当たり前で、水分補給もさせてもらえませんでした。間違ったスポーツ医学や精神論がはびこっていたのです。しかし、スポーツにおける考え方は、驚くほど進化しています。実際、体罰を与えていないにもかかわらず、全国大会の常連になっている学校はたくさんあります。指導者たちは、最新の指導の仕方を学ぶべきです。それに、体罰をすると、生徒はどうすれば指導者から暴力を受けなくなるかということばかり考えるようになります。そうなると、失敗を恐れ、新しいことに挑戦しにくくなり、選手としての成長を阻（はば）むことにつながると思います。

63 体罰をする指導者について、AとBはどのように述べているか。

1　Aは感情を抑えられる人であると述べ、Bは水を飲ませない人だと述べている。

2　Aは指導の資格を持っていない人であると述べ、Bは全国大会に連れていける人だと述べている。

3　Aは未熟な人であると述べ、Bは間違った知識や考え方を持った人だと述べている。

4　Aは我慢強い人であると述べ、Bは最新の指導の仕方を学んだことがない人だと述べている。

64 生徒が体罰を受けた場合の影響について、AとBはどのように述べているか。

1　AもBも、将来心に大きな傷を持つようになると述べている。

2　AもBも、暴力をふるう大人になる可能性があると述べている。

3　Aは将来DVを起こす大人になりやすいと述べ、Bは失敗しやすい選手になると述べている。

4　Aは暴力を受け入れる大人になる可能性があると述べ、Bはいい選手になりにくいと述べている。

問題12　次の文章を読んで、後の問いに対する答えとして最もよいものを、1・2・3・4から一つ選びなさい。

　テーマ（研究の主題）を決めることは、すべての学問研究の出発点になります。現代史も変わるところはありません。まずテーマを「決める」という研究者自身の①主体的な選択がなによりも大切です。当然のように思われるかもしれませんが、実際には、他律的または受動的に決められることが稀ではないのです。

　現代史研究では、他のすべての学問と同じく、あるいはそれ以上に、精神の集中と持続とが求められますが、この要求を満たすためには、テーマが熟慮の末に自分自身の責任で（研究が失敗に終わるリスクを覚悟することを含めて）決定されなければなりません。（中略）

　②テーマを決めないで研究に着手することは、行先を決めないで旅にでるのと同じです。あてのないぶらり旅も気分転換になりますから、無意味とはいえません。新しい自己発見の機会となることがありますし、素晴らしい出会いがあるかもしれません。旅行社お手盛りのパック旅行よりも、ひとり旅のほうが充実感を味わえると考えるひとは多いでしょう。テーマを決めないで文献や史料をよみあさることも、あながち無駄とはいえない知的散策です。たまたまよんだ史料が、面白いテーマを発見する機縁となる幸運もありえます。ひとりの史料探検のほうがパック旅行まがいの「共同研究」よりも実りが多い、といえるかもしれません。（中略）

　けれども一般的に、歴史研究にとって、テーマの決定は不可欠の前提です。テーマを決めないままの史料探索は、これぞというテーマを発見する過程だからこそ意味があるのです。テーマとは、歴史家がいかなる問題を解くために過去の一定の出来事を研究するか、という研究課題の設定です。（中略）

　歴史は暗記物で知的創造とは無縁の、過去の出来事を記憶し整理する作業にすぎないという、歴史と編年史とを同一視する見方からしますと、③この意味でのテーマの選択とか課題の設定とかは、さして重要でない、むしろ仕事の邪魔になるとさえいうことができます。歴史についてのこのような偏見はいまも根強く残っていますので繰り返すのですが、歴史も新たに提起された問題（事実ではなく問題）を一定の方法で解きほぐすことを目指す創造的かつ想像的な営みであることは、他の学問と違うところはありません。テーマの選択とは、いかなる過去の出来事を研究するかではなく、過去の出来事を、なにを目的として、あるいはどんな問題を解明しようとして研究するか、という問題の設定を指示する行為にほかなりません。

（渓内謙『現代史を学ぶ』岩波書店による）

（注1）他律：自分の意志ではなく、他人の意志や命令によって行動すること
（注2）お手盛り：ここでは、旅行社の都合のよいように決められた
（注3）機縁：きっかけ

65 ①主体的な選択がなによりも大切ですとあるが、理由は何か。

1 主体的に選択しないと研究が始められないから

2 主体的に選択すると他の人に決められなくて済むから

3 主体的に選択しないと研究結果が違ってくる場合があるから

4 主体的に選択すると最後まで熱心に研究を続けやすいから

66 ②テーマを決めないで研究に着手することについて筆者の考えに合うのはどれか。

1 気分転換や自己発見になるので、ぜひすべきである。

2 他者がテーマを決める共同研究のほうが価値がある。

3 テーマを見つけることを目的とした行為であれば意味がある。

4 テーマを決めてから研究を始めるよりも満足できる。

67 ③この意味とは何を指すか。

1 歴史家が問題を解くために過去を研究するという意味

2 歴史とは暗記すべき物だという意味

3 歴史とは過去の出来事を記憶することだという意味

4 歴史と編年史は同じだという意味

68 この文章で筆者が最も言いたいことは何か。

1 歴史研究は他の学問と似ている点が多い。

2 史料を探す前にテーマを決める必要はない。

3 問題意識を持ってテーマを決めることが重要である。

4 過去の出来事を整理するのが歴史研究だという考え方は間違っている。

問題13　右のページは、クレジットカードの案内である。下の問いに対する答えとして
　　　　最もよいものを、1・2・3・4から一つ選びなさい。

69 日本語学校に通う21歳のタンさんは、クレジットカードを作りたい。50万円以上の買い物
はしない。どのカードに申し込むのが一番よいか。

1　学生カード

2　デビューカード

3　クラシックカード

4　ゴールドカード

70 35歳のコウさんは、既に入会済みである。去年は、5月に一度だけクレジットカードを使っ
て、150万円の大きな買い物をした。今年の度年会費はいくらになるか。

1　0円

2　6,500円＋税

3　10,400円＋税

4　13,000円＋税

クレジットカードのご案内

	<学生カード> 18～25歳の学生限定！留学や旅行もこの一枚！	<デビューカード> 18～25歳限定！初めてのカードに！いつでもポイント2倍！	<クラシックカード> これを持っていれば安心、スタンダードなカード！	<ゴールドカード> 上質なサービスをあなたに！
お申し込み対象	満18～25歳までの大学生・大学院生の方 ※研究生・聴講生・語学学校生・予備学校生はお申し込みになれません。 ※未成年の方は保護者の同意が必要です。	満18～25歳までの方（高校生は除く） ※未成年の方は保護者の同意が必要です。	満18歳以上の方（高校生は除く） ※未成年の方は保護者の同意が必要です。 ※満18～25歳までの方はいつでもポイントが2倍になるデビューカードがおすすめ	原則として満30歳以上で、ご本人に安定継続収入のある方 ※当社独自の審査基準により判断させていただきます。
年会費	初年度年会費無料 通常1,300円＋税 ※翌年以降も年1回ご利用で無料	初年度年会費無料 通常1,300円＋税 ※翌年以降も年1回ご利用で無料	インターネット入会で初年度年会費無料 通常1,300円＋税	インターネット入会で初年度年会費無料 通常13,000円＋税 年会費割引特典あり（備考欄参照）
利用可能枠	10～30万円	10～70万円	10～100万円	50～400万円
お支払日	月末締め翌月26日払い ※15日締め翌月10日払いへの変更可能	月末締め翌月26日払い ※15日締め翌月10日払いへの変更可能	15日締め翌月10日払い／月末締め翌月26日払い ※選択可	15日締め翌月10日払い／月末締め翌月26日払い ※選択可
備考	満26歳以降になるとランクアップ。 26歳以降、最初のカード更新時に自動的に本カードから「ゴールドカード」に切り替わります。 ※クラシックカードへのお切り替えもできます。	満26歳以降になるとランクアップ。 26歳以降、最初のカード更新時に自動的に本カードから「ゴールドカード」に切り替わります。 ※クラシックカードへのお切り替えもできます。		空港ラウンジサービス利用可 ※年会費割引特典：前年度（前年2月～当年1月）お支払いのお買い物累計金額が50万円以上100万円未満の場合は20％引、100万円以上300万円未満の場合は次回年会費が半額、300万円以上の場合は次回年会費が無料

N1

ちょう かい
聴解

(60分)

注　意
Notes

1. 試験が始まるまで、この問題用紙を開けないでください。

   Do not open this question booklet until the test begins.

2. この問題用紙を持って帰ることはできません。

   Do not take this question booklet with you after the test.

3. 受験番号と名前を下の欄に、受験票と同じように書いてください。

   Write your examinee registration number and name clearly in each box below as written on your test voucher.

4. この問題用紙は、全部で13ページあります。

   This question booklet has 13 pages.

5. この問題用紙にメモをとってもかまいません。

   You may make notes in this question booklet.

受験番号　Examinee Registration Number	

名前　Name	

問題1 🔊 N1_1_02

問題1では、まず質問を聞いてください。それから話を聞いて、問題用紙の1から4の中から、最もよいものを一つ選んでください。

例 🔊 N1_1_03

1　グッズの数をチェックする
2　客席にゴミが落ちていないか確認する
3　飲み物とお菓子を用意する
4　ポスターを貼る

1番 🔊 N1_1_04

1 パスワード再発行の手続きをする
2 ID再発行の手続きをする
3 一つ前の画面に戻る
4 ログインという部分をクリックする

2番 🔊 N1_1_05

1 スーツケースを買う
2 修理代をもらう
3 夫に電話する
4 スーツケースを選ぶ

3番　🔊 N1_1_06

1　会議の資料を来週水曜日までに作る
2　会議の資料を来週金曜日までに作る
3　研修の資料を来週水曜日までに作る
4　研修の資料を来週金曜日までに作る

4番　🔊 N1_1_07

1　出張をやめるよう課長に電話する
2　生産を止めるよう係長に電話する
3　大量に生産するよう係長に電話する
4　不良品についてお客様に直接話す

5番 🔊 N1_1_08

1 コンビニ → 郵便局 → ケーキ屋
2 コンビニ → ケーキ屋 → 郵便局
3 郵便局 → コンビニ → ケーキ屋
4 郵便局 → ケーキ屋 → コンビニ

6番 🔊 N1_1_09

1 動画に撮って、打つ前の姿勢を練習する
2 動画に撮って、軸を作る練習をする
3 動画に撮って、打つスピードを上げる練習をする
4 動画に撮って、打った後のポーズを練習する

問題2 🔊 N1_1_10

　問題2では、まず質問を聞いてください。そのあと、問題用紙のせんたくしを読んでください。読む時間があります。それから話を聞いて、問題用紙の1から4の中から、最もよいものを一つ選んでください。

例 🔊 N1_1_11

1　役者の顔
2　役者の演技力
3　原作の質
4　演劇のシナリオ

1 　4時
2 　5時
3 　11時
4 　12時

1 　大人と子供が本について話すようになったから
2 　子供とお年寄りにとってわかりやすくなったから
3 　子供たちがおすすめの本を紹介し合うようになったから
4 　子供たちが競って本を借りるようになったから

3番 🔊 N1_1_14

1 残業が多い

2 やりがいがない

3 雰囲気がよくない

4 中小企業で働きたい

4番 🔊 N1_1_15

1 10,000円

2 15,000円

3 20,000円

4 25,000円

5番 🔊 N1_1_16

1　ベビーカー
2　赤ちゃん用のトイレ
3　電車の乗換案内アプリ
4　赤ちゃん用のゲーム

6番 🔊 N1_1_17

1　アロエの代金を払わないと言うため
2　台風の被害について話すため
3　もっと大きいアロエを送ってもらうため
4　送料が返金されるか聞くため

7番 🔊 N1_1_18

1 騒音
2 健康被害
3 異臭
4 魚の被害

問題3　🔊 N1_1_19

問題3では、問題用紙に何も印刷されていません。この問題は、全体としてどんな内容かを聞く問題です。話の前に質問はありません。まず話を聞いてください。それから、質問とせんたくしを聞いて、1から4の中から、最もよいものを一つ選んでください。

例　🔊 N1_1_20

1番　🔊 N1_1_21

2番　🔊 N1_1_22

3番　🔊 N1_1_23

4番　🔊 N1_1_24

5番　🔊 N1_1_25

6番　🔊 N1_1_26

問題4 🔊 N1_1_27

　問題4では、問題用紙に何も印刷されていません。まず文を聞いてください。それから、それに対する返事を聞いて、1から3の中から、最もよいものを一つ選んでください。

例 🔊 N1_1_28

1番 🔊 N1_1_29

2番 🔊 N1_1_30

3番 🔊 N1_1_31

4番 🔊 N1_1_32

5番 🔊 N1_1_33

6番 🔊 N1_1_34

7番 🔊 N1_1_35

8番 🔊 N1_1_36

9番 🔊 N1_1_37

10番 🔊 N1_1_38

11番 🔊 N1_1_39

12番 🔊 N1_1_40

13番 🔊 N1_1_41

14番 🔊 N1_1_42

問題5 🔊 N1_1_43

問題5では、長めの話を聞きます。この問題には練習はありません。
問題用紙にメモをとってもかまいません。

1番、2番

問題用紙に何も印刷されていません。まず話を聞いてください。それから、質問とせんたくしを聞いて、1から4の中から、最もよいものを一つ選んでください。

1番 🔊 N1_1_44

2番 🔊 N1_1_45

3番

　まず話を聞いてください。それから、二つの質問を聞いて、それぞれ問題用紙の1から4の中から、最もよいものを一つ選んでください。

質問1　🔊 N1_1_47

1　ギャラリートーク
2　体験コーナー
3　講演
4　きのこ案内

質問2

1　ギャラリートーク
2　体験コーナー
3　講演
4　きのこ案内

合格模試　解答用紙

N1　言語知識（文字・語彙・文法）・読解

受験番号
Examinee Registration Number

名前
Name

〈ちゅうい　Notes〉

1. くろいえんぴつ (HB、No.2) でかいて
ください。
Use a black medium soft (HB or No.2)
pencil.
（ペンやボールペンではかかないでくだ
さい。）
(Do not use any kind of pen.)

2. かきなおすときは、けしゴムできれい
にけしてください。
Erase any unintended marks completely.

3. きたなくしたり、おったりしないでくだ
さい。
Do not soil or bend this sheet.

4. マークれい　Marking Examples

よいれい Correct Example	わるいれい Incorrect Examples
●	⊗ ◯ ◐ ◯ ⊖ ●

問題 1

	1	2	3	4
1	①	②	③	④
2	①	②	③	④
3	①	②	③	④
4	①	②	③	④
5	①	②	③	④
6	①	②	③	④

問題 2

	1	2	3	4
7	①	②	③	④
8	①	②	③	④
9	①	②	③	④
10	①	②	③	④
11	①	②	③	④
12	①	②	③	④
13	①	②	③	④

問題 3

	1	2	3	4
14	①	②	③	④
15	①	②	③	④
16	①	②	③	④
17	①	②	③	④
18	①	②	③	④
19	①	②	③	④

問題 4

	1	2	3	4
20	①	②	③	④
21	①	②	③	④
22	①	②	③	④
23	①	②	③	④
24	①	②	③	④
25	①	②	③	④

問題 5

	1	2	3	4
26	①	②	③	④
27	①	②	③	④
28	①	②	③	④
29	①	②	③	④
30	①	②	③	④
31	①	②	③	④
32	①	②	③	④
33	①	②	③	④
34	①	②	③	④
35	①	②	③	④

問題 6

	1	2	3	4
36	①	②	③	④
37	①	②	③	④
38	①	②	③	④
39	①	②	③	④
40	①	②	③	④

問題 7

	1	2	3	4
41	①	②	③	④
42	①	②	③	④
43	①	②	③	④
44	①	②	③	④
45	①	②	③	④

問題 8

	1	2	3	4
46	①	②	③	④
47	①	②	③	④
48	①	②	③	④
49	①	②	③	④

問題 9

	1	2	3	4
50	①	②	③	④
51	①	②	③	④
52	①	②	③	④
53	①	②	③	④
54	①	②	③	④
55	①	②	③	④
56	①	②	③	④
57	①	②	③	④
58	①	②	③	④

問題 10

	1	2	3	4
59	①	②	③	④
60	①	②	③	④
61	①	②	③	④
62	①	②	③	④

問題 11

	1	2	3	4
63	①	②	③	④
64	①	②	③	④

問題 12

	1	2	3	4
65	①	②	③	④
66	①	②	③	④
67	①	②	③	④
68	①	②	③	④

問題 13

	1	2	3	4
69	①	②	③	④
70	①	②	③	④

合格模試　解答用紙

N1 聴解

第1回

受験番号
Examinee Registration Number

名前
Name

問題 1

例	①	●	③	④
1	①	②	③	④
2	①	②	③	④
3	①	②	③	④
4	①	②	③	④
5	①	②	③	④
6	①	②	③	④

問題 2

例	●	②	③	④
1	①	②	③	④
2	①	②	③	④
3	①	②	③	④
4	①	②	③	④
5	①	②	③	④
6	①	②	③	④
7	①	②	③	④

問題 3

例	①	②	③	●
1	①	②	③	④
2	①	②	③	④
3	①	②	③	④
4	①	②	③	④
5	①	②	③	④
6	①	②	③	④

問題 4

例	●	②	③
1	①	②	③
2	①	②	③
3	①	②	③
4	①	②	③
5	①	②	③
6	①	②	③
7	①	②	③
8	①	②	③
9	①	②	③
10	①	②	③
11	①	②	③
12	①	②	③
13	①	②	③
14	①	②	③

問題 5

1	①	②	③	④
2	①	②	③	④
3 (1)	①	②	③	④
(2)	①	②	③	④

N1
言語知識（文字・語彙・文法）・読解
（110分）

注　意
Notes

1. 試験が始まるまで、この問題用紙を開けないでください。
   Do not open this question booklet until the test begins.

2. この問題用紙を持って帰ることはできません。
   Do not take this question booklet with you after the test.

3. 受験番号と名前を下の欄に、受験票と同じように書いてください。
   Write your examinee registration number and name clearly in each box below as written on your test voucher.

4. この問題用紙は、全部で30ページあります。
   This question booklet has 30 pages.

5. 問題には解答番号の　1　、　2　、　3　… が付いています。
   解答は、解答用紙にある同じ番号のところにマークしてください。
   One of the row numbers　1　,　2　,　3　… is given for each question. Mark your answer in the same row of the answer sheet.

受験番号　Examinee Registration Number	
名前　Name	

問題1 _____の言葉の読み方として最もよいものを、1・2・3・4から一つ選びなさい。

1 近所の公園には、秋の気配が漂っていた。
1 うるおって　　　　2 みなぎって　　　3 ただよって　　　4 とどまって

2 会社の採用面接は、和やかな雰囲気だった。
1 おだやかな　　　　2 なごやかな　　　3 にぎやかな　　　4 ゆるやかな

3 部長は頼みごとがあるときは、声色を変えてくるのですぐわかる。
1 こわいろ　　　　　2 こえいろ　　　　3 せいしょく　　　4 せいじき

4 ここのシェフは、厳選した食材で最高の料理を作ることで有名です。
1 ごんせん　　　　　2 いっせん　　　　3 げきせん　　　　4 げんせん

5 データが事態の深刻さを如実に表している。
1 じょじつ　　　　　2 こうじつ　　　　3 にょじつ　　　　4 どじつ

6 発表に向けて、その道の玄人に話を聞きに行く。
1 しろと　　　　　　2 くろと　　　　　3 しろうと　　　　4 くろうと

問題2 （　　　）に入れるのに最もよいものを、1・2・3・4から一つ選びなさい。

7 書類に（　　　）があると、申請は受理されない。
1　不備　　　　　　2　不当　　　　　3　不意　　　　4　不順

8 大切な仕事だとわかってはいるのだが、興味のない分野だけに（　　　）。
1　気が立たない　　2　気が抜けない　3　気がおけない　4　気が乗らない

9 どうしても嫌なことなら、（　　　）断ったほうがいい。
1　きっぱり　　　　2　じっくり　　　3　てっきり　　　4　うっかり

10 子供が3歳になったら、以前勤めていた銀行に（　　　）する予定だ。
1　副業　　　　　　2　回復　　　　　3　復職　　　　4　複写

11 彼の行いは、尊敬に（　　　）。
1　即する　　　　　2　値する　　　　3　有する　　　4　要する

12 今までの努力の（　　　）が出て、今大会では優勝することができた。
1　成功　　　　　　2　評価　　　　　3　成果　　　　4　効果

13 彼女は新人賞を受賞し、作家として華々しい（　　　）を飾った。
1　デビュー　　　　2　エリート　　　3　インテリ　　　4　エンド

問題3 ＿＿＿＿の言葉に意味が最も近いものを、1・2・3・4から一つ選びなさい。

14 生活習慣の乱れが体調に顕著に表れている。

1　きっぱりと　　　　2　はっきりと　　　　3　あいまいに　　　4　ゆったりと

15 当店の商品は一律千円です。

1　最高　　　　　　2　最低　　　　　　3　平均　　　　　　4　全部

16 2か月前に転職してから忙しい毎日が続いて、くたびれてしまった。

1　体調をくずして　　　　　　　　　2　やる気をなくして

3　ひどく疲れて　　　　　　　　　　4　寝込んで

17 これは日本の伝説にまつわる話を集めた本だ。

1　まとめる　　　　2　かねる　　　　　3　よく合う　　　　4　関係する

18 楽してお金をもらおうなんて情けない考えはやめたほうがいい。

1　いじわるな　　　2　簡単な　　　　　3　みじめな　　　　4　ずるい

19 将来のことは、もっとシビアに考えたほうがいい。

1　楽観的に　　　　2　悲観的に　　　　3　現実的に　　　　4　多角的に

問題４　次の言葉の使い方として最もよいものを、１・２・３・４から一つ選びなさい。

20 着手

1 好きな俳優に着手してもらっただけでなく、サインももらった。
2 この飛行機は空港に着手する準備を始めますので、座席にお戻りください。
3 そろそろこの仕事に着手しないと、締め切りに間に合わないよ。
4 娘はお気に入りの手袋を着手して、うれしそうだ。

21 未知

1 彼の本を読んで、自分はなんて未知なのかと恥じている。
2 未知の人に話しかけられても、決してついて行ってはいけないよ。
3 大切な試験で致命的なミスをしたので、合格は未知になった。
4 地球上には、まだ数多くの未知の生物が存在する。

22 気兼ね

1 息子が大学に合格できるか、いつも気兼ねして夜も眠れない。
2 新しい職場の待遇は十分で、何の気兼ねも感じない。
3 課長は、大事な会議の前は、いつも準備に気兼ねがない。
4 このゴルフ教室は、初心者でも気兼ねなく練習できる。

23 発足

1 祖父の家は約100年前に発足されたが、まだ十分住める。
2 国会は長時間の議論の末、この法案を新たに発足した。
3 この本は、昨年発足されて間もなくベストセラーになった。
4 彼は貧しい子供たちの生活を支える活動をするために、この団体を発足した。

24 見込む

1 高いところから下を見込んで、一気に怖くなってしまった。
2 これまでの実績と君の実力を見込んで、ぜひお願いしたい仕事がある。
3 万引きは悪いことだが、まだ小さい子供だったので見込んであげた。
4 私が見込んだ話では、山田さんはどうやら転勤になるそうだ。

25 素質

1　松田さんはチームをまとめるのが上手で、リーダーとしての<u>素質</u>がある。

2　小林さんは<u>素質</u>な性格で、部下から好かれている。

3　そのアイデアの<u>素質</u>はいいが、現状に合っていないのが問題だ。

4　この論文を書くにあたり、数多くの<u>素質</u>を集めるのが大変だった。

問題5　次の文の（　　　　）に入れるのに最もよいものを、1・2・3・4から一つ選びなさい。

26 届けられたお弁当の量を見てあぜんとした。30代の私で（　　　　）食べきれそうにない。高齢の私の両親にはとてもじゃないが多すぎる。

1　なら　　　　　　2　おろか　　　　3　あって　　　4　すら

27 閣僚の度重なる発言が問題になっている。先日も大臣が発言を撤回していたが、今になって謝罪した（　　　　）彼に対する印象は何も変わらない。

1　ところで　　　　2　ところは　　　3　ところに　　4　ところ

28 スマホの普及やこの不景気（　　　　）、消費者の意識が「所有」から「共有」へと変化している。物を所有するよりも、必要な時に必要なものをレンタルすることを好む人が増えているのだ。

1　に反して　　　　2　を伴って　　　3　とかかわって　4　と相まって

29 （テレビのスポーツ番組で）
Xチームが上のリーグに上がるためには、なんとしてもこの試合に勝たなければなりません。前半戦を終えて2対2の同点。1点（　　　　）許すわけにはいきません。

1　だけは　　　　　2　たりとも　　　3　たらず　　　4　限り

30 和弘「明日は、夕方4時半に成田着の予定だよ。」
美里「車で迎えに行くから、成田空港に（　　　　）電話してね。」

1　着くや否や　　　2　着いたとたん　3　着くが早いか　4　着き次第

31 わが社では、社員がより働きやすい環境を目指して様々な取り組みを行ってきた。その効果もあって、退職者は減り、以前（　　　　）社員の意欲が上がっている。

1　にも増して　　　2　から増して　　3　でも増して　　4　とは増して

32 洋子「たばこやめるって言ってなかった？」
隆　「やめようと思ってるよ。ただ、ストレスを感じると、（　　　　）んだよね。」

1　吸わずにはおかない　　　　　　　2　吸わないではおかない

3　吸ってはいられない　　　　　　　4　吸わずにはいられない

33 あの新人は、社会人として（　　　　　）常識が欠けている。ろくにあいさつもしないし、遅刻もしょっちゅうするし。

1　必要とさせられる　　　　　　　　2　必要とされている

3　必要なりの　　　　　　　　　　　4　必要にせよ

34 ボランティアで公園のゴミ拾いをしている（　　　　　）タバコの吸い殻を捨てられて、本当にがっかりした。

1　上に　　　　　　　　2　につれて　　　3　そばから　　　4　とともに

35 社内で慎重に検討いたしましたが、今回のお申し出は（　　　　　）。

1　辞退させていただきます　　　　　　2　ご辞退になります

3　辞退していらっしゃいます　　　　　4　辞退しておられます

問題6　次の文の　__★__　に入る最もよいものを、1・2・3・4から一つ選びなさい。

（問題例）

　　　あそこで　_____　_____　__★__　_____　は山田さんです。

　　　　1　テレビ　　　　2　見ている　　　3　を　　　　　　　4　人

（解答のしかた）

1.　正しい文はこうです。

　　┌───┐
　　│　あそこで　_____　_____　__★_____　_____　は山田さんです。　│
　　│　　　　1　テレビ　　3　を　　　2　見ている　4　人　　　　　　　　　│
　　└───┘

2.　__★__　に入る番号を解答用紙にマークします。

　　　　　　　（解答用紙）　　│（例）│　①　●　③　④　│

36　彼女と結婚したいという気持ちは　_____　_____　__★__　_____　変わりません。

　　　1　言おうと　　　　　　2　決して　　　　　3　何と　　　　　　　4　誰が

37　竹内さんは、部下の満足度や他部署の予定よりも　_____　_____　__★__　_____
　　得ることができない。

　　　1　部下の信頼を　　　　　　　　　　　2　きらいがあるので

　　　3　自分の都合ばかりを　　　　　　　4　優先する

38　ゆうべ、友人からのメールで　_____　_____　__★__　_____　昨日お亡くなりになっ
　　たと知り、なかなか眠りにつくことができなかった。

　　　1　私が尊敬して　　　　　　　　　　2　平野先生が

　　　3　大学時代の指導教官であり　　　　4　やまない

39 社内の不祥事が明るみに ＿＿＿＿ ＿＿＿＿ ＿★＿ ＿＿＿＿ 調査を始めた。

1　ようやく　　　　　　　　　　　　2　至って

3　経営陣は社内での　　　　　　　　4　出るに

40　（経営者へのインタビューで）

記者「御社では、今、どのような人材を求めているのでしょうか。」

社長「学校の成績が ＿＿＿＿ ＿＿＿＿ ＿★＿ ＿＿＿＿ のですが、それだけを見るこ
とはしません。特に弊社のようなベンチャー企業では新しい発想が求められます。」

1　越したことはない　　2　あれば　　　　3　あるに　　　　4　優秀で

問題7　次の文章を読んで、文章全体の趣旨を踏まえて、　41　から　45　の中に入る最もよいものを、1・2・3・4から一つ選びなさい。

以下は、小説家が書いたエッセイである。

　　どうやって日本語のコーパスを作ったかというと、まず、日本語で書かれた国内の出版物をたくさん集める。出版数で考えると、「社会科学」に分類される出版物が一番多いのだそうだ。よって、実際の比率　41　、「社会科学分野の出版物が一番多くなるように」と、ちゃんと塩梅して集める。ただ、出版数ではなく流通数で考えると、文学関連が一番多くなる。そういった要素も加味する。
（注1）

　　つまり、どんな出版物がどれぐらい作られているのか、我々がどんな出版物をよく読んでいるのか、実際の傾向や動向に基づいて、とにかく本や雑誌や新聞や白書や教科書を集めまくる。そうして集めた出版物から、抜粋する文章をランダムに選び、スキャンしてデータ化する。そのデータの集積が、コーパスと　42　。
（注2）　　　　　　　　　　　　　　　　　　（注3）

　　コーパスがあると、とっても便利。たとえば、「『医者』と『医師』が、どう使いわけられているのか知りたいな」と思ったら、コーパスを検索すればいい。その二つの言葉が実際にどう使われているのか、パパッと表示される。　43　、書籍では「医者」より「医師」を使うことが多く、新聞では圧倒的に「医師」が多いらしい。コーパスは、「Yahoo!ブログ」と「Yahoo!知恵袋」での日本語の使われかたも収集していて、「ネット上では『医者』を使うひとが多い」ということもわかるようになっている。
（ち　え　ぶくろ）

　　じゃあ、「解約」と「キャンセル」をどう使いわけているかというと、ネット上では「キャンセル」が、新聞や広報誌や教科書では「解約」が、それぞれ圧倒的に多い。

　　ふむふむ、いずれも実感として、非常に納得のいく検索結果だ。我々は、真面目な局面だったり、「公な感じ」が強かったりする場合、「医師」や「解約」という言葉を選んで使い、くだけた場や日常的な文章表現においては、「医者」や「キャンセル」という言葉を選んで　44　。
（注4）

　このように、コーパスがあると、「どんな言葉を、どんな場面で実際に使っているのか」が一目瞭然になる。我々が、「ある言葉に、どんなニュアンスをこめているのかがわかる」とも　45　。

（三浦しをん『広辞苑をつくるひと』岩波書店による）

（注1）塩梅：ほどよい具合・加減
（注2）白書：政府が発表する報告書
（注3）抜粋する：書物などから必要なところを抜き出す
（注4）局面：そのときの状況・状態
（注5）一目瞭然：一目見てはっきりわかること

41

1　に即して　　　　2　にとって　　　3　に先立って　　4　に限って

42

1　名付けた　　　　　　　　　　2　言わされている
3　言ったところだ　　　　　　　4　呼ばれるものだ

43

1　その結果　　　2　いわゆる　　　3　そして　　　4　ちなみに

44

1　使っているわけだ　　　　　　2　使ってみることだ
3　使うまでもない　　　　　　　4　使うことだろう

45

1　言わずにはおかない　　　　　2　言えるものではない
3　言うわけにはいかない　　　　4　言えるかもしれない

問題8　次の(1)から(4)の文章を読んで、後の問いに対する答えとして最もよいものを、
　　　　1・2・3・4から一つ選びなさい。

(1)　以下は、取引先の会社の人から届いたEメールである。

【担当者変更のお知らせ】
株式会社ＡＢＣ
佐藤様

いつもお世話になっております。
株式会社さくらの鈴木です。

この度、弊社の人事異動に伴い、4月1日より営業部小林が貴社を担当させてい
ただくことになりました。在任中、佐藤様には大変お世話になり、感謝しており
ます。

小林は入社10年のベテラン社員で、長らく営業業務に携わってまいりました。
今後も変わらぬご指導のほど、何卒よろしくお願い申し上げます。

後日改めまして、小林と共にご挨拶に伺う所存ではございますが、取り急ぎメー
ルにてご連絡申し上げます。

上記につきまして、どうぞよろしくお願いいたします。

---

46 このメールで最も伝えたいことは何か。
　　1　新しい担当者が10年前に入社したベテランであること
　　2　鈴木が3月31日をもって会社を辞めること
　　3　鈴木が佐藤のところに挨拶に行くのは難しいこと
　　4　担当者が変わってもこれまでの関係を続けたいこと

(2)

　私はパソコンもスマートフォンも持っていないが、ネット上には、作家やその作品に対する全否定、罵倒^(注)が溢れているらしい。プリントアウトしたものを私も見せてもらったことがある。やはり編集者が気を遣ってかなりましな感想を選んでくれたのだろうが、それでもそうとうなもので、最後まで読む勇気が自分にあったのは<u>驚きだった</u>。

（田中慎弥『ひよこ太陽』新潮社による）

（注）罵倒：相手を大声で非難すること

47 <u>驚きだった</u>のはなぜか。

　　1　編集者がこれほど配慮してくれるとは思っていなかったから

　　2　読むにたえないほどの感想を最後まで読み切ったから

　　3　ネット上の文章を読むのに慣れていなかったから

　　4　ネット上の感想が読み切れないぐらい多かったから

（3）

　私は一見社交的に見えるようだが、初対面の人と話すのは苦手だ。（中略）という話を、先頃、あるサラリーマンにした。

　彼は小さな広告代理店の営業担当役員である。新しい人と知り合うのが仕事のような職種だ。

　彼曰（いわ）く、話題につまった時は、ゴルフか病気の話をすれば何とかなるそうだ。四十も過ぎれば、体の不調は誰でも抱えている。自分自身は元気でも、親はある程度の年齢だから、病気に関わる心配事を抱えていない大人はいない。なるほどである。

（大石静『日本のイキ』幻冬舎による）

48 筆者がなるほどであると感じたことは何か。

　1　営業は、新しい人と知り合うのが仕事だ。

　2　初対面の人と話せないのは、病気のせいだ。

　3　四十歳を過ぎると、誰でも病気をするのは当たり前だ。

　4　何を話すか困ったときは、病気の話をすればいい。

(4)

　強いとか弱いとかいうのとはちょっと別に、その選手に異様な熱を感じる時期というのがあって、世界戦やタイトルマッチじゃなくても、その熱は会場中に伝播する。その熱の渦中にいると「ボクシングってこんなにすごいのか！」と素直に納得する。たったひとりの人間が発する熱が源なのだから。それはもしかしたら、その選手の旬というものなのかもしれない。年齢とは関係ない。また、旬の長さも一定ではないし、一度きりということでもないのだろう。だけれど、永遠ではない。

（角田光代『ボクシング日和』角川春樹事務所による）

49 選手の旬について、筆者の考えに合うのはどれか。

1　ボクシングはほかのスポーツとは異なり、若い時に旬が来る。

2　選手の旬とは、選手生命のうちで最も強い時期のことである。

3　旬の選手は熱を放ち、観客はそれを感じ取る。

4　旬は一生に一度だけ訪れるものである。

問題9 次の⑴から⑶の文章を読んで、後の問いに対する答えとして最もよいものを、
1・2・3・4から一つ選びなさい。

⑴

　落語の世界では、マクラというものがあり、長い 噺 を本格的に語る前にちょっとした小咄とか、最近あった自分の身の回りの面白い話などをする。(中略)

　落語家はマクラを振ることによって何をしているかといえば、観客の気持ちをほぐすだけではなくて、今日の客はどういうレベルなのか、どういうことが好きなのか、というのを感じとるといっている。

　たとえば、これぐらいのクスグリ(面白い話)で受けないとしたら、「今日の客は粋じゃない」とか「団体客かな」などと、いろいろ見抜く。そして客のタイプに合わせた噺にもっていく。これはプロの熟達した技だ。

　それと似たようなことが授業にもある。先生の立場からすると、自分の話がわかったときや知っているときは、生徒にうなずいたりして反応してほしいものだ。そのうなずく仕草によって、先生は安心して次の言葉を話すことができる。反応によっては発問を変えたり予定を変更したりすることが必要だ。

　逆の場合についても、そのことはいえる。たとえば子どもが教壇に一人で立って、プレゼンテーションをやったとする。そのときも教師の励ましが必要なのだ。アイコンタクトをし、うなずきで励ますということだ。先生と生徒が反応し合うことで、密度は高まり、場の空気は生き生きしてくる。

(齋藤孝『教育力』岩波書店による)

(注1) 噺：昔話や落語
(注2) 小咄：短くおもしろい話

50 落語家について、筆者はどのように述べているか。

1 落語家は、マクラといって小咄（こばなし）の後に長い噺（はなし）をする。

2 落語家は、クスグリに対する客の反応によって、語る噺（はなし）を決める。

3 落語家は、マクラを振る前に、観客の好みを見極める。

4 落語家は、客が団体客の場合のみ、客に合わせた噺（はなし）をする。

51 それと似たようなことが授業にもあるとあるが、どういう意味か。

1 先生にとっても生徒のレベルや好みを感じ取ることは難しいという意味

2 先生も面白い話をして生徒の気持ちをほぐしているという意味

3 先生も教壇で落語をしようとしているという意味

4 先生も生徒の反応によって授業を臨機応変に変えているという意味

52 筆者によると、授業に必要なこととは何か。

1 生徒が発表するとき、先生が声をかけて励ますこと

2 先生と生徒が近距離で触れ合うこと

3 先生も生徒も相手の話を聞いて反応すること

4 先生を安心させるために生徒が質問をたくさんすること

(2)

　ペットショップで目が合って何か運命的なものを感じてしまい、家へ連れて帰ってきたシマリスのシマ君が、今朝、突然、攻撃的になってしまった。

　これまで、手のひらに入れてぐるぐるお団子にしたり、指を口の前に差し出しても一度も咬んだり人を攻撃したことがないのに、いきなり咬みつかれた。かごの中の餌からゴミを取ろうとしてふと指を入れたら、がぶっとやられたのである。

　（中略）

　「①タイガー化する」といって、冬眠に入る秋冬になるとものすごく攻撃的になるという。そんなことは知らなかった。あんなにひとなつこくて誰にでも甘えてくるリスが、目を三角にしてゲージにバンバン体当たりしてくる。同じ動物とは思えない。怖い。

　獣医師によると、冬眠する前に体内にある物質が分泌されるらしい、という説や、冬眠前になるべく餌をたくさん食べて体脂肪を蓄えるためになわばり意識が強まる、という二つの説があるそうだが、医学的にはっきり解明されていない。

　その上、何と「春になると元のひとなつこい状態に戻る子もいるし、そのままの凶暴状態が続く子もいます」というのである。

　もう戻らないかもしれないなんて、②本当に悲しい。あんなに可愛かったうちのシマ君が、突然、野獣に変ってしまった。

（柿川鮎子『まふまふのとりこ ― 動物をめぐる、めくるめく世界へ ―』三松株式会社出版事業部による）

（注１）　目を三角にする：怒って、怖い目つきをする
（注２）　ゲージ：動物を閉じ込めておく檻やかご

53 シマ君の以前の様子について、筆者はどのように述べているか。

1　筆者の手のひらで丸められるのを喜んでいた。

2　人を咬むような凶暴性はなかった。

3　よくかごの中からゴミを出そうとしていた。

4　筆者以外の人に人見知りしていた。

54 ①タイガー化について、筆者はどのように述べているか。

1　タイガー化とは冬眠に入った後に攻撃的になることを指す。

2　タイガー化の原因は獣医学でも解き明かされていない。

3　タイガー化すると誰にでも甘えるようになる。

4　餌を食べ過ぎるとタイガー化しやすい。

55 筆者がシマ君について②本当に悲しいと思っているのはなぜか。

1　冬眠が明けても攻撃的なままかもしれないから

2　春になっても体脂肪が落ちないかもしれないから

3　いつ元の可愛い顔に戻るのかわからないから

4　冬眠から覚めずにそのまま死んでしまうかもしれないから

（3）

　かつての教員養成はきわめてすぐれていた。ことに小学校教員を育てた師範学校(注1)は、いまでは夢のような、ていねいな教育をしたものである。

　（中略）

　その師範学校の教員養成で、ひとつ大きな忘れものがあった。外国の教員養成に見倣った(注2)ものだから、罪はそちらのほうにあるといってよい。

　何かというと、声を出すことを忘れていたのである。読み、書き中心はいいが、声を出すことをバカにしたわけではないが、声の出し方を知らない教師ばかりになった。

　（中略）

　新卒の先生が赴任する。小学校は全科担任制だが、朝から午後までしゃべりづめである。声の出し方の訓練を受けたことのない人が、そんな乱暴なことをすれば、タダではすまない。

　早い人は秋口に、体調を崩す。戦前の国民病、結核(注3)にやられる。運がわるいと年明けとともに発病、さらに不幸な人は春を待たずに亡くなる、という例がけっして少なくなかった。

　もちろん、みんなが首をかしげた。大した重労働でもない先生たちが肺病で亡くなるなんて信じがたい。日本中でそう思った。

　知恵（？）のある人が解説した。先生たちは白墨(注4)で板書をする。その粉が病気を起こすというのである。この珍説、またたくまに、ひろがり、日本中で信じるようになった。神経質な先生は、ハンカチで口をおおい、粉を吸わないようにした。それでも先生たちの発病はすこしもへらなかった。

　大声を出したのが過労であったということは、とうとうわからずじまいだったらしい。

（外山滋比古『100年人生 七転び八転び ─「知的試行錯誤」のすすめ』さくら舎による）

（注1）師範学校：小学校教員を養成した旧制の学校
（注2）見倣う：見てまねをする
（注3）結核：結核菌を吸い込むことによって起こる感染症
（注4）白墨：チョーク

56 昔の教員養成について、筆者はどのように述べているか。

　　1　海外のものを参考にしていた。

　　2　大声を出す人は軽蔑されていた。

　　3　読むことより書くことを主に学んだ。

　　4　声の出し方を忘れる人が多かった。

57 新卒の先生について、筆者はどのように述べているか。

　　1　生徒たちから日常的に乱暴な言い方をされていた。

　　2　運が悪い人はお正月には病気になっていた。

　　3　春になる前に亡くなる人は少なかった。

　　4　一日中ぺちゃくちゃおしゃべりする人が多かった。

58 それでも先生たちの発病はすこしもへらなかったとあるが、なぜか。

　　1　病気が速いスピードで日本中に広がってしまったから。

　　2　ハンカチでは白墨の粉を防ぎきれなかったから。

　　3　声を出す時に白墨の粉を吸ってしまっていたから。

　　4　大声を出したりしゃべり続けたりしたことで体調を崩していたから。

問題10 次の文章を読んで、後の問いに対する答えとして最もよいものを、1・2・3・4から一つ選びなさい。

「住まいの中の君の居場所はどこか?」と問われて「自分の部屋」と、自覚的に答えられるのは、五、六歳になってからでしょうか。

しかしその時期をすぎても、実際には自室をもっている子でさえ、宿題はダイニングテーブルやリビングでやるという場合が、とても多いとききます。玩具やゲーム機で遊ぶのもリビングで、けっきょく自室に入るのは眠るときだけ。こんな子が少なくありません。

その理由の一つは子供も親も、家にいる時間がどんどんへっていることにあります。今、共働きの世帯は専業主婦世帯のほぼ二倍にあたる約1100万世帯で、これからも増加するとみられています。しかも労働時間はいっこうにへらず長いまま。親が家にいない時間が長くなるにつれて、子供もやはり家にいない時間が増えていきました。起きている時間のうちの大半を、自宅ではなく保育園などで過ごす子も多い。こんな状況ですから、親子のふれあう時間そのものが少ないのです。

①こうしたなかで、親子のコミュニケーション、ふれあいの機会を空間的にどうにか捻出しようという働きかけが、ハウスメーカー^(注1)から出ています。

たとえば三井ホームは「学寝分離」、ミサワホームは「寝学分離」をテーマにした住まいを広めようとしています。

「寝」というのは睡眠の場所、「学」というのは遊びを含む学びの場所のことです。これを分離するというのはどういうことでしょうか。

「家族のコミュニケーションを高めるために、子供室はあくまで"寝る部屋"と位置づけ、"学ぶ部屋""くつろげる場所"を共有空間などの別の場所に設けるという考え方」(三井ホーム・シュシュ)

これまでの子供部屋はしっかり集中して勉強ができる空間、ゆっくりと安眠できる空間、また読書や音楽鑑賞といった個人の趣味や息抜きをする空間として考えられていました。いわばそこは子供にとってのオールマイティ^(注2)な場所でした。

しかし、それでは親と子供がふれあう時間がなくなる。そこで、②子供部屋がほんらい発揮すべき役割を、家の中の他の場所にもつくって、そこをコミュニケーションの場としても活用しようというわけです。

(藤原智美『集中力・思考力は個室でこそ磨かれる なぜ、「子供部屋」をつくるのか』廣済堂出版による)

(注1) ハウスメーカー:家づくりのサービスを行っている会社
(注2) オールマイティ:何でも完全にできること

59 子供と部屋の関係について、筆者はどのように述べているか。

1 家の中に居場所がないと感じている五、六歳以下の子供は多い。

2 子供は自分の部屋で寝ることが少ない。

3 自分の部屋を持たない子供が増えている。

4 子供部屋で遊んだりゲームをしたりする子供は少ない。

60 ①こうしたなかでとあるが、どのようなことか。

1 共働きが増え、保育園などに通う子供が増えた。

2 子供が寝る時間が増え、親子のふれあう時間が減った。

3 親が、子供の家にいる時間を減らそうとしている。

4 専業主婦が増えており、これからも増えていく。

61 「学寝分離」、「寝学分離」の意味として正しいのはどれか。

1 子供を家族から離れたところで寝かせること

2 子供が勉強する場所と、家族で過ごす場所を分けること

3 子供が寝る以外の時間に家族と一緒に過ごせる場所を作ること

4 共有空間では家族でくつろぎ、子供部屋では子供を自由に遊ばせること

62 ②子供部屋がほんらい発揮すべき役割について、筆者はどのように述べているか。

1 子供にとって安心して寝られる場所であること

2 子供と親がいつでもくつろげる空間であること

3 子供にとって何でも安心してできる場所であること

4 子供と親がコミュニケーションできる場所であること

　次のAとBの文章を読んで、後の問いに対する答えとして最もよいものを、1・2・3・4から一つ選びなさい。

A

私は幼稚園での運動会の写真撮影禁止に賛成です。写真には、子供も先生も他の親たちもみんな写ってしまうのです。それが嫌な人もいるわけですよ。それに、写真に残さないといけないという脅迫観念の中で生きている人が多いのですが、撮って満足しているだけじゃないんですか。撮影のための場所取りに必死になって、他の人の邪魔になったり、運動会を見に来ているのか撮影だけに来ているのか、わからなくなったりしている人が多いです。幼稚園側も、肉眼でしっかり子供を見て、成長を目に焼き付けてもらいたいんじゃないでしょうか。私は写真撮影しても、後日見返したことがないです。実際の目で見たほうが、終わってからの満足感を得られると思います。

B

運動会の写真撮影を禁止する幼稚園があるそうですが、それは仕方のないことだと思います。最近はモラル(注)のない親が多いので、撮影の場所取りなどで保護者同士のトラブルになったら、幼稚園にクレームが殺到しますよね。幼稚園側からすれば、そのようなクレームに対応できないというのが本音でしょう。また、保護者の方たちは、撮影していると自分の子供ばかりに目が行きがちですが、幼稚園側としては、先生方の声かけや他の子供たちとのかかわり方などにも目を向けてもらいたいのではないでしょうか。それと、親が撮影に熱心になりすぎて、拍手や声援がまばらになるので、子供たちのやる気にも影響してしまうのではないかと思います。子供と目を合わせて、見てるよ、応援してるよ、とアイコンタクトする。そういった温かいやり取りが忘れられているように思います。

（注）モラル：いいことと悪いことや正しいことと正しくないことを見極めるための普遍的な行動基準

63 幼稚園での運動会の写真撮影について、AとBはどのように述べているか。

1 AもBも、自分の子供以外の人を撮影してしまうことがよくないと述べている。

2 AもBも、幼稚園側がクレームに対応できないからよくないと述べている。

3 Aは写真に残して後日見返さないのはよくないと述べ、Bは撮影で親同士がケンカになることがよくないと述べている。

4 Aは写真を撮るだけで満足している親が多いと述べ、Bは子供たちのやる気に影響していると述べている。

64 幼稚園側の意見について、AとBはどのように推測しているか。

1 Aは先生が写真に写り込むことを嫌っているのだろうと述べ、Bは拍手や声援を増やしてほしいのだろうと述べている。

2 Aは場所取りなどで他の人の邪魔にならないでほしいのだろうと述べ、Bはクレームを避けようとしていると述べている。

3 Aはカメラ越しではなく直接子供を見てほしいのだろうと述べ、Bは自分の子供だけでなく他の子供とのかかわり方も見てほしいのだろうと述べている。

4 Aは撮影が目的の人には別の場所で見てほしいのだろうと述べ、Bは子供とアイコンタクトしてほしいのだろうと述べている。

問題12 次の文章を読んで、後の問いに対する答えとして最もよいものを、1・2・3・4から一つ選びなさい。

　少子化と、超高齢化で、将来的に労働力が不足し、生産力が激減するということで、移民(注1)の受け入れと並んで、高齢者の雇用延長、再雇用が奨励されるようになった。定年(注2)も1970年代には55歳だったものが、その後60歳、さらに、改正高年齢者雇用安定法により、65歳までの雇用確保が定着しつつある。(中略)

　アメリカのように定年制がない国もあるが、日本の定年がどうやって決められているのか、わたしにはよくわからない。おそらく平均寿命から算出されているのかも知れない。長く続いた「55歳定年制」だが、日本人の平均寿命が40歳代前半だった二十世紀初頭に、日本郵船が設けた社員休職規則が起源という説が有力だ。今や、平均寿命は80歳を超えているわけだから、65歳まではもちろん、ひょっとしたら70歳、いや75歳までは働けるのではないか、といったムードがあるように思う。そしてメディアは、「いくつになっても働きたい、現役でいたい」という人々を好んで取り上げる。働いてこそ幸福、という世論が醸成(注3)されつつある感じもする。

　だが、果たして、①歳を取っても働くべきという考え方は正しいのだろうか。「村上(むらかみ)さんは会社勤めじゃないから定年なんかなくていいですね」と言われることがあり、「まあ、そうですけどね」とか曖昧(あいまい)に対応するが、内心「ほっといてくれ」(注4)と思う。

　パワーが落ちてきたのを実感し、「もう働きたくない」という人だって大勢いるに違いない。「ゆっくり、のんびりしたい」と思っていて、経済的余裕があれば、無理して働く必要はないと個人的にはそう思う。さらに②不可解なのは、冒険的な行為に挑む年寄りを称賛する傾向だ。歳を取ったら無理をしてはいけないという常識は間違っていない。冒険なんかされると、元気づけられるどころか、あの人に比べると自分はダメなのではないかと、気分が沈む。勘違いしないで欲しいが、年寄りは冒険をするなと言っているわけではない。冒険するのも、自重するのも、個人の自由であって、一方を賛美すべきではないということだ。

　わたしは、60歳を過ぎた今でも小説を書いていることに対し、別に何とも思わない。伝えたいことがあり、物語を構成していく知力がとりあえずまだ残っていて、かつ経済面でも効率的なので、書いているだけで、幸福だとか、恵まれているとか、まったく思ったことはない。「避ける」「逃げる」「休む」「サボる」そういった行為が全否定されているような社会は、息苦しい。

（村上龍『おしゃれと無縁に生きる』幻冬舎による）

（注1）移民：外国に移り住む人
（注2）定年：会社などで退職するように決められた年齢
（注3）醸成(じょうせい)される：次第に作り上げられる
（注4）ほっといて：ほうっておいて

65 筆者によると、日本の定年制に対する世間の意見はどのようなものか。

1 平均寿命が伸びたので、定年も65歳に引き上げるべきだ。

2 老人は移民よりも仕事ができるので、定年を過ぎても仕事を続けるべきだ。

3 歳老いても働くことはいいことなので、定年は75歳でもいいかもしれない。

4 労働力が不足しているので、定年を設定せず、たくさんの人を長く働かせたほうがいい。

66 ①歳を取っても働くべきという考え方について、筆者はどのように考えているか。

1 平均寿命が延びたのだから、歳を取っても働くのは当然だ。

2 経済的に働く必要がなければ、無理に働かなくてもいい。

3 働くことは幸福なことなので、歳を取っても働くのは素晴らしい。

4 歳を取ったら無理をしないほうがいいから、反対だ。

67 筆者が②不可解だと感じているのはどのようなことか。

1 なぜ人々は冒険する老人をすばらしいとほめるのかということ

2 なぜ自分には冒険する元気がないのかということ

3 なぜ人は歳を取っても挑戦し続けようとするのかということ

4 なぜ歳を取ったら無理をしてはいけないと思うのかということ

68 筆者が最も伝えたいことは何か。

1 年寄りが力を発揮できるように応援するべきだ。

2 無理をしている老人を見るのは心苦しい。

3 小説家にも会社勤めと同じように定年の制度が必要だ。

4 歳を取ってもがんばり続けなければならないという社会は嫌だ。

問題13　右のページは、旅行のパンフレットである。下の問いに対する答えとして最も
　　　　よいものを、1・2・3・4から一つ選びなさい。

69 8月10日に田中さん夫婦は特急列車に乗って温泉ホテルに泊まりに行く予定だが、なるべく
　　安く泊まりたい。田中さんは55歳、田中さんの奥さんは48歳。温泉ホテルまでの特急列
　　車の通常の値段は一人片道3000円である。どのプランが一番安いか。

　　1　月の館の宿泊プランA
　　2　光の館の宿泊プランA
　　3　月の館の宿泊プランB
　　4　光の館の宿泊プランB

70 8月25日に山本さん家族は4人（大人2人、中学生1人、小学生1人）で光の館に泊まり
　　たい。山本さんは43歳、山本さんの奥さんは40歳。温泉ホテルまでは車で行く予定であ
　　る。いくらになるか。

　　1　34,000円
　　2　37,000円
　　3　41,000円
　　4　44,500円

7/30～8/31　夏の宿泊キャンペーン！
ホテルABC鬼怒川

　鬼怒川温泉駅から徒歩6分。四季折々に姿を変える山々に囲まれ、露天風呂からは鬼怒川を一望できる、伝統ある温泉宿です。源泉100%の天然温泉で、効果を肌で実感できます。お食事は郷土料理を含む和洋中の朝食及び夕食をご堪能いただけます。お客様を心からおもてなしいたします。

【客室】　月の館　バス・トイレ付和室（2～6名）　　　　　光の館　バス・トイレ付和室（2～5名）
【基本代金（お一人様／単位：円)】

［宿泊プランA］　1泊夕食・朝食付（夕食は90分飲み放題付き）

区分（1室利用人員）	宿泊プランA
おとな（中学生以上）	10,000
こども（小学生）	7,000
こども（4歳以上の未就学児）	5,000

※0～3歳児のお子様は代金不要でご利用いただけます。
1室利用人員には含めません。

※光の館はリニューアル一周年となりました。光の館にご宿泊の場合、上記基本代金に各1名様につき、おとな（中学生以上）2,000円、こども（小学生）1,500円、こども（4歳以上の未就学児）1,000円が加算されます。

キャンペーン特典

①お一人様一杯の**ウェルカムドリンク**付き！

②ご夫婦どちらかが50歳以上の場合、**光の館5000円引き宿泊券**（次回宿泊時から利用可）をプレゼント！

③お得な**往復特急券付きプランB**をご用意！
　宿泊プランAに特急きぬ号往復券（普通車指定一般席／東武浅草⇔鬼怒川温泉）付き。上記基本代金に各1名様につき、おとな5,000円、こども（小学生）3,000円が加算されます。

【設備】温泉大浴場、貸切風呂、室内温泉プール（期間限定）、アロマセラピー、リフレクソロジー、卓球、カラオケ、宴会場、会議室

N1

ちょうかい
聴解

(60分)

注　意
Notes

1. 試験が始まるまで、この問題用紙を開けないでください。

   Do not open this question booklet until the test begins.

2. この問題用紙を持って帰ることはできません。

   Do not take this question booklet with you after the test.

3. 受験番号と名前を下の欄に、受験票と同じように書いてください。

   Write your examinee registration number and name clearly in each box below as written on your test voucher.

4. この問題用紙は、全部で13ページあります。

   This question booklet has 13 pages.

5. この問題用紙にメモをとってもかまいません。

   You may make notes in this question booklet.

受験番号　Examinee Registration Number	

名前　Name	

問題1 🔊 N1_2_02

問題1では、まず質問を聞いてください。それから話を聞いて、問題用紙の1から4の中から、最もよいものを一つ選んでください。

例 🔊 N1_2_03

1　グッズの数をチェックする
2　客席にゴミが落ちていないか確認する
3　飲み物とお菓子を用意する
4　ポスターを貼る

1番 🔊 N1_2_04

1 システムが使えるかテストする
2 出勤管理システムにログインする
3 新しいパスワードを設定する
4 退出ボタンをクリックする

2番 🔊 N1_2_05

1 最終のご案内というメール
2 予約管理番号が書かれたメール
3 航空券の引換券が添付されたメール
4 決済完了のメール

3番 🔊 N1_2_06

1 車にファイルを取りに行く
2 修理工場の情報を教える
3 修理代の見積もりを取る
4 2万円払う

4番 🔊 N1_2_07

1 部屋を選択する
2 会員登録をする
3 予約をし直す
4 予約をすべてキャンセルする

5番 🔊 N1_2_08

1 図書館に行く
2 分析方法を書く
3 フォーマットを変える
4 出典の順序を変える

6番 🔊 N1_2_09

1 そうじのコツをネットで調べる
2 そうじ場所のリストを作る
3 そうじ道具を買いに行く
4 必要なさそうなものを箱に入れる

問題2 🔊 N1_2_10

　問題2では、まず質問を聞いてください。そのあと、問題用紙のせんたくしを読んでください。読む時間があります。それから話を聞いて、問題用紙の1から4の中から、最もよいものを一つ選んでください。

例 🔊 N1_2_11

1　役者の顔
2　役者の演技力
3　原作の質
4　演劇のシナリオ

1 パジャマを渡す

2 インターホンを押す

3 面会申込書に記入する

4 面会者用カードを渡す

1 Ｃ会場で夕飯を食べること

2 浴衣を着て夕飯を食べること

3 大浴場まで部屋のタオルを持っていくこと

4 夜9時以降に外出する時玄関の鍵を閉めること

3番 🔊 N1_2_14

1 夫が特殊詐欺をしたから
2 詐欺師が自分の留守の時間に来たから
3 夫がお金を孫にあげなかったから
4 夫が秘密の口座を持っていたから

4番 🔊 N1_2_15

1 書類がいつ届くか
2 山本さんがいつ席に戻るか
3 忘れ物をいつ送ってもらえるか
4 山本さんがいつ電話をくれるか

5番 🔊 N1_2_16

1 ３路線が通っていること
2 始発駅であること
3 待機児童がいないこと
4 駅前に居酒屋がないこと

6番 🔊 N1_2_17

1 東京支社で働くことになったから
2 この会社を辞めるから
3 大きなプロジェクトが終わったから
4 大阪支社で働くことになったから

1　洗濯機で洗えるようになった

2　ホックで留められるようになった

3　ホックの数が増えた

4　羽毛の質がよくなった

問題3 🔊 N1_2_19

問題3では、問題用紙に何も印刷されていません。この問題は、全体としてどんな内容かを聞く問題です。話の前に質問はありません。まず話を聞いてください。それから、質問とせんたくしを聞いて、1から4の中から、最もよいものを一つ選んでください。

例 🔊 N1_2_20

1番 🔊 N1_2_21

2番 🔊 N1_2_22

3番 🔊 N1_2_23

4番 🔊 N1_2_24

5番 🔊 N1_2_25

6番 🔊 N1_2_26

問題4 🔊 N1_2_27

問題4では、問題用紙に何も印刷されていません。まず文を聞いてください。それから、それに対する返事を聞いて、1から3の中から、最もよいものを一つ選んでください。

例 🔊 N1_2_28

1番 🔊 N1_2_29

2番 🔊 N1_2_30

3番 🔊 N1_2_31

4番 🔊 N1_2_32

5番 🔊 N1_2_33

6番 🔊 N1_2_34

7番 🔊 N1_2_35

8番 🔊 N1_2_36

9番 🔊 N1_2_37

10番 🔊 N1_2_38

11番 🔊 N1_2_39

12番 🔊 N1_2_40

13番 🔊 N1_2_41

14番 🔊 N1_2_42

問題5 🔊 N1_2_43

問題5では、長めの話を聞きます。この問題には練習はありません。
問題用紙にメモをとってもかまいません。

1番、2番

問題用紙に何も印刷されていません。まず話を聞いてください。それから、質問と
せんたくしを聞いて、1から4の中から、最もよいものを一つ選んでください。

1番 🔊 N1_2_44

2番 🔊 N1_2_45

3番　🔊 N1_2_46

　まず話を聞いてください。それから、二つの質問を聞いて、それぞれ問題用紙の1から4の中から、最もよいものを一つ選んでください。

質問1　🔊 N1_2_47

1　A館
2　B館
3　本館2階
4　本館3階

質問2

1　A館
2　B館
3　本館2階
4　本館3階

合格模試　解答用紙

N1 言語知識（文字・語彙・文法）・読解

第2回

受験番号
Examinee Registration Number

名前
Name

問題1

1	① ② ③ ④
2	① ② ③ ④
3	① ② ③ ④
4	① ② ③ ④
5	① ② ③ ④
6	① ② ③ ④

問題2

7	① ② ③ ④
8	① ② ③ ④
9	① ② ③ ④
10	① ② ③ ④
11	① ② ③ ④
12	① ② ③ ④
13	① ② ③ ④

問題3

14	① ② ③ ④
15	① ② ③ ④
16	① ② ③ ④
17	① ② ③ ④
18	① ② ③ ④
19	① ② ③ ④

問題4

20	① ② ③ ④
21	① ② ③ ④
22	① ② ③ ④
23	① ② ③ ④
24	① ② ③ ④
25	① ② ③ ④

問題5

26	① ② ③ ④
27	① ② ③ ④
28	① ② ③ ④
29	① ② ③ ④
30	① ② ③ ④
31	① ② ③ ④
32	① ② ③ ④
33	① ② ③ ④
34	① ② ③ ④
35	① ② ③ ④

問題6

36	① ② ③ ④
37	① ② ③ ④
38	① ② ③ ④
39	① ② ③ ④
40	① ② ③ ④

問題7

41	① ② ③ ④
42	① ② ③ ④
43	① ② ③ ④
44	① ② ③ ④
45	① ② ③ ④

問題8

46	① ② ③ ④
47	① ② ③ ④
48	① ② ③ ④
49	① ② ③ ④

問題9

50	① ② ③ ④
51	① ② ③ ④
52	① ② ③ ④
53	① ② ③ ④
54	① ② ③ ④
55	① ② ③ ④
56	① ② ③ ④
57	① ② ③ ④
58	① ② ③ ④

問題10

59	① ② ③ ④
60	① ② ③ ④
61	① ② ③ ④
62	① ② ③ ④

問題11

| 63 | ① ② ③ ④ |
| 64 | ① ② ③ ④ |

問題12

65	① ② ③ ④
66	① ② ③ ④
67	① ② ③ ④
68	① ② ③ ④

問題13

| 69 | ① ② ③ ④ |
| 70 | ① ② ③ ④ |

合格模試　解答用紙

N1 聴解

受験番号
Examinee Registration Number

名前
Name

〈ちゅうい　Notes〉

1. くろいえんぴつ (HB、No.2) でかいて
   ください。
   Use a black medium soft (HB or No.2)
   pencil.
   (ペンやボールペンではかかないでくだ
   さい。)
   (Do not use any kind of pen.)

2. かきなおすときは、けしゴムできれい
   にけしてください。
   Erase any unintended marks completely.

3. きたなくしたり、おったりしないでくだ
   さい。
   Do not soil or bend this sheet.

4. マークれい Marking Examples

よいれい Correct Example	わるいれい Incorrect Examples
●	⊘ ⊗ ◇ ○ ○ ⦸ ⊖ ◑

問題1

例	①	②	●	④
1	①	②	③	④
2	①	②	③	④
3	①	②	③	④
4	①	②	③	④
5	①	②	③	④
6	①	②	③	④

問題2

例	●	②	③	④
1	①	②	③	④
2	①	②	③	④
3	①	②	③	④
4	①	②	③	④
5	①	②	③	④
6	①	②	③	④
7	①	②	③	④

問題3

例	①	②	③	●
1	①	②	③	④
2	①	②	③	④
3	①	②	③	④
4	①	②	③	④
5	①	②	③	④
6	①	②	③	④

問題4

例	●	②	③
1	①	②	③
2	①	②	③
3	①	②	③
4	①	②	③
5	①	②	③
6	①	②	③
7	①	②	③
8	①	②	③
9	①	②	③
10	①	②	③
11	①	②	③
12	①	②	③
13	①	②	③
14	①	②	③

問題5

1	①	②	③	④
2	①	②	③	④
3 (1)	①	②	③	④
(2)	①	②	③	④

N1
言語知識（文字・語彙・文法）・読解
（110分）

注　意
Notes

1. 試験が始まるまで、この問題用紙を開けないでください。

   Do not open this question booklet until the test begins.

2. この問題用紙を持って帰ることはできません。

   Do not take this question booklet with you after the test.

3. 受験番号と名前を下の欄に、受験票と同じように書いてください。

   Write your examinee registration number and name clearly in each box below as written on your test voucher.

4. この問題用紙は、全部で30ページあります。

   This question booklet has 30 pages.

5. 問題には解答番号の　1　、　2　、　3　… が付いています。

   解答は、解答用紙にある同じ番号のところにマークしてください。

   One of the row numbers　1 ,　2 ,　3 … is given for each question. Mark your answer in the same row of the answer sheet.

受験番号　Examinee Registration Number	

名前　Name	

問題1 _____の言葉の読み方として最もよいものを、1・2・3・4から一つ選びなさい。

1 彼は必死に拒み続けていたが、最後にはあきらめた。
　　1　たのみ　　　　　　2　こばみ　　　　　3　からみ　　　　　4　せがみ

2 彼には、感情というものが欠如している。
　　1　けつにょう　　　　2　けつじょう　　　3　けつにょ　　　　4　けつじょ

3 この指輪は一見高そうだが、実はそうではない。
　　1　いちみ　　　　　　2　ひとみ　　　　　3　いっけん　　　　4　ひっけん

4 彼は巧みな手さばきで、ドレスを縫い上げた。
　　1　うまみ　　　　　　2　たくみ　　　　　3　こうみ　　　　　4　しくみ

5 朝、具合が悪くて寒気がしたので、会社を休んだ。
　　1　さむき　　　　　　2　かんき　　　　　3　さむけ　　　　　4　かんけ

6 紅葉を眺めながらの露天風呂は、なかなか風情がある。
　　1　ふぜい　　　　　　2　ふうぜい　　　　3　ふうじょう　　　4　ふじょう

問題2 （　　　　）に入れるのに最もよいものを、1・2・3・4から一つ選びなさい。

7 彼は大気汚染に関する講演を聞いてから、（　　　　）カーに乗るようになった。
　　1　コネ　　　　　　2　ラフ　　　　　　3　エコ　　　　　　4　オフ

8 教授の話を熱心に聞いていた学生たちは、何度も（　　　　）いた。
　　1　うつむいて　　　2　よそみして　　　3　うなずいて　　4　さぼって

9 母は私のすることに（　　　　）文句をいう。
　　1　いちいち　　　　2　さめざめ　　　　3　やすやす　　　4　もぐもぐ

10 先ほどお渡しした資料に間違いがありましたので、こちらに（　　　　）ください。
　　1　立て替えて　　　2　差し替えて　　　3　立て直して　　4　差し直して

11 今年大学を卒業して、地元の企業に新卒で（　　　　）された。
　　1　再開　　　　　　2　採用　　　　　　3　起用　　　　　　4　就職

12 友達にひどいことを言ってしまい、とても（　　　　）しています。
　　1　未遂　　　　　　2　失敗　　　　　　3　未練　　　　　　4　後悔

13 他社との競争に勝つため、商品の（　　　　）化をはかった。
　　1　差別　　　　　　2　隔離　　　　　　3　相違　　　　　　4　誤差

問題3 ＿＿＿＿の言葉に意味が最も近いものを、1・2・3・4から一つ選びなさい。

14 もう大人なんだから、軽はずみな行動をするな。
　　1　軽快な　　　　　2　簡単な　　　　3　単純な　　　4　軽率な

15 夢をかなえるために、多くの留学生が日本で学んでいる。
　　1　実現する　　　　2　獲得する　　　3　届ける　　　4　見つける

16 先方には再三お願いのメールを送っていますが、まだお返事がありません。
　　1　いつも　　　　　2　何度も　　　　3　ずっと前に　　4　ていねいに

17 少子高齢化による労働力不足が懸念される。
　　1　可能性がある　　2　期待される　　3　疑問だ　　　4　心配だ

18 最近システム部に入った彼は、とても頭が切れる人物だ。
　　1　怒りやすい　　　2　落ち着いた　　3　有名な　　　4　賢い

19 その企画の内容について、私は一切知らされていなかった。
　　1　まったく　　　　2　あまり　　　　3　ほとんど　　4　あらかじめ

問題4　次の言葉の使い方として最もよいものを、1・2・3・4から一つ選びなさい。

20 手掛ける

1　今回のプロジェクトは、私が一人で手掛けた初めての仕事だった。

2　急いでいたので、慌ててドアに手掛けてしまい、指をけがした。

3　予約をするためレストランに電話を手掛けたが、かからなかった。

4　スタジアムに集まった約1万人の観客は、一体となって選手に手掛けた。

21 台無し

1　一人暮らしを始めてから台無しをしていたので、ついに熱が出てしまった。

2　一番上の棚の本は台無しなので、私には取れない。

3　月末に給料が入ると、ついつい台無しづかいしてしまう。

4　せっかくケーキを焼いたのに、うっかり落としてしまい、台無しになった。

22 切実

1　そんなに切実に運動しないで、少し休んだらどうですか。

2　彼が切実に勉強している姿を見ると、私もやる気が出る。

3　日本において、少子化はますます切実な問題になっている。

4　彼はテニスのことになると、いつも切実になる。

23 沈黙

1　彼は普段は沈黙だが、話しかけると陽気な人だ。

2　私が留守の間、誰が来ても沈黙してくださいね。

3　このことは絶対に沈黙にしておいてと言ったはずなのに。

4　気まずい雰囲気の中、沈黙を破ったのは彼の提案だった。

24 冷静

1　この魚は傷みやすいので、冷静して保存してください。

2　外は暑いが、店内は適度に冷静がきいていて過ごしやすい。

3　気持ちはわかりますが、そんなに興奮しないで、冷静になって話してください。

4　社長の冷静な仕事の進め方のために、多くの社員が苦しんだ。

25 念願

1 子供のころに両親に言われたことを、いつも念願において行動する。

2 大学受験の前に、京都のお寺に念願に行くつもりだ。

3 景気回復の兆しが見えず、経済の先行きを念願している。

4 見事な逆転勝利の末、念願の初優勝を果たした。

問題5　次の文の（　　　　）に入れるのに最もよいものを、1・2・3・4から一つ選びなさい。

26 大切な試験が2週間後に迫ってきた。母親の心配を（　　　　）、受験生の弟は一日中ゲームばかりしている。

1　なしに　　　　　　2　おろか　　　　　3　よそに　　　　　4　なくして

27 あのアイドルグループは今でこそ国民的アイドルにまで成長したが、デビュー後しばらくはCDが売れない時期が続いた。デビュー10年目（　　　　）ようやく全国ツアーを行い、一気にファンを増やしていった。

1　にして　　　　　　2　にしても　　　　3　にしては　　　　4　にしたって

28 （インタビューで）

聞き手「子供のころのエピソードをお聞かせいただけますか。」

水谷　「勉強家の姉（　　　　）、妹の私はいつも外で遊んでばかりいましたね。木登りをしたり、公園で走り回ったり。」

1　はもとより　　　　2　にひきかえ　　　3　とあって　　　　4　といえども

29 原発事故のために、避難（　　　　）方々がいることを知っていますか。この仮設住宅は、そういった方々のために作られ、今なお大勢の住民が暮らしています。

1　を前提とした　　　　　　　　　　　2　を禁じ得ない

3　を余儀なくされた　　　　　　　　　4　をものともしない

30 田中「おめでとう！　新しい仕事、決まったんだってね。」

木村「ありがとう。やっと就職も決まった（　　　　）、しばらくのんびりしようと思ってるよ。」

1　ことには　　　　　2　ことだし　　　　3　ことなく　　　4　ことか

31 山田監督の新作映画の主演女優を知っていますか。彼女は女優業の（　　　　）、環境問題のボランティア活動家としても知られています。

1　かたがた　　　　　2　かと思うと　　　3　かたわら　　　4　がてら

32 忙しい時期かと存じますが、どうかお体に気をつけて（　　　　）。

1　お過ごされください　　　　　　　2　お過ごしください

3　お過ごしでしょう　　　　　　　　4　お過ごされましょう

33 チャン「毎日問題集を解いて勉強をしているのに、なかなか日本語を話すのがうまくならな
いんだよね。」

佐藤「言葉は、実際に（　　　　）上手になっていくものだと思うよ。」

1　使ってこそ　　　　　2　使うともなく　　3　使ってまで　　4　使うことなしに

34 圧倒的な情報力と、最新の情勢に合わせて変化していく機動力こそが、あの企業の一流
（　　　　）ゆえんだ。

1　たり　　　　　　　　2　たる　　　　　　3　なる　　　　　　4　なら

35 世界的に有名な歌手が10年ぶりに来日することになり、空港には（　　　　）の人が押し寄
せた。

1　あふれんばかり　　　　　　　　　2　あふれたまま

3　あふれっぱなし　　　　　　　　　4　あふれすぎ

問題6　次の文の＿★＿に入る最もよいものを、1・2・3・4から一つ選びなさい。

（問題例）

　　あそこで　＿＿＿＿　＿＿＿＿　★　＿＿＿＿　は山田さんです。

　　　　1　テレビ　　　　2　見ている　　　3　を　　　　　　4　人

（解答のしかた）

1.　正しい文はこうです。

あそこで　＿＿＿＿＿＿＿　＿＿＿＿＿＿　＿★＿＿＿＿　＿＿＿＿＿＿　は山田さんです。
1　テレビ　　3　を　　　2　見ている　4　人

2.　＿★＿に入る番号を解答用紙にマークします。

　　　　（解答用紙）　　| （例）　① ● ③ ④ |

---

36 吉野さんは　＿＿＿＿　＿＿＿＿　★　＿＿＿＿　科学者になるでしょう。

　　　1　世界的に有名な　　2　天才とは　　3　までも　　4　言えない

37 非情にも　＿＿＿＿　＿＿＿＿　★　＿＿＿＿　、台風でりんごが全滅してしまった。

　　　1　まもなく　　　　2　と喜んでいた　3　収穫できる　4　矢先に

38 大型バスが山道を走行中にスリップし、あやうく　＿＿＿＿　＿＿＿＿　★　＿＿＿＿
全員無事だった。

　　　1　ところだったが　　2　奇跡的に　　　3　なりかねない　4　大事故に

39 火災の消火や救急によって ＿＿＿＿ ＿＿＿＿ ＿★＿ ＿＿＿＿ 背中合わせの職業だ。

1 子どもたちにとって　　　　　　　2 あこがれの職業だが

3 実は常に危険と　　　　　　　　　4 人々の命を守る消防士は

40 今回の新商品の開発にあたり、＿＿＿＿ ＿＿＿＿ ＿★＿ ＿＿＿＿ ので、教えていただけますか。

1 他社の商品との違いに関して　　　2 かまいません

3 御社が特に力を入れられた点と　　4 差し支えない範囲で

問題7　次の文章を読んで、文章全体の趣旨を踏まえて、　41　から　45　の中に入る最もよいものを、1・2・3・4から一つ選びなさい。

以下は、小説家が書いたエッセイである。

　　宇宙論の歴史は、ホーキングの登場　41　、モノ的アプローチからコト的アプローチへ、はっきりと移行していきました。彼は「現象の裏には何が存在するのか」には、ほとんど興味を示しません。「何が起きたのか」という結果にだけ、関心を寄せるのです。

　　話をわかりやすくするために、比喩的な説明になりますが、金融・経済の世界でモノ的価値観とコト的価値観の違いについて、考えてみましょう。

　　大昔、人間の経済活動はとても単純で、いわば地に足が着いていました。人々は、狩りの獲物や農作物、金や銀といった「モノ」にしか価値を見出さず、それを物々交換して生活していました。私は、こういう状態を（原始的な）「モノ的世界観」と呼んでいます。

　　　42　経済が発達すると、モノづくりに励まなくても、物資の移動を仲介するだけで報酬としてモノを受け取り、生活できる人々が生まれました。そして、モノだけが流通していたところに、モノの代わりに価値を表す「貨幣」、つまりお金が使われ始めます。人間社会は、お金とお金が交換されるような状態へと移行していきました。

　　お金というものは、例えば紙幣なら、インクの染みた紙きれにすぎず、モノとしての価値は断然低いです。もしも一万円札を持って、タイムマシンで物々交換の時代に出かけて行き、猟師が命懸けで獲っていた獲物を指さして「この一万円札と交換して欲しい」と交渉を　43　、それこそぶん殴られて　44　。

　　でも、現代社会なら話は別です。

　　お金はモノとモノとの間を媒介しているため、お金というモノ自体に価値があるかのような幻想を生み出しています。このようにモノが主役の座を離れて、モノでないものが重要な役割を演じる　45　状態を私は「コト的世界観」と呼んでいます。

（竹内薫『ホーキング博士　人類と宇宙の未来地図』宝島社による）

41

1　をはじめ　　　　　2　に先立って　　　3　に基づいて　　4　をきっかけに

42

1　例えば　　　　　　2　やがて　　　　　3　なぜなら　　　4　あるいは

43

1　試みようものなら　　　　　　　　　2　試みられるものなら

3　試みなかったなら　　　　　　　　　4　試みまいとしたなら

44

1　しまうだけましです　　　　　　　　2　しまったも同然です

3　しまいそうです　　　　　　　　　　4　しまったものです

45

1　ことにした　　　　2　ようになった　　3　までもない　　4　ほどの

問題8 次の(1)から(4)の文章を読んで、後の問いに対する答えとして最もよいものを、1・2・3・4から一つ選びなさい。

(1)

　男の腕時計はだいたい大きい。というより女の腕時計が極端に小さい。最近のはそうでもないが、戦前戦後のすべてが機械式だった時代には、婦人用時計というと極端に小さかった。もともと女性は男性より体が小さいものだが、その体積比を超えてなおぐっと小さかった。そんなに小さくしなくても、と思うほどで、指輪仕立てにした時計もあった。

　あの時代は機械は大きくなるもの、という常識が強かったから、小さな時計はそれだけで高級というイメージがあった。女性の時計は機能というより宝飾アクセサリーの面が強いから、よけいにそうなったのだろう。

（赤瀬川原平『赤瀬川原平のライカもいいけど時計がほしい』シーズ・ファクトリーによる）

46 腕時計について、本文の内容に合っているものはどれか。
1　小さい腕時計よりも大きい腕時計のほうが好まれる。
2　女性の腕時計は、男性のものより少し小さく作られている。
3　昔の女性の腕時計は、機能よりファッション性が重視されていた。
4　昔の腕時計は、大きければ大きいほど高級感があった。

(2)

　美食の楽しみで、一番必要なものは、実はお金ではなく、これがおいしい、と思える「舌」である。これは金だけで買えるものではない。自分が歩んできた人生によって培（つちか）われるもので、お金ももちろんそれなりにかかっているかもしれないが、億万長者（注）である必要もない。この「舌」つまり味覚は、万人に共通する基準もなく、絶対的なものでもない。

（金美齢『九十歳 美しく生きる』 ワックによる）

（注）億万長者：大金持ち

47 筆者の考えに合うのはどれか。

1　味覚は人生経験の影響を受ける。

2　おいしいと感じられる心を持つことは重要である。

3　美食家になるために最も必要なものはお金である。

4　おいしいものは誰にとってもおいしいものである。

(3)

　イタリアは、日本と同じ火山国ですから温泉はいっぱいあるけれど、その素晴らしい大浴場へは、全員が水着で入らなくてはなりません。（中略）だから彼らが日本に来ても、人前で裸になるくらいなら温泉などあきらめてしまいかねないのです。その彼らに日本の素晴らしい温泉、大浴場、山間の岩場の温泉を楽しんでもらうために、私はこうしたらどうかと思うんですね。

　つまり、三十分予約制にするのです。彼らは日本のように男女別にしても、他の人たちがいると落ち着かない。だから三十分だけは彼らだけの専用とする。家族や恋人に対してならば、裸でも抵抗感がなくなるから。

（塩野七生『逆襲される文明 日本人へ Ⅳ』文藝春秋による）

48 筆者によると、イタリア人に日本の温泉を楽しんでもらうために、どうすればいいか。

1　三十分だけ水着を着てもよいことにする。

2　三十分だけ貸し切りにする。

3　三十分だけ混浴にする。

4　三十分だけ男女別にする。

（4）

知識を増やすことが、若い時には敵わないんだとすれば、歳を取ってからやるべきは、人が言った事や書いた事じゃなくて、自分の頭で考えた事をまとめることで何かを産み出すこと。いわば創造的な知識です。自分で考えを作るんです。

知識を得るのに忙しい若い人は考える時間もあまりないし、経験も乏しい。歳を取ると、大きいエネルギーはないですが、経験や経済的な力で遠くまで行けるはずです。だからクリエイティブな仕事というのは、案外中年以降、出来るんじゃないかと思いますね。

（外山滋比古「寿司をのどに詰まらせて死ぬ、なんていいね」
週刊文春編『私の大往生』文藝春秋による）

（注）敵わない：ここでは、できない、難しい

49 筆者によると、歳を取ってからやるべきことは何か。

1 若い人に知識を与えること

2 新しい知識を積極的に取り入れること

3 遠い所に旅行に出かけること

4 よく考えて新しい何かを創ること

問題9 次の(1)から(3)の文章を読んで、後の問いに対する答えとして最もよいものを、1・2・3・4から一つ選びなさい。

(1)

「垂直思考」は、一つの問題を徹底的に深く掘り下げて考えてゆく能力です。ある事象に対して考察を深めて一定の理解が得られたら、「その先に潜む原理は」と一層深い段階を問うてゆきます。ステップを踏んで段階的に進んでゆく論理的な思考、これが垂直思考です。ここでは奥へ奥へと視点を移動させるプロセスが存在します。一つの理解を 楔 として、そこを新たな視点として、さらにその先を見通すようにして、思索の射程距離を一歩一歩伸ばしてゆくわけです。

「水平思考」もやはり視点が動きますが、垂直思考とは異なり、論理的な展開はそれほど重視されません。むしろ、同じ現象を様々な角度から眺めたり、別々の問題に共通項を見出したり、手持ちの手段を発展的に応用する能力が重要です。垂直思考が緻密な「詰め将棋」だとすれば、水平思考は自由で大胆な発想によって問題解決を図る「謎解き探偵」です。ここでは、一見難しそうな問題に対して見方を変えることで再解釈する「柔軟性」や、過去に得た経験を自在に転用する「機転」が問われます。つまり、推理力や応用力や創造力を生み出す「発想力」が水平思考です。

(池谷裕二『メンタルローテーション "回転脳" をつくる』扶桑社による)

(注1) 楔：物を割ったり、物同士が離れないように圧迫したりするために使う、V字形の木片
(注2) 詰め将棋：将棋のルールを用いたパズル

50 垂直思考とはどのような考え方か。
1 順を追って先へ先へと考えを深めていく考え方
2 二者択一によって論理的に答えを追究する考え方
3 自分の感性の赴くままに、直感で考える考え方
4 優先順位をつけて、重要なものから解決していく考え方

51 水平思考によって問題を解決しているのはどれか。
1 身体の柔らかさや俊敏さによって犯人を追い詰める。
2 犯人が落とした物の製造元を調べて犯人をつきとめる。
3 似たような事件のパターンに当てはめて推測する。
4 犯人が残した指紋から犯人を割り出す。

52 「垂直思考」と「水平思考」に共通することは何か。

1 論理的な思考が重視されること

2 大胆な発想が求められること

3 視点を動かしながら考えること

4 柔軟性が必要なこと

(2)

　ファンタジーはどうして、一般に①評判が悪いのだろう。それはアメリカの図書館員も言ったように、現実からの逃避として考えられるからであろう。あるいは、小・中学校の教師のなかには、子どもがファンタジー^(注1)好きになると、科学的な思考法ができなくなるとか、現実と空想がごっちゃ^(注2)になってしまうのではないかと心配する人もある。しかし、実際はそうではない。子どもたちはファンタジーと現実の差をよく知っている。たとえば、子どもたちがウルトラマン^(注3)に感激して、どれほどその真似をするにしても、実際に空を飛ぼうとして死傷した^(注4)などということは聞いたことがない。ファンタジーの中で動物が話すのを別に不思議がりはしない子どもたちが、実際に動物が人間の言葉を話すことを期待することがあるだろうか。②子どもたちは非常によく知っている。彼らは現実とファンタジーを取り違えたりしない。それでは、子どもたちはどうして、ファンタジーをあれほど好むのだろう。それは現実からの逃避なのだろうか。

　子どもたちがファンタジーを好むのは、それが彼らの心にぴったり来るからなのだ。あるいは、彼らの内的世界を表現している、と言ってもいいだろう。人間の内的世界においても、外的世界と同様に、戦いや破壊や救済などのドラマが生じているのである。それがファンタジーとして表現される。

（河合隼雄『河合隼雄と子どもの目　＜うさぎ穴＞からの発信』創元社による）

（注1）逃避：避けて逃げること
（注2）ファンタジー：現実の世界ではない空想の世界
（注3）ごっちゃになる：一緒にまじりあって区別がつかなくなる
（注4）ウルトラマン：1960年代に日本のテレビで放送された特撮番組のヒーロー

53　一般的に、ファンタジーが①評判が悪いのはなぜか。

1　現実社会で問題が起きた時、その問題に真剣に向き合いすぎると考えられているから

2　ファンタジーの中の世界を不思議に思う子どもが多いと考えられているから

3　ファンタジーが好きな子どもほど科学を嫌いになる傾向があると考えられているから

4　現実とファンタジーの中の世界を区別できなくなる恐れがあると考えられているから

54　②子どもたちは非常によく知っているとあるが、何を知っているのか。

1　ファンタジーの中の世界は現実からの逃避だということ

2　ファンタジーの中の世界は現実の世界と違うということ

3　ファンタジーの中の世界はとても評判が悪いということ

4　ファンタジーの中の世界はよくドラマになっているということ

55 ファンタジーが子どもたちに好まれているのはなぜか。

1 子どもの心の中をよく表しているから

2 子どもの好きなものがたくさん出てくるから

3 日常生活で経験できないことが書いてあるから

4 現実世界よりもドラマチックだから

(3)

　①ある人が社会人になって営業職についたのだが、発注する数を間違うというミスを連発してしまった。書類作成などでは大変高い能力を発揮する社員だったので、上司は「キミみたいな人がどうしてこんな単純なミスをするのか」と首をひねった。社員は「気をつけます」と謝ったが、その後もまた同じミスを繰り返す。

　あるとき上司は、「キミのミスは、クライアントと直接、会って注文を受けたときに限って起き（注1）ている。メールのやり取りでの発注では起きていない。もしかすると聴力に問題があるのではないか」と気づき、耳鼻科を受診するように勧めた。その言葉に従って大学病院の耳鼻科を受診してみると、はたして特殊な音域に限定された聴力障害があり、低い声の人との会話は正確（注2）に聴き取れていないことがわかったのだ。

　耳鼻科の医師は「この聴力障害は子どもの頃からあったものと考えられますね」と言ったが、②本人も今までそれに気づかずに来た。もちろん小学校の頃から健康診断で聴力検査は受けてきたのだが、検査員がスイッチを押すタイミングを見て「聴こえました」と答えてきた。また、授業や日常会話ではそれほど不自由も感じなかった、という。だいたいの雰囲気で話を合わせることもでき、学生時代は少しくらいアバウトな会話になったとしても、誰も気にしなかったの（注3）だろう。

（香山リカ『「発達障害」と言いたがる人たち』SBクリエイティブによる）

（注1）クライアント：ここでは、取引先
（注2）音域：音の高さの範囲
（注3）アバウトな：いい加減な、おおざっぱな

56 筆者によると、①ある人とはどのような人か。

　1　書類作成で何度も単純なミスを連発している人

　2　上司に注意されても謝ろうとしない人

　3　営業で高い能力を発揮している人

　4　発注するときに簡単な間違いを繰り返す人

57 上司が部下に対してとった行動はどれか。

1 部下のミスに対して腹を立てた。

2 部下に自分も同じ障害を持っていると話した。

3 部下に病院に行くように促した。

4 部下がミスを繰り返さないよう、仕事の内容を変えた。

58 ②本人も今まで気づかずに来たとあるが、なぜか。

1 会話を全部聞き取れなくても、問題なくコミュニケーションがとれたから

2 特殊な音が聴き取れて、友だちとアバウトな会話ができたから

3 授業で先生の話を熱心に聞いていて、困らなかったから

4 健康診断はあっても、聴力を調べてもらう機会がなかったから

問題10 次の文章を読んで、後の問いに対する答えとして最もよいものを、1・2・3・4から一つ選びなさい。

①文章の本質は「ウソ」です。ウソという表現にびっくりした人は、それを演出という言葉に置きかえてみてください。

いずれにしてもすべての文章は、それが文章の形になった瞬間に何らかの創作が含まれます。良い悪いではありません。好むと好まざるとにかかわらず、文章を書くという行為はそうした性質をもっています。

②動物園に遊びに行った感想を求められたとしましょう。「どんな様子だったのか話して」と頼まれたなら、おそらくたいていの子は何の苦もなく感想を述べることができるはずです。ところが、「様子を文章に書いて」というと、途端に多くの子が困ってしまう。それはなぜか。同じ内容を同じ言葉で伝えるとしても、話し言葉と書き言葉は質が異なるからです。

巨大なゾウを見て、思わず「大きい」と口走ったとします。このように反射的に発せられた話し言葉は、まじり気のない素の言葉です。しかし、それを文字で表現しようとした瞬間、言葉
(注1)
は思考のフィルターをくぐりぬけて変質していきます。
(注2)　　　　(注3)

「『大きい』より『でかい』のほうがふさわしいのではないか」

「『大きい！』というように、感嘆符をつけたらどうだろう」
(注4)

「カバが隣にいたとあえてウソをついて、『カバの二倍はあった』と表現すれば伝わるかもしれない」

人は自分の見聞きした事柄や考えを文字に起こすプロセスで、言葉を選択したり何らかの修飾を考えます。言葉の選択や修飾は演出そのもの。そうした積み重ねが文章になるのだから、原理的に「文章にはウソや演出が含まれる。あるいは隠されている」といえます。

ある文章術の本に、③「見たもの、感じたものを、ありのままに自然体で書けばいい」というアドバイスが載っていました。「ありのままに」といわれると、何だか気楽に取り組めるような気がします。

しかし、このアドバイスが実際に文章に悩む人の役に立つことはないでしょう。

ありのままに描写した文章など存在しないのに、それを追い求めるのは無茶な話です。文章の本質は創作であり、その本質から目を背けて耳に心地よいアドバイスに飛びついても、文章はうまくはならない。

(藤原智美『文は一行目から書かなくていい 検索、コピペ時代の文章術』プレジデント社による)

（注1）　まじり気のない：何もまざっていない、純粋な
（注2）　フィルター：不純物を取り除く装置
（注3）　くぐり抜ける：くぐって通り抜ける
（注4）　感嘆符：感動・興奮・強調・驚きなどの感情を表す「！」の符号

59　①文章の本質は「ウソ」ですとあるが、それについて筆者はどのように述べているか。

1　本当はよくないことだが、仕方がない。

2　当然のことであり、良いか悪いかは問題ではない。

3　以前は嫌いだったが、今は受け入れられるようになった。

4　決して正しい事実ではない。

60　②動物園に遊びに行った感想を求められた多くの子供の反応はどれか。

1　言葉を選びながら、ゆっくりと話すことができる。

2　話す内容をよく考えてから、きちんと話すことができる。

3　何を話せばいいかわからず、困ってしまう。

4　反射的にすらすらと話すことができる。

61　③「見たもの、感じたものを、ありのままに自然体で書けばいい」というアドバイスについて、筆者はどのように考えているか。

1　絶対に不可能なことである。

2　簡単にできそうである。

3　文章の本質をついたアドバイスである。

4　慣れていない人にとっては難しすぎる。

62　この文章で筆者の考えに合うのはどれか。

1　優れた文章とは、ウソの多い文章である。

2　文章を書くという行為は、演出であり、創作である。

3　ありのままに書こうとすると、文章が下手になる。

4　文章を書く時は、きちんとしたアドバイスに従うべきである。

問題11　次のＡとＢの文章を読んで、後の問いに対する答えとして最もよいものを、1・
　　　　2・3・4から一つ選びなさい。

Ａ

　　　男性の育児休暇の取得義務化について、私は慎重派です。日本の大半の夫婦
　は男性が主な稼ぎ手のため、育休を義務付けたら収入が減り、将来につながる
　　　　　　　　　　(注1)
　重要な仕事のチャンスを失う恐れがあると思います。義務化するのではなく、男
　性の育児参加を増やすために、短時間勤務や残業免除などの制度を利用しやす
　くするほうが現実的なのではないでしょうか。育児経験は仕事にも役立ち、人生
　をより豊かにしてくれるという、育児の意外な効用もあると思います。まずは、
　社会、企業の意識改革が必要であると考えます。

Ｂ

　　　私は、男性の育児休暇義務化には、よい面と悪い面のどちらもあると思いま
　す。産まれたばかりの新生児という貴重な期間に、夫婦そろって赤ん坊と過ごせ
　　　　　　　　　　　(注2)
　るのは幸せなことですし、その後の父子関係や家族のあり方によい影響を与えて
　くれると思います。また、育児に積極的に関わり、家族の健康維持や効率のよ
　い家事育児の仕方について考えることによって、ビジネススキルを磨くことにもつ
　　　　　　　　　　　　　　　　　　　　　　　　(注3)
　ながると思います。ただ、家事育児への意識と能力が高い人であればいいのです
　が、お昼になったら平気で「ごはんは?」と言ってくるタイプの夫の場合は、
　仕事に行って稼いでくれたほうがましかもしれません。それに、出産前後だけ休
　暇を取ってもあまり意味はないかな、とも思います。義務化するより、普段から
　継続的に家事や育児ができる体制にしたほうがよっぽど意味があるのではないで
　しょうか。

（注1）育休：育児休暇のこと
（注2）新生児：生まれたばかりの赤ちゃん
（注3）ビジネススキル：ビジネスにおいて必要な能力

63 男性の育児休暇義務化の良い点について、AとBはどのように述べているか。

1　Aは男性の採用が有利になると述べ、Bはその後の親子関係がよくなると述べている。

2　Aは人生がより充実すると述べ、Bは会社での昇進につながると述べている。

3　AもBも、育児や家事の経験が仕事でも役立つと述べている。

4　AもBも、収入が減るなどの不利益があると述べている。

64 育児休暇について、AとBで共通して提案していることは何か。

1　育休中の男性の収入を減らさないような体制を作ること

2　育休前に男性の家事育児の意識と能力を高めておくこと

3　男性が育休中に重要なビジネスチャンスを逃さないように保障すること

4　男性が普段から家事や育児に参加しやすくなるような仕組みを作ること

問題12　次の文章を読んで、後の問いに対する答えとして最もよいものを、1・2・3・4 から一つ選びなさい。

　①かつての遊びにおいては、子どもたちは一日に何度も息を切らし汗をかいた。自分の身体の全エネルギーを使い果たす毎日の過ごし方が、子どもの心身にとっては、測りがたい重大な意味を持っている。

　この二十年ほどで、子どもの遊びの世界、②特に男の子の遊びは激変した。外遊びが、極端に減ったのである。一日のうちで息を切らしたり、汗をかいたりすることが全くない過ごし方をする子どもが圧倒的に増えた。子ども同士が集まって野球をしたりすることも少なくなり、遊びの中心は室内でのテレビゲームに完全に移行した。身体文化という視座から見たときに、男の子のこの遊びの変化は、看過できない重大な意味を持っている。^(注1)^(注2)

　相撲やチャンバラ遊びや鬼ごっこといったものは、室町時代や江戸時代から連綿として続いてきた遊びである。明治維新や敗戦、昭和の高度経済成長といった生活様式の激変にもかかわらず、子どもの世界では、数百年以上続いてきた伝統的な遊びが日常の遊びとして維持されてきたのである。^(注3)^(注4)^(注5)

　しかし、それが1980年代のテレビゲームの普及により、絶滅状態にまで追い込まれている。これは単なる流行の問題ではない。意識的に臨まなければ取り返すことの難しい身体文化の喪失である。かつての遊びは、身体の中心感覚を鍛え、他者とのコミュニケーション力を鍛える機能を果たしていた。これらはひっくるめて自己形成のプロセスである。^(注6)

　コミュニケーションの基本は、身体と身体の触れ合いである。そこから他者に対する信頼感や距離感といったものを学んでいく。たとえば、相撲を何度も何度も取れば、他人の体と自分の体の触れ合う感覚が蓄積されていく。他者と肌を触れ合わすことが苦にならなくなるということは、他者への基本的信頼が増したということである。これが大人になってからの通常のコミュニケーション力の基礎、土台となる。自己と他者に対する信頼感を、かつての遊びは育てる機能を担っていたのである。^(注7)

　この身体を使った遊びの衰退に関しては、伝統工芸の保存といったものとは区別して考えられる必要がある。身体全体を使ったかつての遊びは、日常の大半を占めていた活動であり、なおかつ自己形成に大きく関わっていた問題だからである。歌舞伎や伝統工芸といったものは、もちろん保存継承がされるべきものである。しかし、現在、より重要なのは、自己形成に関わっていた日常的な身体文化のものの価値である。

（土居健郎・齋藤孝『「甘え」と日本人』KADOKAWA による）

（注1）視座：視点
（注2）看過できない：見過ごせない
（注3）チャンバラ遊び：枝や傘を刀に見立てて斬り合うふりをする遊び
（注4）鬼ごっこ：一人が鬼になって他の者たちを追い回し、捕まった者が次の鬼になる遊び

（注5）連綿：途絶えずに長く続くようす

（注6）臨む：立ち向かう

（注7）ひっくるめる：ひとつにまとめる

65 ①かつての遊びとはどのような遊びか。

1 二十年前から続いている外遊び

2 テレビゲームに人気を超されそうな遊び

3 時代と共に姿を変えてきた遊び

4 体を使って多くのエネルギーを消耗する遊び

66 ②特に男の子の遊びは激変したとあるが、どのように変化したか。

1 外遊びも伝統的な遊びも完全になくなった。

2 伝統的な遊びが日常の遊びとして定着した。

3 遊びの中心がコミュニケーションを育てるゲームに移った。

4 遊びの中心が身体を使った外遊びからテレビゲームに移った。

67 かつての遊びの機能として筆者が述べているのはどれか。

1 ボディタッチなどで他の人の肌に触れることが好きになる。

2 他の人と上手にコミュニケーションできることにつながる。

3 汗をかきながら体を動かすことで、健康になる。

4 誰のことも、心から信じられるようになる。

68 筆者が最も伝えたいことは何か。

1 かつての遊びは、歌舞伎や伝統工芸よりも重要な文化である。

2 かつての遊びは、歌舞伎と同様、衰退していくものである。

3 かつての遊びは、伝統工芸とは異なり、身体を鍛えられるという点で優れている。

4 かつての遊びは、伝統文化よりも身近な文化であるため、その価値を軽視しやすい。

問題13 右のページは、アルバイト募集の広告である。下の問いに対する答えとして最もよいものを、1・2・3・4から一つ選びなさい。

69 マリさんは、日本語と英語を活かした仕事がしたい。日本語と英語は上級レベルである。今までアルバイトをした経験はない。土日勤務はなるべく避けたい。マリさんに合うアルバイトはどれか。

1 ①

2 ②

3 ③

4 ④

70 イさんは、日本のデパートで働いた経験がある。日本語は上級レベル、英語は中級レベルである。将来正社員になることを目指して長期的に働きたい。できれば残業はしたくない。イさんに合うアルバイトはどれか。

1 ①

2 ②

3 ③

4 ④

アルバイト募集！

職種	応募資格		給料	その他
	【必須スキル・資格】	【歓迎スキル・資格】		
①スニーカー店での接客販売	・日本語：中級レベル ・土日祝勤務可能な方	・接客が好きな方 ・ランニングや運動に興味がある方	時給 1,300円	職場は10名体制。20〜30代の男女スタッフが一緒にワイワイと楽しくお仕事しています。残業ほぼなし。 詳細を見る
②空港内の免税店での接客販売	・日本語：中〜上級レベル ・早朝の勤務、夜の勤務などに対応できる方	・英語ができれば尚可 ・未経験者歓迎！ ・ファッションが好きな方 ・人と話すことが好きな方	時給 1,200円	外国人が活躍しています！ 残業あり。正社員登用チャンスあり。 詳細を見る
③空港のWiFiレンタルカウンター	・日本語：中級レベル ・英語：中級レベル ・接客の経験がある方 ・PCスキル（パワーポイント、エクセル、メール） ・最低1年以上は勤務できる方	・明るくてコミュニケーション能力が高い方	時給 1,300円	一緒に働くスタッフは、幅広い年齢層の様々な背景を持った人たちで、みんなとても仲良し。正社員登用チャンスあり。残業ほぼなし。 詳細を見る
④ホテルスタッフ	・日本語：中級レベル ・韓国語・英語・タイ語のいずれかが堪能であること ・接客・サービス業の経験がある方（アルバイト経験もOK） ・土日祝勤務できる方	・笑顔で接客できる方 ・人と話すのが好きな方 ・お世話をするのが好きな方	時給 1,350円	正社員登用チャンスあり。深夜残業あり。 詳細を見る

読解

N1

ちょうかい
聴解
（60分）

注　意
Notes

1. 試験が始まるまで、この問題用紙を開けないでください。
   Do not open this question booklet until the test begins.

2. この問題用紙を持って帰ることはできません。
   Do not take this question booklet with you after the test.

3. 受験番号と名前を下の欄に、受験票と同じように書いてください。
   Write your examinee registration number and name clearly in each box below as written on your test voucher.

4. この問題用紙は、全部で13ページあります。
   This question booklet has 13 pages.

5. この問題用紙にメモをとってもいいです。
   You may make notes in this question booklet.

受験番号　Examinee Registration Number	

名前　Name	

問題1では、まず質問を聞いてください。それから話を聞いて、問題用紙の1から4の中から、最もよいものを一つ選んでください。

れい
例 🔊 N1_3_03

1　グッズの数をチェックする
2　客席にゴミが落ちていないか確認する
3　飲み物とお菓子を用意する
4　ポスターを貼る

1番　🔊 N1_3_04

1　客に待つように言う
2　客に丁寧に謝る
3　客に飲み物をサービスする
4　客の間違いを指摘する

2番　🔊 N1_3_05

1　追加料金を支払う
2　航空券の値段を確認する
3　鈴木さんからのメールを読む
4　航空券の領収書を探す

3番 🔊 N1_3_06

1 ホームページ上で手続きを終わらせる
2 お客様相談室に電話する
3 担当者にメールを送る
4 担当者からの連絡を待つ

4番 🔊 N1_3_07

1 新しいコピー機を買う
2 代わりのコピー機を借りる
3 コピー機を組み立てる
4 三日間コピー機を使わない

5番 🔊 N1_3_08

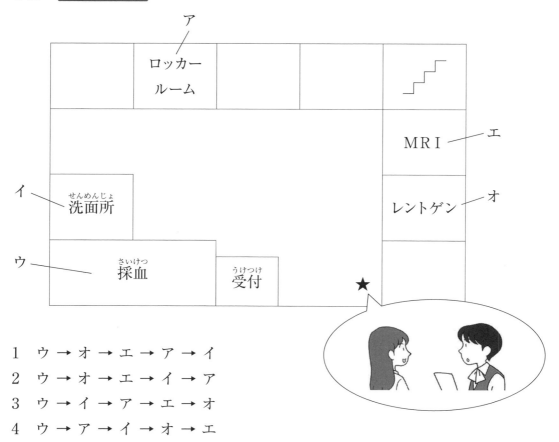

1　ウ → オ → エ → ア → イ
2　ウ → オ → エ → イ → ア
3　ウ → イ → ア → エ → オ
4　ウ → ア → イ → オ → エ

6番 🔊 N1_3_09

1　講師用のアンケートを作る
2　会場の備品を確認する
3　座席表を作る
4　講師にメールする

　問題2では、まず質問を聞いてください。そのあと、問題用紙のせんたくしを読んでください。読む時間があります。それから話を聞いて、問題用紙の1から4の中から、最もよいものを一つ選んでください。

れい
例　🔊 N1_3_11

1　役者の顔
2　役者の演技力
3　原作の質
4　演劇のシナリオ

第
3
回

聴
解

1　紙の吸水性がよくなった

2　ぼかしにくくなった

3　にじみにくくなった

4　紙の表面が強くなった

1　内容が簡単であること

2　具体的な例が多いこと

3　行動の指針が書いてあること

4　読んだら人気者になれること

3番 🔊 N1_3_14

1 障害者が車の来る方向に気づけるようにする
2 障害者用に信号を整備する
3 障害者のために道路標識をつける
4 障害者が運転しやすい道をつくる

4番 🔊 N1_3_15

1 食べたらすぐ店を出るというルールがあるから
2 お肉を切った状態で出すようにしたから
3 相席してくれた人に飲み物をサービスするようにしたから
4 店に来た人全員に飲み物をサービスするようにしたから

5番 🔊 N1_3_16

1 電話番号にハイフンを入れなかったから
2 パスワードに数字か記号を入れなかったから
3 パスワードが電話番号と同じだったから
4 基本情報を入れていなかったから

6番 🔊 N1_3_17

1 社長に気に入られたから
2 前の会社より儲かるから
3 社長に協力したいと思ったから
4 自分の能力を生かせると思ったから

1　チームがうまくまとまること
2　若い選手が意識を変えること
3　きつい試合に慣れること
4　若い選手が力をつけること

問題3 🔊 N1_3_19

　問題3では、問題用紙に何も印刷されていません。この問題は、全体としてどんな内容かを聞く問題です。話の前に質問はありません。まず話を聞いてください。それから、質問とせんたくしを聞いて、1から4の中から、最もよいものを一つ選んでください。

例　🔊 N1_3_20

1番　🔊 N1_3_21

2番　🔊 N1_3_22

3番　🔊 N1_3_23

4番　🔊 N1_3_24

5番　🔊 N1_3_25

6番　🔊 N1_3_26

問題4では、問題用紙に何も印刷されていません。まず文を聞いてください。それから、それに対する返事を聞いて、1から3の中から、最もよいものを一つ選んでください。

れい
例 🔊 N1_3_28

1番 🔊 N1_3_29   12番 🔊 N1_3_40

2番 🔊 N1_3_30   13番 🔊 N1_3_41

3番 🔊 N1_3_31   14番 🔊 N1_3_42

4番 🔊 N1_3_32

5番 🔊 N1_3_33

6番 🔊 N1_3_34

7番 🔊 N1_3_35

8番 🔊 N1_3_36

9番 🔊 N1_3_37

10番 🔊 N1_3_38

11番 🔊 N1_3_39

問題5 🔊 N1_3_43

問題5では、長めの話を聞きます。この問題には練習はありません。
問題用紙にメモをとってもかまいません。

1番、2番

問題用紙に何も印刷されていません。まず話を聞いてください。それから、質問とせんたくしを聞いて、1から4の中から、最もよいものを一つ選んでください。

1番 🔊 N1_3_44

2番 🔊 N1_3_45

3番

まず話を聞いてください。それから、二つの質問を聞いて、それぞれ問題用紙の1から4の中から、最もよいものを一つ選んでください。

質問1 🔊 N1_3_47

1 パイプ枕
2 ふわふわ枕
3 キューブ枕
4 もちもち枕

質問2

1 パイプ枕
2 ふわふわ枕
3 キューブ枕
4 もちもち枕

聴解

合格模試 解答用紙

N1 言語知識（文字・語彙・文法）・読解

受験番号
Examinee Registration Number

名前
Name

<ちゅうい Notes>

1. くろいえんぴつ (HB、No.2) でかいて ください。
   Use a black medium soft (HB or No.2) pencil.
   （ペンやボールペンではかかないでください。）
   (Do not use any kind of pen.)

2. かきなおすときは、けしゴムできれいにけしてください。
   Erase any unintended marks completely.

3. きたなくしたり、おったりしないでください。
   Do not soil or bend this sheet.

4. マークれい Marking Examples

よいれい Correct Example	わるいれい Incorrect Examples
●	⊗ ◯ ◑ ◐ ⦸ ⊖ ●

問題1

	1	2	3	4
1	①	②	③	④
2	①	②	③	④
3	①	②	③	④
4	①	②	③	④
5	①	②	③	④
6	①	②	③	④

問題2

	1	2	3	4
7	①	②	③	④
8	①	②	③	④
9	①	②	③	④
10	①	②	③	④
11	①	②	③	④
12	①	②	③	④
13	①	②	③	④

問題3

	1	2	3	4
14	①	②	③	④
15	①	②	③	④
16	①	②	③	④
17	①	②	③	④
18	①	②	③	④
19	①	②	③	④

問題4

	1	2	3	4
20	①	②	③	④
21	①	②	③	④
22	①	②	③	④
23	①	②	③	④
24	①	②	③	④
25	①	②	③	④

問題5

	1	2	3	4
26	①	②	③	④
27	①	②	③	④
28	①	②	③	④
29	①	②	③	④
30	①	②	③	④
31	①	②	③	④
32	①	②	③	④
33	①	②	③	④
34	①	②	③	④
35	①	②	③	④

問題6

	1	2	3	4
36	①	②	③	④
37	①	②	③	④
38	①	②	③	④
39	①	②	③	④
40	①	②	③	④

問題7

	1	2	3	4
41	①	②	③	④
42	①	②	③	④
43	①	②	③	④
44	①	②	③	④
45	①	②	③	④

問題8

	1	2	3	4
46	①	②	③	④
47	①	②	③	④
48	①	②	③	④
49	①	②	③	④

問題9

	1	2	3	4
50	①	②	③	④
51	①	②	③	④
52	①	②	③	④
53	①	②	③	④
54	①	②	③	④
55	①	②	③	④
56	①	②	③	④
57	①	②	③	④
58	①	②	③	④

問題10

	1	2	3	4
59	①	②	③	④
60	①	②	③	④
61	①	②	③	④
62	①	②	③	④

問題11

	1	2	3	4
63	①	②	③	④
64	①	②	③	④

問題12

	1	2	3	4
65	①	②	③	④
66	①	②	③	④
67	①	②	③	④
68	①	②	③	④

問題13

	1	2	3	4
69	①	②	③	④
70	①	②	③	④

合格模試　解答用紙

N1 聴解

受験番号
Examinee Registration Number

名前
Name

〈ちゅうい　Notes〉

1. 〈ろいえんぴつ (HB、No.2) でかいて
　ください。
　Use a black medium soft (HB or No.2)
　pencil.
　（ペンやボールペンではかかないでくだ
　さい。）
　(Do not use any kind of pen.)

2. かきなおすときは、けしゴムできれい
　にけしてください。
　Erase any unintended marks completely.

3. きたなくしたり、おったりしないでくだ
　さい。
　Do not soil or bend this sheet.

4. マークれい Marking Examples

よいれい Correct Example	わるいれい Incorrect Examples
●	⊘ ⊗ ○ ◍ ⊖ ●

問題1

例	① ● ③ ④
1	① ② ③ ④
2	① ② ③ ④
3	① ② ③ ④
4	① ② ③ ④
5	① ② ③ ④
6	① ② ③ ④

問題2

例	● ② ③ ④
1	① ② ③ ④
2	① ② ③ ④
3	① ② ③ ④
4	① ② ③ ④
5	① ② ③ ④
6	① ② ③ ④
7	① ② ③ ④

問題3

例	① ② ③ ●
1	① ② ③ ④
2	① ② ③ ④
3	① ② ③ ④
4	① ② ③ ④
5	① ② ③ ④
6	① ② ③ ④

問題4

例	● ② ③
1	① ② ③
2	① ② ③
3	① ② ③
4	① ② ③
5	① ② ③
6	① ② ③
7	① ② ③
8	① ② ③
9	① ② ③
10	① ② ③
11	① ② ③
12	① ② ③
13	① ② ③
14	① ② ③

問題5

1		① ② ③ ④
2		① ② ③ ④
3	(1)	① ② ③ ④
	(2)	① ② ③ ④